Hans-Joachim Fieber/Johannes Reichmann (Hrsg.)
„Komitees für Gerechtigkeit“

Hans Joachim Fieber und Johannes Reichmann sind Mitarbeiter der Forschungsstelle für historische und sozialwissenschaftliche Studien des Unabhängigen Instituts für Friedens- und Konfliktforschung e. V. (UIFK) - Regionalbereich Berlin.

Hans-Joachim Fieber/Johannes Reichmann (Hrsg.)

"Komitees für Gerechtigkeit"

Erwartungen • Meinungen • Dokumente

IKO – Verlag für Interkulturelle Kommunikation

Die Deutsche Bibliothek – CIP–Einheitsaufnahme

„Komitees für Gerechtigkeit“ : Erwartungen, Meinungen, Dokumente / Hans-Joachim Fieber ; Johannes Reichmann (Hrsg.). – Frankfurt (Main) : IKO–Verl. für Interkulturelle Kommunikation, 1995
ISBN 3-88939-381-0
NE: Fieber, Hans-Joachim [Hrsg.]

Postfach 900421
D - 60444 Frankfurt

Umschlaggestaltung: Volker Loschek, 61352 Bad Homburg
Herstellung: F.M.-Druck, 61184 Karben

Inhaltsverzeichnis

Vorwort

Eineinhalb Jahre nach dem Beitritt der Deutschen Demokratischen Republik zur Bundesrepublik Deutschland gehörte die Vereinigungseuphorie vieler Deutscher bereits der Vergangenheit an. Statt sich zu vereinigen, empfanden Ost- und Westdeutsche eine neue Fremdheit zu einander. Nicht wenige Bürger stellten sich Mitte des Jahres 1992 schon die Frage, woher die mannigfaltigen Schwierigkeiten im Einigungsprozeß kamen, hatten doch alle nur das Beste gewollt. Diejenigen, die eine falsch konzipierte Vereinigungspolitik konstatierten, warnten zugleich vor daraus erwachsenden Gefahren für Deutschlands Zukunft. Darunter waren die 69 Bürger - ostdeutsche und westdeutsche -, die im Juli 1992 mit einem Appell an die Öffentlichkeit traten und dazu aufriefen, eine neue Vereinigungsstrategie zu erarbeiten. Diese sollte von der großen Mehrheit der Bürger Deutschlands mitgetragen, mitgestaltet und mitverwirklicht werden können. Es war dies ein Appell zu einem breitangelegten Demokratisierungsprozeß der deutschen Vereinigung.

Die Resonanz war beachtlich. Schon im Vorfeld der Bekanntgabe des Appells zur Gründung von Komitees für Gerechtigkeit und dann danach fanden - wie selten zuvor - intensive Debatten in der Bevölkerung, in den Parteien und Parlamentsfraktionen, in den Print- und elektronischen Medien statt. Zugleich war eine Aufbruchsstimmung zu politischem Engagement im Sinne des Appells feststellbar. Eine deutliche Polarisierung der Positionen zum Anliegen des Aufrufs war zunächst auszumachen. Alsbald jedoch erwies sich die Gegner-Partei des Appells zur Gründung von Komitees für Gerechtigkeit als stärker. Die Chance zu einer breiten demokratischen Trägerschaft des Einigungsprozesses blieb ungenutzt. Aber den Initiatoren des Appells und der durch sie initiierten Bewegung Komitees für Gerechtigkeit gebührt das Verdienst, die politische Konfliktsituation des deutschen Einigungsprozesses öffentlich benannt und dazu beigetragen zu haben, daß sie in der Politik kaum mehr ignoriert werden kann. Vom Appell zur Gründung von Komitees für Gerechtigkeit und der Komiteebewegung ging Mitte 1992 zweifellos ein bedeutsamer politischer Impuls an alle sich für den Einigungsprozeß in diesem Land verantwortlich fühlenden Mitbürger und Verantwortung tragenden Politiker aus, die Richtung der deutschen Einigung in eine stärker humanistisch, demokratisch und gerecht gestaltete umzulenken und damit notwendige Reformen für das ganze neue Deutschland voranzubringen.

In unserer schnellebigen Zeit werden herausragende politische Ereignisse rasch durch andere oder weniger bedeutsame verdrängt. Die Herausgeber wollen daher mit der vorliegenden Publikation den an der Zeitgeschichte interessierten Mitbürgern, Politikern und Historikern gebündeltes Material zu den Komitees für Gerechtigkeit, also zu einem politischen Vorgang der jüngsten Vergangenheit und - in gewissem Sinne - der Gegenwart vorlegen. Der Leser findet darum nichtalltägliche Zeitdokumente. Im ersten Teil der Publikation ist der Appell zur Gründung von

Komitees für Gerechtigkeit erneut im vollen Wortlaut abgedruckt. Dem angefügt ist eine Chronik über die Komitees für Gerechtigkeit, eine umfangreiche Zitatenzusammenstellung aus Presseäußerungen des Jahres 1992 zum Appell und zu den Komitees sowie eine Sicht der Herausgeber auf die politische Konfliktwahrnehmung und die Angebote politischer Konfliktbewältigung durch die Komitees für Gerechtigkeit. Im zweiten Teil sind Dokumente der Komitees für Gerechtigkeit abgedruckt. Es sind dies grundsätzliche Dokumente, Presseerklärungen und Briefe, die an das ursprüngliche Koordinierungsbüro der Komitees für Gerechtigkeit gerichtet wurden. Der dritte Teil enthält Ansichten und Meinungen von namhaften Persönlichkeiten, die zu den Erstunterzeichnern des Appells zur Gründung von Komitees für Gerechtigkeit gehören und die aus zeitlicher Distanz über ihre damaligen Beweggründe und heutigen Sichten Mitteilung machen. Die Inhalte ihrer Äußerungen sind wie die Formen, in denen diese dargelegt werden, verschieden, aber durchweg von politischer Aktualität. Im abschließenden vierten Teil wird ein ausführliches Interview mit dem Geschäftsführer des Bundesverbandes der Komitees für Gerechtigkeit wiedergegeben. Alle verwendeten Dokumente und Materialien wurden mit einem Verweis auf ihre Quelle versehen. Da, wo keine Quellenangabe erfolgte, befinden sich die Manuskripte im Besitz der Forschungsstelle für historische und sozialwissenschaftliche Studien beim Unabhängigen Institut für Friedens- und Konfliktforschung, Regionalbereich Berlin. Anmerkungen wurden nur da angebracht, wo sie für das Verständnis unerläßlich schienen. Einer Korrektur unterlagen nur offensichtliche Schreibfehler bzw. Wortauslassungen. Letztere sind durch Klammergebung kenntlich gemacht.

Die Herausgeber danken vor allem den teilhabenden Erstunterzeichnern des Gründungsaufrufs Komitees für Gerechtigkeit für ihre Beiträge zu der hier vorliegenden besonderen Art von Zeitdokumentation. Sie fühlen sich zu besonderem Dank verpflichtet gegenüber Dr. Volker Steinke, Geschäftsführer des Bundesverbandes der Komitees für Gerechtigkeit, für seine umfassende und freundliche Unterstützung des Projekts sowie gegenüber Dr. Siegfried Melcher, Geschäftsführer des Unabhängigen Instituts für Friedens- und Konfliktforschung, Regionalbereich Berlin, der das Vorhaben erst ermöglichte. Die Herausgeber danken Dr. Peter Sarg für die von ihm vorgenommene Briefauswahl, Wolf-Ruprecht Böhme, Dr. Sigrid England, Heinz Gerhardt, Lutz Heuer, Klaus Keim, Udo Thomas und Dr. Hilmar Vogel für ihren Anteil an der umfangreichen Auswertung der Printmedien und Dr. Hans-Georg Schinkel für die Druckgestaltung. Die Herausgeber danken schließlich Dr. Andrèe Türpe und Dr. Carola Wuttke für die Begleitung der vorliegenden Publikation und dem IKO-Verlag Frankfurt/Main für die Herausgabe.

Berlin, Januar 1995

Hans-Joachim Fieber, Johannes Reichmann

Erster Teil

Der “Appell zur Gründung von Komitees für Gerechtigkeit” und seine Wirkungen

Appell zur Gründung von Komitees für Gerechtigkeit vom 11. Juli 1992

Wir, Unterzeichnerinnen und Unterzeichner dieses Appells, haben verschiedene Biographien. Unterschiedlich sind unsere soziale Herkunft, unsere politische Haltung, unser Verhältnis zur Religion. Wir sind oder sind nicht an Parteien gebunden. Unterschiedlich war der Grad unserer Verantwortung für die Deutsche Demokratische Republik oder die Bundesrepublik Deutschland, vor allem aber für die deutsche Einheit. Von einigen von uns wurde sie verantwortlich mitgestaltet, von anderen skeptisch besonders hinsichtlich ihrer Folgen betrachtet.

Gerade weil wir uns selbst und einander durchaus kritisch sehen und uns nicht einbilden, auf alle Fragen eine Antwort und für alle Probleme eine Lösung zu haben, sind wir sicher, daß in der gegenwärtigen Situation im Osten und im Westen Deutschlands, die die Menschen so beunruhigt, von diesen selbst etwas getan werden kann und muß.

Viele Menschen in den neuen Bundesländern fühlen sich nach ihrer Hochstimmung im Jahr 1990 als Menschen zweiter Klasse, politisch, wirtschaftlich, sozial und kulturell ausgegrenzt.

Viele Menschen in den alten Bundesländern, die die deutsche Einheit ebenfalls begrüßt hatten, befürchten nun, daß sie diese zu teuer bezahlen müssen, daß der Druck auf ihre Arbeitsplätze zunimmt, daß Sozial- und Rechtsabbau wegen der Vereinigung stattfindet, und sie entwickeln deshalb immer stärkere Vorbehalte gegen die Ostdeutschen.

In der Bundesrepublik Deutschland und darüber hinaus in ganz Europa nehmen Ängste vor dem europäischen Einigungsprozeß zu, weil die deutsche Vereinigung als besorgniserregendes Beispiel angesehen wird.

Rechtsradikale und rassistische Stimmungen gewinnen in dieser Situation gefährlich an Boden.

Deindustrialisierung, Zerstörung der Landwirtschaft, Massenarbeitslosigkeit, sozial unverträgliche Mietsteigerungen, mindere und ungerechte Bezahlung, Schließung sozialer, wissenschaftlicher, kultureller und sportlicher Einrichtungen, Verschleuderung des ehemaligen "Volkseigentums", Entzug von Rechten an Wohnungen, Häusern und Grundstücken, Benachteiligungen und Demütigungen der Menschen, besonders der Frauen, im Osten - geistige, moralische und wirtschaftliche Krisen im Westen - haben viele Hoffnungen zerstört, die mit der deutschen Einheit verknüpft waren und zwingen zu neuen Überlegungen.

Die Ostdeutschen müssen ihre Interessen selber aussprechen und wahrnehmen. Dazu rufen wir auf, in den Gemeinden, Dörfern, Stadtbezirken und Städten "Komitees für Gerechtigkeit" zu bilden, die überparteilich sind und zu denen jede und jeder Zutritt hat. Diese Komitees vertreten die Interessen der Bürgerinnen und Bürger und üben Einfluß auf die Parlamentarier aus.

Es gibt einen Einigungsvertrag, aber es fehlt seit dem 3. Oktober 1990 ein Partner des Vertrages, der auf Einhaltung bestehen, Weitergehendes vereinbaren und sich gegen benachteiligende Interpretationen wenden könnte. Deshalb werden die Komitees auch die Aufgabe haben, dafür einzutreten, daß eine besondere Körperschaft für die neuen Bundesländer geschaffen wird, in welche einzelne Persönlichkeiten (nicht aber Parteien) gewählt werden und die die Befugnis eines Kontroll- und Initiativorgans erhält.

Die Komitees sollten - sobald sie gebildet sind - Delegierte zu Kongressen auf Stadt- und Landesebene und zu einem Kongreß für die neuen Bundesländer wählen. Auf diesem Kongreß wird über eine permanente Struktur der Komitees und deren weitere Funktion entschieden werden.

Mit diesem Anliegen stellen wir uns keinesfalls gegen die Menschen in den alten Bundesländern, weil auch ihre Zukunft nicht unwesentlich von der Lösung ostdeutcher Probleme abhängt. Wir hoffen, daß es auch in den alten Bundesländern zur Bildung solcher Komitees kommen wird. Dieses Anliegen bedeutet auch keine Unterschätzung der globalen Probleme, die immer drängender die Existenz der Menschheit überhaupt in Frage stellen. Aber die Bereitschaft der Menschen in den neuen Bundesländern, global zu denken und zu handeln, wird auch davon abhängen, ob und wie ihnen Gerechtigkeit in der Bundesrepublik widerfährt.

Die Unterzeichnerinnen und Unterzeichner des Appells:

Heinrich **Albertz,** ehem. Regierender Bürgermeister von Berlin, Pastor i. R.; Prof. Dr. Peter **Althaus,** Professor für Urologie am evangelischen Krankenhaus Königin Elisabeth, Berlin; Prof. Dr. Lothar **Bisky,** Medienwissenschaftler, Mitglied des Landtages Brandenburg; Frank **Castorff,** Intendant der Volksbühne Berlin; Tamara **Danz,** Rocksängerin; Franz-Josef **Degenhardt,** Liedermacher; Ina **Deter,** Musikerin; Dr. Peter-Michael **Diestel,** Rechtsanwalt, Mitglied des Landtages Brandenburg; Dr. Eugen **Drewermann,** Schriftsteller; Prof. Dr. Ernst **Engelberg,** Historiker, Berlin; Klaus **Eschen,** Rechtsanwalt und Notar, Berlin; Prof. Dr. Heinrich **Fink,** Theologe, ehem. Rektor der Humboldt-Universität zu Berlin; Dr. Gottfried **Forck,** Altbischof der evangelischen Kirche in Berlin-Brandenburg; Thomas **Freitag,** Kabarettist; Bernd **Fritz,** Journalist; Dr. Klaus **Grehn,** Präsident des Arbeitslosenverbandes Deutschland e.V.; Prof. Dr. Norbert **Greinacher,** Professor für praktische Theologie an der katholisch-theologischen Fakultät der Universität Tübingen; Max **von der Grün,** Schriftsteller; Dr. Gregor **Gysi,** Rechtsanwalt, Mitglied des Bundestages; Dr. Heinrich **Hannover,** Rechtsanwalt, Bremen; Dr. Frigga **Haug,** Dozentin an der Hochschule für Wirtschaft und Politik, Hamburg; Prof. Dr. Wolfgang Fritz **Haug,** Professor für Philosophie an der Freien Universität Berlin; Elke **Heidenreich,** Journalistin und Fernsehmoderatorin; Stephan **Hermlin,** Schriftsteller; Stefan **Heym,** Schriftsteller; Dieter **Hildebrandt,** Kabarettist; Prof. Alfred **Hrdlicka,** Bildhauer und Maler; Evelin **Jahl-Herberg,** Doppelolympiasiegerin im Diskuswurf; Walter **Janka,** Schriftsteller; Lutz **Kerschowski,** Rocksänger; Dietrich **Kittner,** Kabarettist; Jens **König,** Chefredakteur "Junge Welt"; Prof. Dr. Walter **Kreck,** Theologe, Bonn; Prof. Dr. Horst **Klinkmann,** Nephrologe an der Universität Rostock, letzter Präsident der Akademie der Wissenschaften der DDR; Toni **Krahl,** Rockmusiker; Stefan **Krawczyk,** Liedermacher; Prof. Dr. Jürgen **Kuczynski,** Wirtschaftswissenschaftler, Berlin; Dieter **Lattmann,** Schriftsteller; Dr. Christa **Lewek,** Oberkirchenrätin i.R., Berlin; Dr. Günter **Maleuda,** ehem. Präsident der Volkskammer der DDR, letzter Vorsitzender der Bauernpartei der DDR; Prof. Dr. Hansjürgen **Matthies,** Hirnforscher an der medizinischen Akademie in Magdeburg; Prof. Dr. Hans **Mottek,** Wirtschaftswissenschaftler, Berlin; Heiner **Müller,** Schriftsteller und Präsident der Akademie der Künste der ehem. DDR; Manfred **Müller,** Vorsitzender des Landesverbandes Berlin der Gewerkschaft Handel, Banken und Versicherungen; Heinrich **Pachl,** Kabarettist; Prof. Dr. Norman **Paech,** Professor für Öffentliches Recht an der Hochschule für Wirtschaft und Politik; Käthe **Reichel,** Schauspielerin; Rio **Reiser,** Rocksänger; Eckart **Rottka,** Richter, Berlin; Klaus **Schlesinger,** Schriftsteller; Christina **Schenk,** Mitglied des Bundestages; Bernd **Schröder,** Drehbuchautor; Dr. Heinrich **Senfft,** Rechtsanwalt, Hamburg; Prof. Dr. Dorothee **Sölle,** Theologin und Schriftstellerin, Hamburg; Prof. Frido **Solter,** Regisseur Deutsches Theater Berlin; Michael **Sontheimer,** Chefredakteur "die tageszeitung"; Steffi **Spira,** Schauspielerin; Barbara **Thalheim,** Liedermacherin; Prof. Dr. Werner **van Treeck,** Professor für Soziologie an der Universität Kassel; Prof. Dr. Marie **Veit,** Theologin, Gießen; Hannes **Wader,** Liedermacher; Stefan **Wald,** Kabarettist; Claus-Jürgen **Warnick,** Geschäftsführender Vorsitzender des Mieterbundes im Land Brandenburg; Bettina **Wegener,** Liedermacherin; Dr. Joachim **Wegrad,** Sekretär der Hauptverwaltung der Gewerkschaft Handel, Banken und Versicherungen; Ulrich **Wehling,** dreifacher Olympiasieger und mehrfacher Weltmeister in der Nordischen Kombination; Bernard **Woschek,** Maler und Autor; Gerhard **Zwerenz,** Schriftsteller; Dr. Erich **Fischer,** Sekretär der Gewerkschaft Handel, Banken und Versicherungen, Düsseldorf

Herausgegeben von der Koordinierungsstelle der Komitees für Gerechtigkeit [Berlin 1992]

Chronik der "Komitees für Gerechtigkeit"

(zusammengestellt von *Johannes Reichmann*)

Die Daten und Ereignisse sind nach Zeitdokumenten, Massenmedien, Veröffentlichungen von Parteien und parlamentarischen Vertretungen sowie Gesprächen mit Mitbeteiligten bei der Entstehung der Komiteebewegung zusammengestellt.

*

Mai / Juni 1992 Die Diskussion um die Schaffung einer neuen politischen Bewegung in Ostdeutschland belebt sich auf der Grundlage der Widersprüche aus der Regierungspolitik zur Gestaltung der deutschen Einheit immer mehr. Auch Parteipolitiker und Bundestagsabgeordnete aus dem gesamten Bundesgebiet schalten sich ein. Innerhalb der CDU-Bundestagsfraktion haben die 63 Abgeordneten aus den neuen Bundesländern eine Arbeitsgruppe gebildet, um besser ostdeutsche Probleme an Fraktion und Regierung herantragen zu können. Auf der Grundlage ihrer Vorstellungen wird beim Chef des Bundeskanzleramtes eine Koordinierungsgruppe gebildet. Die SPD-Bundestagsfraktion erarbeitet das Thesenpapier "Gemeinschaftsinitiative Neue Länder". Die FDP-Bundestagsfraktion berät die entsprechenden Fragen in ihrem dafür geschaffenen "Sechs-Länder-Kreis".

14.05.1992 In einem Interview geht Peter-Michael Diestel, CDU-Landtagsabgeordneter in Brandenburg, auf die in der Öffentlichkeit geführte Diskussion um die Bildung einer ostdeutschen Bewegung ein. Nach seiner Meinung spricht dafür die Tatsache, daß die deutsche Spaltung erst nach Jahrzehnten überwunden sein wird. Unter diesem Gesichtspunkt gibt es nach seinen Erkenntnissen viele ostdeutsche Politiker, die einem solchen Anliegen aufgeschlossen gegenüberstehen.

09.06.1992 Gregor Gysi, damaliger Vorsitzender der PDS und MdB, unterstützt in einem Pressegespräch den Gedanken eines politischen Zusammenschlusses in den neuen Bundesländern unter dem Aspekt, daß der Regierungspolitik zu Fragen der Vereinigung bessere Ideen von den betroffenen Menschen selbst gegenübergestellt werden sollten. Dabei müßten auch Vertretungsmöglichkeiten für die Ostdeutschen ins Auge gefaßt werden, die tatsächlich auf lange Sicht deren eigenständige Interessenvertretung sichern.

15.06.1992 Der brandenburgische SPD-Vorsitzende Steffen Reiche bringt als Gegenvorstellung zu der in der öffentlichen Diskussion stehenden ostdeutschen Be-

Bewegung die Initiative "Die Gemeinschaft ostdeutscher Bürger" ins Spiel, die zum 3. Oktober gebildet werden soll.

22.06.1992 Der Schriftsteller Stefan Heym nimmt in einem Interview Stellung zum Verlauf der Vereinigung Deutschlands. Unter dem Aspekt, der um sich greifenden Niedergeschlagenheit in Ostdeutschland etwas Positives entgegenzusetzen, befürwortet er, daß sich Menschen zusammenfinden und nachdenken, wie die Zukunft in ganz Deutschland aussehen sollte. Solche Gespräche und Überlegungen gebe es sowohl unter prominenten wie auch nicht so prominenten Bürgern seit geraumer Zeit. Er selbst sei bereits verschiedentlich zu solchen Runden eingeladen worden.

26.06.1992 Für die ostdeutsche Bewegung wird in Massenmedien erstmals der Name "Komitee für Gerechtigkeit" verwandt. Er erscheint in dem Artikel "Gespenst aus dem Osten" (taz vom 26.06.) von R. Weißhuhn, einem Aktivisten vom Bündnis 90.

01.07.1992 Laut einer Umfrage von Infas könnte ein neues Wahlbündnis in den neuen Bundesländern mit etwa 30 Prozent der Stimmen rechnen.

11.07.1992 Der Appell von 69 Erstunterzeichnern zur Gründung von Komitees für Gerechtigkeit wird auf einer Pressekonferenz in Berlin der Öffentlichkeit übergeben. Zu den maßgeblichen Organisatoren dieser Initiative gehören Peter-Michael Diestel, Gregor Gysi und Stefan Heym.

Zeitgleich erscheinen ein "Vorschlag für einen Brief an Bürgerinnen und Bürger, die ihre Bereitschaft erklärt haben, im Komitee für Gerechtigkeit mitzuarbeiten" und ein von Erstunterzeichnern des Gründungsappells unterschriebenes "Diskussionsangebot für künftige Mitglieder der Komitees für Gerechtigkeit".

13.07.1992 Die Koordinierungsstelle der Komitees für Gerechtigkeit nimmt ihre Tätigkeit in Berlin auf.

17.07.1992 Die Koordinierungsstelle der Komitees für Gerechtigkeit gibt eine Pressemitteilung heraus, in der die ersten Tätigkeitsergebnisse der Komiteebewegung bilanziert werden. Bis dahin sind der Koordinierungsstelle Vorbereitungen für Komiteegründungen aus 62 Städten und Gemeinden der neuen Bundesländer bekannt. Mehr als 1000 Personen stellten ihre Adressen und Telefone zur Kontaktaufnahme zur Verfügung. Außerdem boten Firmen wie Buchbindereien, Computer- und PR-Agenturen sowie künstlerische Institutionen ihre Dienstleistungen, zum Teil kostenlos, an.

In Magdeburg nimmt das Kontaktbüro der Komitees für Gerechtigkeit für Sachsen-Anhalt seine Tätigkeit mit dem Ziel auf, Komiteegründungen zu unterstützen.

In Dresden wird das erste Komitee für Gerechtigkeit gegründet. Für die Schwerpunkte der Tätigkeit werden Arbeitsgruppen gebildet (Soziales, Tschernobyl-Kinder, Giftmüll nach Rumänien, Mieterentscheid, Kontrolle der Stadtverwaltung Dresden, Kultur und Bildung).

18.07.1992 Gründung des ersten Berliner Komitees für Gerechtigkeit in Marzahn. Es wird festgelegt, einen "Aufruf an alle Marzahner" zu entwerfen.

Das Dresdner Komitee beschließt, zukünftig "Freitagsdemonstrationen" zu organisieren, um öffentlich zu politischen Grundfragen Stellung zu nehmen.

20.07.1992 Presseerklärung der Koordinierungsstelle der Komitees für Gerechtigkeit, "daß die Komitees für Gerechtigkeit ihre Ziele als Bürgerbewegung erreichen wollen und eine Parteigründung in absehbarer Zeit nicht geplant ist".

21.07.1992 Treffen lokaler Gründungsinitiativen in der Koordinierungsstelle der Komitees für Gerechtigkeit in Berlin-Mitte.

24.07.1992 In einer Pressemitteilung der Koordinierungsstelle der Komitees für Gerechtigkeit wird - entgegen anderslautenden Unterstellungen - die politische Unabhängigkeit der Komiteebewegung betont.

25.07.1992 In den Massenmedien erscheinen Meldungen darüber, daß das Bundesamt für Verfassungsschutz Informationen über die Komiteebewegung sammelt. Diese Meldungen werden gegenüber Journalisten von einem Sprecher des Bundesamtes bestätigt.

In Bremen wird das erste Komitee für Gerechtigkeit gebildet. In einer Erklärung heißt es: "Wir sind kein bloßes Solidaritätskomitee für die 'armen Brüder und Schwestern aus der ehemaligen DDR', sondern sehen auch unsere eigenen Interessen verletzt." Gefordert wird eine Bürgerbewegung zur Erneuerung der Politik.

30.07.1992 In einer Pressemitteilung informiert die Koordinierungsstelle der Komitee, daß bis dahin etwa 2.500 Anfragen bezüglich einer Mitarbeit in den Komitees bearbeitet wurden. Zur materiellen Sicherung der Tätigkeit gingen bis zu diesem Zeitpunkt ca. 18.000 DM Spendengelder ein.

06.08.1992 Die Zeitung der Komitees für Gerechtigkeit "HochDruck" erscheint.

15.08.1992 In Leipzig wird ein Komitee für Gerechtigkeit gebildet.

22.08.1992 Erstes Arbeitstreffen Berliner Komitees für Gerechtigkeit.

29.08.1992 Erstes bundesweites Arbeitstreffen von etwa 150 Vertretern von Komitees für Gerechtigkeit im Stephanusstift in Berlin-Weißensee.

Das Treffen nimmt eine Abschlußerklärung, eine Unterstützungsbekundung für die am selben Tag in Rostock stattfindende Demonstration gegen Gewalt und Ausländerfeindlichkeit sowie einen Aufruf zur Teilnahme an einer alternativen Veranstaltung anläßlich des Tages der deutschen Einheit am 3. Oktober 1992 in Schwerin an.

30.08.1992 Gründung des Vereins der Freunde und Förderer der Komitees für Gerechtigkeit.

09.09.1992 Die Komitees für Gerechtigkeit beteiligen sich an der großen Mieter-Protestdemonstration in Berlin gegen die Ost-Mieterhöhungen; nach der Kundgebung vor dem Roten Rathaus (Ostberlin) marschieren ca. 15.000 Teilnehmer zum Wittenbergplatz (Westberlin).

19.09.1992 Zweites bundesweites Treffen von etwa 50 Vertretern der Komitees für Gerechtigkeit in Berlin-Mitte. Sie befassen sich mit Aktionen gegen ausländerfeindliche Pogrome und beraten die Vorbereitung alternativer Veranstaltungen zum Tag der deutschen Einheit.

01.10.1992 Erstunterzeichner des Appells zur Gründung von Komitees für Gerechtigkeit geben in einem "Brief an alle Komitee-Mitglieder" Anregungen zur Arbeit in den Komitees.

03.10.1992 Alternative Kundgebung der Komitees für Gerechtigkeit in Schwerin zum Tag der deutschen Einheit.

Anläßlich des zweiten Jahrestages der deutschen Einheit veröffentlichen Vereine, Verbände und Zusammenschlüsse - darunter Komitees für Gerechtigkeit - das "Ostdeutsche Memorandum", in dem sie Probleme und Lösungsvorschläge zur weiteren Gestaltung des Vereinigungsprozesses vorlegen. Dieses Dokument wird zu einer wichtigen Grundlage bei der späteren Bildung des Ostdeutschen Kuratoriums von Verbänden.

27.10.1992 Ein Komitee für Gerechtigkeit Gera und Umgebung wird gebildet. Die Tätigkeit wird in Arbeitsgruppen organisiert (Frauen, Jugend/Kinder, Rentner/Behinderte, Finanzen/Treuhand, Mieten/Wohnen).

07.11.1992 Bildung des Landessprecherrates der Komitees für Gerechtigkeit Sachsen-Anhalts.

05.12.1992 Drittes bundesweites Arbeitstreffen der Komitees für Gerechtigkeit in Berlin-Mitte.

Das Treffen beschließt, für Ende März/Anfang April 1993 einen Bundeskongreß der Komitees für Gerechtigkeit einzuberufen, nimmt eine "Protesterklärung gegen die undemokratische Berufsverbotpraxis des Ministers Meyer der Landesregierung Sachsen" an und verabschiedet eine Erklärung zu den Mordanschlägen in Mölln.

Die Zeitung "HochDruck" stellt aus finanziellen Gründen ihr Erscheinen ein.

14.01.1993 Bildung des Landessprecherrates der Komitees für Gerechtigkeit Thüringens.

13.03.1993 Bildung des Landessprecherrates der Komitees für Gerechtigkeit Mecklenburg-Vorpommerns.

21.03.1993 Bildung des Landessprecherrates der Komitees für Gerechtigkeit Berlins.

24.04.1993 Erster Bundeskongreß der Komitees für Gerechtigkeit.

Der Kongreß beschließt die Gründung des "Bundesverbandes der Komitees für Gerechtigkeit e.V. (i.G.)", die Satzung des Bundesverbandes der Komitees für Gerechtigkeit, die Einberufung des zweiten Bundeskongresses für das zweite Halbjahr 1993 zur Annahme eines Programms des Bundesverbandes, eine politische Erklärung, eine Solidaritätserklärung an die Teilnehmer der Gegenwehr-Demo des DGB in Leipzig und eine Erklärung zum geplanten Abriß des Palastes der Republik in Berlin.

Der gewählte Bundessprecherrat konstituiert sich und beauftragt Prof. Dr. Heinrich Fink bis zur Wahl des Geschäftsführenden Bundesvorstandes mit der Wahrnehmung der Geschäfte eines Bundesvorsitzenden.

25.04.1993 Umbildung der Koordinierungsstelle der Komitees für Gerechtigkeit in eine Bundesgeschäftsstelle.

18.05.1993 Der Bundesverband der Komitees für Gerechtigkeit ist Mitveranstalter des "Ostdeutschen Aktionstages für soziale Gerechtigkeit", einer Protestkundgebung auf dem Berliner Alexanderplatz mit etwa 25.000 Teilnehmern.

31.05.1993 Der Bundesvorsitzende der Komitees für Gerechtigkeit, Prof. Dr. Heinrich Fink, spricht sich in einer Presseerklärung für Jens Reich als Kandidat für das Amt des Bundespräsidenten aus.

05.06.1993 Der Bundessprecherrat der Komitees für Gerechtigkeit tritt zusammen, wählt den Geschäftsführenden Bundesvorstand und veröffentlicht eine Erklärung zu den Morden in Solingen.

23.07.1993 In einer Presseinformation wird die solidarische Unterstützung des Bundesverbandes der Komitees für Gerechtigkeit mit den Protestaktionen der Kali-Beschäftigten von Bischofferode mitgeteilt.

02.10.1993 Der Bundesverband der Komitees für Gerechtigkeit veröffentlicht seine grundsätzlichen Positionen zur Situation im dritten Jahr nach der staatlichen Einigung.

In Berlin findet der 1. Ostdeutsche Bundeskongreß der Verbände statt. An ihm nehmen 200 Delegierte von 77 Vereinen und Vereinigungen sowie eine Anzahl Gäste teil. Die Delegierten vertreten etwa 1,5 Millionen Mitglieder. Nach umfassender Aussprache über die Entwicklung in Deutschland nach dem Beitritt der DDR beschließt der Kongreß, die Gründung des Ostdeutschen Kuratoriums von Verbänden einzuleiten. Die Komitees für Gerechtigkeit wirken in diesem neuen Gremium mit.

03.11.1993 Die Bundesgeschäftsstelle teilt mit, daß insgesamt 64 Komitees gebildet wurden. Sie verteilen sich wie folgt auf die Bundesländer: Brandenburg 13, Mecklenburg-Vorpommern 9, Sachsen 4, Sachsen-Anhalt 6, Thüringen 10, Alte Bundesländer 4, Berlin-Ost 15, Berlin-West 3.

13.11.1993 Zweiter Bundeskongreß der Komitees für Gerechtigkeit.

Der Kongreß beschließt die "Ziele und Programmatischen Forderungen der Komitees für Gerechtigkeit in der Bundesrepublik Deutschland", einen gemeinsam mit der Gesellschaft zum Schutz von Bürgerrecht und Menschenwürde verfaßten Aufruf zur Verhinderung der Wahl Heitmanns als Bundespräsidenten und eine Erklärung zur Einweihung einer "Zentralen Gedenkstätte der Bundesrepublik Deutschland". Der Kongreß beauftragt den Bundesvorstand, die Stellung des Bundesverbandes zu den Wahlen des Jahres 1994 herauszuarbeiten und einer erweiterten Sprecherratssitzung im Januar 1994 zur Beschlußfassung vorzulegen.

02.12.1993 Solidaritätserklärung des Bundesverbandes der Komitees für Gerechtigkeit zu Bischofferode.

05.12.1993 Das Dresdner Komitee informiert darüber, daß es von der Stadtverwaltung ein Raumverbot für alle städtischen Einrichtungen ausgesprochen erhielt.

06.02.1994 Die Erstunterzeichner des Appells zur Gründung von Komitees für Gerechtigkeit Stefan Heym, Günter Maleuda und Manfred Müller teilen der Öffentlichkeit mit, als unabhängige Kandidaten auf offenen Listen der PDS zum Deutschen Bundestag zu kandidieren.

12.02.1994 Die Bundessprecherratssitzung beschließt die Position des Bundesverbandes der Komitees für Gerechtigkeit zu den Wahlen 1994 in der Bundesrepublik Deutschland und Wahlprüfsteine. Die Komitees im Land werden aufgerufen, auf offenen Listen von Parteien bei Landtags-, Bundestags- und Europawahlen zu kandidieren. Bei Kommunalwahlen können sie auch mit eigenen Listen antreten.

10.03.1994 Das „Ostdeutsche Kuratorium von Verbänden“ wird gegründet. In der Satzung wird als Aufgabenstellung definiert, die Rechte und Interessen politisch, sozial, ethnisch und in anderer Weise benachteiligter Bürger, insbesondere der Ostdeutschen, zu vertreten, das demokratische Staatswesen der Bundesrepublik sowie die politische Bildung und die Völkerverständigung zu fördern.

07.05.1994 Treffen von Unterzeichnern des Appells zur Gründung von Komitees für Gerechtigkeit mit dem Bundessprecherrat in Berlin. In einer Erklärung werden die Aktivitäten der Komitees für Gerechtigkeit seit ihrer Gründung bilanziert. Die Anwesenden unterstreichen die Aktualität des Gründungsappells und rufen alle Komitees zu weiterhin engagierter Tätigkeit auf.

Herbst 1994 Im Bundestagswahlkampf werden von allen Parteien - wenn auch unterschiedlich - wichtige Forderungen aus der Komiteebewegung als notwendige Politikinhalte bei der weiteren Gestaltung der deutschen Einheit dargestellt; dazu gehören das Zurückdrängen der Massenarbeitslosigkeit, insbesondere in den neuen Bundesländern, Änderungen am Rentenrecht für ehemalige DDR-Bürger, eine differenziertere Sicht auf die DDR und anderes.

Aus Presseveröffentlichungen vor und nach Erscheinen des "Appells zur Gründung von Komitees für Gerechtigkeit"

(zusammengestellt von *Hans-Joachim Fieber*)

Die nachfolgenden Zitate widerspiegeln - chronologisch geordnet - das Meinungsspektrum im Sommer/Herbst 1992 zur Gründung von Komitees für Gerechtigkeit. Äußerungen von Erstunterzeichnern des Gründungsappells wurden nicht aufgenommen.

*

... "Diestels Plädoyer: 'Das Armenhaus Deutschlands muß sich effektiv gegenüber den reichen Vierteln darstellen.' Als Gefahr sieht er freilich, daß eine 'Ost-Partei' die innerdeutsche Spaltung zementiert. Dies sieht auch der PDS-Chef. Gysis Bedenken darüber hinaus: 'Viele Bereiche wären nicht diskutierbar, aktuell etwa das 218-Thema, fortlaufend sicher die Ausländerfrage. Hier liegen die Positionen zu weit auseinander.'

Gleichwohl, für Gysi scheinen die Vorteile des angedachten Projekts zu überwiegen: 'Viele Themen könnten den Leuten nahegebracht werden, die bislang kaum angenommen werden, weil sie aus der PDS-Ecke kommen.' Zudem würden die Altparteien bei vielen ostdeutschen Problemen versagen oder sie schlichtweg ignorieren. Und schließlich: In einem übergreifenden Bündnis hätte die PDS große Chancen, auch ab 1994 im Bundestag zu sein.

Gysi sagt das nicht offen heraus, gibt es aber deutlich zu verstehen: Die 23 Prozent Ost-Stimmen, die für das Überspringen der Fünf-Prozent-Hürde in Gesamtdeutschland erforderlich sind, wären mühelos zu erreichen, glaubt er. Zumal eine Ost-Partei auch viele aus der starken Gemeinschaft der Nichtwähler mobilisieren würde.

Die PDS will Gysi freilich nicht aufgeben. Was ihm aber vorschwebt, ist 'so etwas wie eine Überpartei' mit einem linken Flügel aus PDS- und vielleicht auch SPD-Sozialisten, ein Personenbündnis, das sich auf einen Katalog von einem Dutzend Punkten einigt, die dann gemeinsam angegangen werden sollen. Wobei Gysi wie auch Diestel auf eines ganz besonderen Wert legen. Das Ziel dürfte nicht 'Ost gegen West' heißen, sondern müsse 'positiv' formuliert werden." ...

Golo Schmidt und Matthias Krauß: Diestel und Gysi basteln an einer Ost-Partei / Getrennte Aktivitäten / Ziel: Teilnahme an Bundestagswahl. In: Berliner Zeitung vom 4.6.1992

*

"Gerüchte um eine 'Partei der Ostdeutschen' werden immer konkreter. Halten Sie es für möglich, daß sich die Partei auch mit frustrierten Christdemokraten gründet?

Ja, aber nicht primär aus Frustrierten.

Wie könnte das aussehen?

Es ist noch zu früh, darüber zu reden. Wenn man eine neue Partei gründet, ist das ein großes politisches Wagnis. Wer dieses Wagnis meidet und sich mit seiner Blockpartei-Vergangenheit einrichtet und geduldet weiß, hat in der Brandenburger CDU gegenwärtig die Zustimmung. Nur bei den Wählern nicht."...

"Ost-Partei - ein großes Wagnis". Gespräch mit dem Brandenburger CDU-Abgeordneten Markus Vette über die "Partei der Ostdeutschen" und den Zustand der CDU. In: Junge Welt vom 5.6.1992

*

"Vermasselte Einheit, Parteienverdrossenheit, sinkende Wahlbeteiligung - was tun? Zumindest im Osten Deutschlands wird derzeit an einer Lösung gebastelt: die Ost-Partei. Glaubt man den Protagonisten des Projekts, steht sie kurz vor der Gründung. Ein illustres Spektrum an Namen wird mittlerweile mit der Sammlungsbewegung-FNL in Verbindung gebracht. Selbstredend ist Peter-Michael Diestel, der gerade geschaßte brandenburgische CDU-Fraktionsvorsitzende und routinierte Querschläger, mit von der Partie; dazu Lothar de Maizière, vor Jahresfrist unehrenhaft aus seinen Ämtern in der Bundes-CDU entlassen, nachdem er seine Pflicht als letzter DDR-Ministerpräsident erfüllt hatte. Am erstaunlichsten ist der Dritte im Bunde: Gregor Gysi, Vorsitzender der SED-Nachfolgepartei PDS.

Diestel und Gysi, auf den ersten Blick eine eher spröde Mischung - einzige Gemeinsamkeit, die ins Auge springt: beide haben als Rinderzüchter angefangen. Doch mit Ost-Identität als Background und Ost-Lobbiysmus als Programm ließen sich - mit entsprechender PR-Arbeit - beide als Aushängeschilder für die neue Formation schon modeln: Berechtigte Unzufriedenheit über gebrochene Einheitsversprechungen, Korrekturen der Ost-Politik im Schneckentempo, Dominanz des West-Personals in nahezu allen strategisch bedeutsamen Funktionen von Politik und Wirtschaft - der Resonanzboden für einen Parteiappell an die Einheitsverlierer wäre vorhanden. Gregor für den linken, Diestel für den eher konservativen Flügel, das könnte Sinn machen." ...

Matthias Geis: Eine Ost-Partei für den Osten? Politiker von Diestel (CDU) bis Gysi (PDS) basteln an einem gemeinsamen ostdeutschen Bündnis der Vereinigungsverlierer gegen die Bonner Großparteien / Eine Chance für die PDS. In: die tageszeitung vom 5.6.1992

*

"Berlin (dpa/taz) - Friedrich Bohl hat seine Meinung schon fertig: 'Die Kommunisten wollen wieder einmal unser Land spalten: Statt Spalterfahne jetzt Spalterpartei', kommentiert der Kanzleramtsminister die Idee zur Gründung einer Ost-Partei, an der sich auch die PDS interessiert zeigt. Unterdessen schaltet Peter-Michael Diestel, Urheber des Projekts einer Ost-Partei, taktisch einen Gang zurück: Er wolle doch gar keine Partei gründen, glättet Diestel die Wogen; schließlich sei er Mitglied der CDU. 'Selbstverständlich', sei es jedoch, daß 'von vielen über eine Sammlungsbewegung nachgedacht' werde. Man solle sich an die Ideen gewöhnen, 'die den etablierten Parteien vielleicht nicht schmecken'. Während martialische Stimmen à la Bohl in erster Linie Aufschluß über den Adrenalinspiegel der Union geben, kleiden einige Ost-Politiker ihre Ablehnung in Nachdenklichkeit. Diestel habe, so die stellvertretende CDU-Vorsitzende Merkel 'durchaus recht', wenn er mehr Rücksicht auf die spezifischen Erfahrungen der Ostdeutschen und deren Stimmungslage anmahne. Dennoch solle Diestel - statt zu provozieren und 'dauernd Druck über die Öffentlichkeit zu machen', sich lieber parteiintern für die Belange der Ostdeutschen einsetzen. FDP-Generalsekretär Lühr erklärte die Protagonisten des Ost-Gewächses zu 'Trittbrettfahrern', die 'mit einer Spaltungspartei eigene Machtinteressen verfolgen'. Als Gegenmittel empfahl Lühr eine Verstärkung des 'intensiven Dialogs auf allen gesellschaftlichen Ebenen'. Auch SPD-Vize Thierse bekundet angesichts 'der Stimmungslage tiefer Resignation, Wut oder Enttäuschung' schon 'einiges Verständnis' für Diestels ungelegtes Ei. Doch es sei kein Zufall, daß ausgerechnet ostdeutsche CDUler auf solche Ideen kämen: 'Da wollen sich die Parias einer Partei versammeln, die als Ostdeutsche dort nichts zu sagen haben.' " ...

Ossi-Partei sorgt für Adrenalinstöße. CDU-Diestel dementiert die geplante Gründung einer Ossi-Partei und spricht statt dessen von einer "Sammlungsbewegung". Bonn einig: Bloß keine Partei des Ostens (PDS)! In: die tageszeitung vom 6.6.1992

*

"Wenn da nicht die Sorge wäre vor den aufkommenden chaotischen politischen Verhältnissen, fast könnte einen Schadenfreude ankommen über jene Berufsintriganten aus den alten Bundesländern. Sie wurden den hiesigen übergestülpt wie Kaffeewärmer. Die glücklicheren unter den bedeckten Eingeborenen können gerade noch schnaufen. Wer Pech hat, krepiert. Soll ja, wenn er nicht spurt. So war das auch mit Peter-Michael Diestel geplant, Nachwende-Fraktionsvorsitzender der Brandenburger CDU. Weil der einstige Gründungsvater der DSU wie ein erfahrener Imker das Rauschen im aufgebrachten Brandenburger Bienenschwarm richtig zu deuten wußte und jene so durchsichtige wie lendenlahme Kampagne seiner Partei gegen den Liebling des Volkes Stolpe und dessen Landesverfassung nicht mittrug, mußte er weg - und wird nun als neuer ostdeutscher Prophet eine neue Ost-Partei ins Leben rufen.

Sein erster Auftritt im neuen Gewand gestern abend vor PDS-Veteranen kündigte Großes an. Ganz in schwarz der junge schöne Mann. Wie weiland der Duce. Auch der schaffte zeitweilig den mächtigen Spagat zwischen Rechtsnationalisten und breiten linksorientierten, sozial unterprivilegierten Schichten. Nichts Neues unter deutschen Dächern? Doch! Das Menschenpotential, das Diestel zur Verfügung steht, regelrecht auf ihn wartet, ist einmalig. Zwei Millionen ehemalige SED-Mitglieder, auf denen fast jeder in den vergangenen Jahren so opportunistisch wie instinktlos herumprügeln konnte. Diestel aber prügelte nicht. Die riesige Gruppe der einstigen Sicherheitsorgane, MfS, Grenztruppen, kasernierte Bereitschaftspolizei, sie sind schwerstes Strandgut der Einheit. Als einziger hat Diestel etwas für sie getan. Die abgewickelte Intelligenz, die einstige Regierungsbürokratie, auch ihre Stimmen wird er bekommen. Und da sind noch die Massen entwurzelter Existenzen. Traditionell links gelagert, konnten sie sich bisher nicht für Schönhuber erwärmen. Für Diestel werden sie es." ...

Henning Pawel: Ein Duce in Brandenburg. Diestel und Gysi peilen eine neue Ost-Partei an. In: die tageszeitung vom 6.6.1992

*

"Bonn. eb. In die von Peter-Michael Diestel ausgelöste Debatte um eine sogenannte Ostpartei hat sich am Wochenende auch Bundeskanzler Helmut Kohl eingeschaltet. Kohl wies entsprechende Überlegungen als Versuch zurück, der in die Sackgasse führt. Er, so der Kanzler, warte die Entwicklung 'mit großer Gelassenheit' ab. Das Gleiche gilt offensichtlich auch für Forderungen von CDU-Generalsekretär Peter Hintze, den Initiator der Ostpartei-Idee, Diestel, aus der Partei auszuschließen. Diesen Zeitpunkt sehe er als Parteiführer, der ein bißchen Lebenserfahrung habe, noch nicht für gekommen, so der Kanzler im Deutschlandfunk. ...

Die Initiative löste indessen in Bonn eine Diskussion über die Wahrnehmung der ostdeutschen Interessen durch die etablierten Parteien aus. Angesichts der dramatischen Entwicklung im Osten hält der stellvertretende SPD-Vorsitzende Wolfgang Thierse ein Zusammenwirken über die Parteigrenzen hinaus für dringend erforderlich. Gegenüber der 'Welt am Sonntag' kündigte er die Unterstützung der 39 ostdeutschen SPD-Bundestagsabgeordneten für die 63 CDU-Abgeordneten aus den neuen Ländern an, die sich innerhalb der Unionsfraktion zu einer Arbeitsgruppe zusammengeschlossen hatten. Zwischen den Abgeordneten der CDU und der SPD aus dem Osten bestehe in vieler Hinsicht eine 'ganz enge Verwandtschaft', insbesondere wenn es um die Beurteilung von Einrichtungen wie der Treuhand gehe, so Thierse." ...

Kohl: Ostpartei führt in [die] Sackgasse. In: Berliner Zeitung vom 9.6.1992

... "Natürlich muß man dreimal nachdenken, bevor man sich entschließt, den Osten gegen den Westen zu organisieren. Die Bildung eines 'Ostblocks', wie ein enges Zusammengehen der 'neuen' Länder sogleich genannt würde, müßte die Bildung eines Westblocks provozieren, der stärker wäre und noch rücksichtsloser agieren würde. Vor allem fragt man sich: Darf man zwei Gesellschaften, die ineinander aufgehen sollen, durch neue Institutionen festigen? Vertieft man nicht die Trennung, wo Vereinigung geboten ist?

Die Bedenken sind sehr ernst zu nehmen, doch um ihnen zu folgen, ist die Entfremdung zu weit fortgeschritten. Die zweite Teilung Deutschlands, von den Deutschen selbst befördert, ist nicht nur eine Tatsache, sondern schon ein Prozeß, der weitergeht. Mit künstlicher Einheit kommt man dagegen nicht mehr an. Notwendig im genauen Wortsinn scheint vielmehr, den vorhandenen Unterschieden und Gegensätzen eine demokratische Form zu geben, die erlaubt, sie auszugleichen, und verhindert, daß sie explodieren.

Im wesentlichen geht es darum, die Fehler des Jahres 1990 zu korrigieren. Die wirtschaftliche und staatliche Vereinigung mußte damals schnell vollzogen werden, die Vereinigung der Parteien, Gewerkschaften und Verbände konnte hingegen warten. Das eine entsprang politischer Notwendigkeit, das andere - großenteils - wild wucherndem Eroberungsdrang. Aber wer verzichtet nun freiwillig auf Macht - und sei es auch nur auf einen Machtzuwachs, der erst zwei Jahre alt ist?

Das einzige Argument, das in Bonn immer überzeugt, lautet: 'Sonst verlieren wir die nächsten Wahlen.' Nur die Angst, alle Macht einzubüßen, kann die Parteistrategen am Rhein dazu bewegen, einen Teil der Macht an Schwesterparteien abzugeben.

Aber zunächst kommt es auf die Politiker in Ostdeutschland an. Wenn sie nicht die Sache in die Hand nehmen, wird nichts geschehen. Wenn sie sich nicht über Parteigrenzen hinwegsetzen und zur Gemeinsamkeit finden, wird Bonn weiter teilen und herrschen. Wenn sie nicht auch die Rebellion gegen ihre Oberen am Rhein riskieren, werden sie weiter so abgefertigt, wie es der Kanzler mit seinen 63 Abgeordneten tat. Und wenn sie nicht ihre Wähler überzeugen können, daß sie deren Anwälte sind und auch Erfolge haben, dann werden Radikale auf den Plan treten. Wer garantiert eigentlich, daß wir nicht in zwei oder drei Jahren einen begabten Marktschreier haben, der die 'unterdrückten Ossis' gegen die 'Kolonialherren' aus dem Westen mobilisiert?"

Peter Bender: Zwei, drei, viele Ostparteien. Plädoyer für eine Rebellion der Ostdeutschen. In: Wochenpost vom 11.6.1992

*

"Wer immer sich heute der Gründung einer Ost-Partei verschreibt, muß sich darüber klar sein, daß er neue Mauern errichtet.

Einer der dunkelsten Kometen am ostdeutschen Politikerhimmel, Peter-Michael Diestel, probt nach seiner dubiosen Rolle als letzter Innenminister der DDR und seinem mißglückten Zwischenspiel als Chef der brandenburgischen CDU-Landtagsfraktion mit einer solchen Partei offenbar einen dritten Karrierestart, nachdem sich DSU und CDU nacheinander spröde gegenüber seinen Politikzielen gezeigt haben. Er versucht damit, ostdeutsche Gefühle der Enttäuschung und Resignation über uneingelöste Wahlversprechen für sich zu nutzen.

Seine Ost-Partei soll eine 'Sammlungsbewegung politischer Kräfte' sein, die sich wirklich für die Interessen der Ostdeutschen einsetzen. Das tut die Bürgerbewegung seit Jahren, und ihre Fähigkeit, parteiübergreifend zu wirken, hat sie schon oft bewiesen.

Neu an Diestels Idee ist lediglich, daß ausgerechnet jene Kräfte den Karren aus dem Dreck ziehen sollen, die vor der Wende kräftig geholfen haben, ihn dorthin zu befördern.

Die heimliche Neigung zwischen Diestel und dem ihn unterstützenden PDS-Vorsitzenden Gregor Gysi besteht schon seit der Zeit der letzten Volkskammer, als Diestel ein Mißtrauensvotum mit den Stimmen der PDS knapp überstand. Dafür hat er später mit Gysi und de Maizière bei dem gescheiterten Versuch eine Rolle gespielt, die Nennung der am schwersten belasteten Stasi-Mitarbeiter unter den Volkskammerabgeordneten zu verhindern.

Mit seiner Idee einer Ost-Partei reaktiviert Diestel die Politikmuster, die den Menschen in der ehemaligen DDR von den Herrschenden aufgedrückt wurden. Sie ist der Versuch einer erneuten geistigen Spaltung Deutschlands, bevor die Teilung überwunden werden konnte." ...

Vera Wollenberger: Wer eine Ost-Partei will, der errichtet neue Mauern. In: Welt am Sonntag vom 14.6.1992

*

... "Eine 'riesige Sauerei', zürnte CDU-Verkehrsminister Günther Krause, sei diese schwarz-rote Brüderschaft zwischen Diestel und Gysi. Der Brandenburger CDU-Mann zeige nun sein wahres Gesicht, 'der Wolf verläßt den Schafspelz'. Immer mehr CDU-Politiker verlangen den Rausschmiß des Renegaten. 'Das U-Boot Diestel', so der sächsische CDU-Politiker Volker Bandmann, sei nun 'politisch zu versenken'.

Es ist die Sorge, selbst auf der Titanic zu sitzen, die zu derlei verbalen Ausfällen verleitet. Nicht nur die Christdemokraten, auch die westdominierten Sozialdemokraten und Liberalen spüren die wachsende Unruhe im Osten. Den etablierten Parteien rutscht dort die politische Basis weg.

Die Politikmacher in Bonn, irritiert über die Verweigerung der Neu-Deutschen im Osten, sind dünnhäutig und nervös. Er könne nicht verhehlen, so Diestel vorige Woche über die Wirkung seines Zusammenspiels mit PDS-Chef Gysi, 'daß mir der Aufschrei der Etablierten gefallen hat'. ...

Die politischen Koordinaten im Osten haben sich - nicht einmal zwei Jahre nach der Vereinigung - um 180 Grad gedreht. Während die DDR-Bürger 1990 ihr Heil fast ausnahmslos bei West-Politikern suchten, gilt ihre Sehnsucht nun 'einem starken Mann aus den eigenen Reihen' (Die Welt). Der Westen der Republik - inklusive seiner politischen Klasse - gilt vielen im Osten nicht mehr als Garant von Freiheit und Wohlstand, sondern als Basislager der neuen Eroberer und Ausbeuter ..."

...

pdg: Angst vor einem Phantom. In: Der Spiegel vom 15.6.1992

*

... "Meinen Sie angesichts dessen, daß es eine Berechtigung für eine Ostpartei gibt?

Ich sehe vor allem die inhaltlichen Fragen. Wie es seit der Vereinigung bis jetzt gegangen ist - und zwar sowohl im Osten als auch im Westen - kann es nicht weitergehen. Denn dann fürchte ich das Schlimmste. Das Auseinanderdriften wird immer stärker.

Die Mauer ist durch einen Graben ersetzt worden ...

Ja, und der ist so tief, daß man viel braucht, um ihn zuzuschütten und sich über ihn hinweg ein Volk entwickeln kann. Im Mittelpunkt steht für mich die Überlegung, daß es eine neue Wende geben muß, damit die Menschen hier im Osten ihr Schicksal bestimmen können. Alle, die eine neue Politik im Osten und eine neue Politik zwischen Ost und West im einheitlichen Deutschland vertreten und dafür auch Konzepte haben, müßten sich zusammentun.

Keine neue Partei?

Für die Ostdeutschen selbst wäre es weder sinnvoll noch zweckmäßig, eine neue Partei zu gründen. Man würde den bestehenden einfach eine neue Partei hinzufügen. Es käme auf inhaltliche Konzepte an. Wir brauchten einen neuen Runden Tisch. Einen Runden Tisch, wo Parteien, Bürgerbewegungen, Bürgerinitiativen, neue Verbände und Gesellschaften zusammenkommen und wo schon von vornherein der Kampf um Mandate, der Kampf um Posten und Pfründe wegfällt. Da gibt es nämlich nichts zu gewinnen, nur zu arbeiten. Da kann man seine Konzeption öffentlich einbringen. Man müßte Arbeitsgruppen bilden, wie das ja auch der Runde Tisch der DDR getan hat. Anhand ihrer Ergebnisse müßte man über ihren Weg beraten, wie man das nun in die Entscheidungsgremien bringt. Es gäbe die Möglichkeit, ein Gremium aus Politikern und Persönlichkeiten des öffentlichen Lebens zu bilden, die sich für eine kritische Bewahrung der DDR-Identität einsetzen. Da meine ich also Politiker wie Herrn Diestel, Herrn Stolpe, Herrn Modrow, Herrn Maleuda, den Volkskammerpräsidenten der Wendezeit, Persönlichkeiten aus den Bürgerbewegungen. Ich wäre auch bereit, in solchen Gremien mitzuarbeiten. Wenn sich dann später aus solchen Gremien eine Partei entwickelt, dann müßte man die als gesamtdeutsche Partei installieren." ...

Manfred Gerlach, einst staatstragender DDR-Politiker, dann Hoffnungsträger in der Wendezeit, jetzt ungeliebtes FDP-Mitglied, über neudeutsche Zustände: Wir sollten uns auf unsere 89er Erfahrungen besinnen ... Interview. In: Neues Deutschland vom 16.6.1992

*

... "In der Tat, wollte man aus den Bonner Reaktionen die Chancen der Sammlungsidee ableiten, die Prognosen wären überwältigend positiv. Unterfüttert mit dem sicheren Gefühl, daß alle blumigen Perspektiven des Einheitsjahres längst ad absurdum geführt sind, und dankbar-irritiert, daß die frustrierte Gesellschaft im Osten ihr Einheitsschicksal alles in allem eher paralysiert hinzunehmen bereit ist, versetzt allein Diestels Idee Bonn in helle Aufregung. Die gewundene Art, in der Funktionäre aller Parteien ihre Ablehnung in überschwengliches Verständnis für die Sorgen und Nöte des deutschen Ostens verpacken, zeigt, wie brisant die Stimmungslage in den neuen Ländern eingeschätzt wird. Konsequent reiht sich Diestels Idee an die PDS-Ergebnisse bei den Berliner Kommunalwahlen. Mit der politischen Organisation der Ost-Interessen und der Instrumentalisierung des grassierenden Ost-gegen-West-Ressentiments könnte der Westen - erstmals seit Beginn des Einheitsprozesses - in die Defensive geraten." ...

Matthias Geis: Sammlungsbewegung-Ost im Aufwind. Nicht links, nicht rechts, sondern Ost. Die Pläne von Peter-Michael Diestel, eine Interessenvertretung für die Ost-BürgerInnen zu gründen, bringt die West-PolitikerInnen zum ersten Mal seit der deutschen Einheit in die Defensive. In: die tageszeitung vom 16.6.1992

*

... " 'Jetzt wird für mich die tatsächliche Seilschaft deutlich wie nie: Diestel, Gysi, de Maizière - drei DDR-Juristen. Ich erinnere: die DDR-Justiz war neben dem MfS der zweite verlängerte Arm der SED.

Ich finde den Vorgang makaber. De Maizière hat für die schwindende DDR den Einheitsvertrag abgesegnet. Das heißt, er hat die DDR für 'nen Appel und 'n Ei verkauft. 'Rückgabe vor Entschädigung' zum Beispiel war schon von vornherein als Katastrophe für DDR-Bürger absehbar. Ich hab' mich damals gefragt, warum macht der Mann das? Wenn der sich jetzt als Kämpfer für DDR-Interessen präsentiert, kann ich nur sagen: ein atemberaubender Zynismus. Es geht bei der Ost-

Partei um nichts weiter als den Machterhalt einer alten Clique. Die Ostler sind dafür nur ein Mittel. Schade, daß die das nicht merken'."

(Freya Klier, Regisseurin und Autorin)

...

'Es ist eine originelle Idee, die einige Spannung in die Politlandschaft bringen wird. Ich befürchte aber, daß sie keine politische Struktur haben wird außer dem Ost-West-Ressentiment. Ich selbst bin zwar sehr friedlich gegenüber dem Westen und habe keine solchen Urteile. Aber ich habe in letzter Zeit einiges erlebt, was es mir schwermacht, neutral zu bleiben. Wenn es anderen so oder schlimmer ergeht, kann ich mir vorstellen, daß sie ganz schöne Ressentiments anhäufen. Das zweite ist, wie man der Unzufriedenheit einen politisch-konstruktiven Ausdruck verleiht. Da quillt nun diese Idee von Diestel und anderen sozusagen aus dem übervollen Farbsack heraus. Was ich jetzt so höre, ist das reine Ost-West-Ressentiment im Osten - vom Westen will ich jetzt nicht reden, da ist so etwas auch vorhanden - erstaunlich verbreitet und einigt Leute, die sonst nicht viel Gemeinsames haben in politischer oder sozialer Hinsicht.

Als Protestangebot hat das genau dieselben Chancen wie andere Protestbewegungen. Auf Dauer geb' ich so einer Partei keine große Chancen: Emotionsparteien können wenig konstruktiv zur Lösung der bestehenden Probleme beitragen. Aber das ist ein Schuldschein, der auf die vorhandenen politischen Kräfte geht. Denn eigentlich hätten diese die Aufgabe, die Probleme zum Thema zu machen. Es ist ein Zeichen, daß Überdruck herrscht. Aus der Notsituation heraus hat diese Idee eine Chance. Begrüßen würde ich das nicht, so eine Sammlungsbewegung quer über den Gemüsegarten'."

(Jens Reich, Wissenschaftler und Publizist)

"Es ist ein Zeichen, daß Überdruck herrscht". Was denken ostdeutsche Prominente über die Idee zur Gründung einer Ost-Partei und den Schulterschluß zwischen Diestel und Gysi? In: die tageszeitung vom 16.6.1992

*

... "Gegen eine Ostpartei wird vor allem ins Feld geführt, daß sie die Spaltung Deutschlands vertiefe. Dies ist aus zwei Gründen richtig: Sie steigert erstens die Aversionen im Osten gegen den Westen und, in der Folge, die Abneigung des Westens gegen den Osten. Im Osten bestärkt sie die Anspruchsmentalität und das Selbstmitleid, im Westen das Gefühl der Undankbarkeit und der Sinnlosigkeit von Hilfe. Eine Ostpartei, die mit dem Versprechen antritt, die Interessen des Ostens aggressiv zu vertreten, würde letztendlich dem Osten schaden.

Bis dies sich offenbart, könnte eine solche Partei durchaus beachtliche Erfolge erringen, noch stattlicher wohl, als sie in der Nachkriegszeit im Westen der Bund der Heimatvertriebenen und Entrechteten (BHE) erzielt hat. Diese Vertriebenenpartei, die nicht mehr zu bieten hatte als die Erinnerung an die verlorene Heimat, gehörte immerhin im zweiten Kabinett Adenauer zur Regierungskoalition. Was also ist zu tun? Der Westen muß aufhören, sich wie ein reicher Onkel zu benehmen, der bei den armen Verwandten Geschenke ablädt. Er muß aufhören, die Kritiker aus dem Osten als Schwarzmaler zu beschimpfen, ihnen das Gefühl geben, daß sie ernstgenommen werden. Manchmal würden wohl Gesten mehr bewirken als viel Geld. Ein 'Aufbauminister' im Kanzleramt könnte eine solche Geste sein."

Heribert Prantl: Die Volksfront im Osten. In: Süddeutsche Zeitung vom 17.6.1992

*

... "Eine Wahlbeteiligung der Lega Ost steht ohnehin in den Sternen. Interessant scheint mir indes der Gedanke, mit dem Projekt eine Art Kontrollinstanz für den Einigungsvertrag zu schaffen, ein Gremium, was stellvertretend für die Ostdeutschen deren Rechte einklagt. Liegt darin nicht ein vernünftiger Ansatz politischer Arbeit?

Die ostdeutschen Interessen sind vielfältig und werden mittlerweile auf den unterschiedlichsten Ebenen eingeklagt. Vom Mieterschutzbund, von den Eigenheimbesitzern, von denen, die aus dem Arbeitsverhältnis geflogen sind, zum Beispiel an Akademieinstituten. Diesen Ansatz parteipolitisch-organisatorisch zusammenzufassen, halte ich für völlig verfehlt. Man wird keine dauerhafte Klage-Partei einrichten können. Die Anstrengungen der Ostdeutschen werden damit auf ein völlig falsches Gebiet gelenkt. Ost- und Westdeutsche müssen sich verbinden, um deutlich zu machen, daß die soziale Symmetrie der Einigung überhaupt nicht gegeben ist und endlich die zur Kasse gebeten werden müssen für eine gerechte Finanzierung, die bisher nur wenig gezahlt haben. Ein nationales Bündnis, um dem nationalen Kapital an den patriotischen Kragen zu gehen. Das ist das, was Weizsäcker sagt. Wir brauchen den zweiten Lastenausgleich." ...

Eine dauerhafte Klagepartei hat keinen Sinn. Gespräch mit Werner Schulz (Bündnis 90) zur vieldiskutierten ostdeutschen Interessenvertretung und deren Protagonisten. In: Junge Welt vom 18.6.1992

*

... "Das neue Ost-Bündnis wird auch in Richtung Wahlformation gedacht?

Solche Überlegungen stehen nicht am Anfang. Derzeit geht es vor allem darum, außerparlamentarisch Druck zu entwickeln, damit sich hier die Situation für die Menschen ändert.

Wie bewerten die PDS-Mitglieder, z.B. diejenigen von der kommunistischen Plattform, den schwarz-roten Flirt?

Eins vorneweg: Der Bestand der PDS steht überhaupt nicht zur Disposition, und wir werden in keinem - wie auch immer strukturierten - Bündnis als Partei aufgehen. Gleichzeitig haben wir immer gesagt, daß Bürgerinteressen vor Parteiinteressen gehen. Hinzu kommt, daß wir nach den Berliner Wahlen selbstbewußt genug sind, uns auch auf die schwierigsten Bündniskonstellationen einzulassen. Dazu ist die Bereitschaft bei allen Strömungen innerhalb der Partei vorhanden.

Forciert Gregor Gysi das Bündnis nicht auch aus parteitaktischen Überlegungen? Wenn führende CDU-Parteipolitiker mit der PDS zusammenarbeiten, werden Stigmatisierungs- und Ausgrenzungskampagnen durch die Westparteien schwieriger.

Parteitaktische Überlegungen spielen bei der Gesprächsanbahnung keine Rolle, sondern der Geburtshelfer war die reale, desolate Lage im Osten selbst. Faktisch ist es nun aber so, daß wir dadurch als Partei auch politikfähiger geworden sind. Ein Nebeneffekt, der uns gewiß nicht traurig stimmt. Die Reaktionen aus Bonn zeigen ja, daß wir ins Schwarze getroffen haben und das freut uns.

Im Nebel des neuen Ostbündnisses wird ein kräftiger Schuß Populismus sichtbar. Sie suggerieren den Ostdeutschen Möglichkeiten, die es nicht gibt. Mit dem Fortfall der Mauer, mit der Einführung der D-Mark, die das Volk gar nicht schnell genug bekommen konnte, war zugleich der Zusammenbruch der DDR-Wirtschaft besiegelt. Das konnte sich jeder ausrechnen, aber die meisten haben diesen Zusammenhang verdrängt und lieber den bequemen Lügen von Kohl geglaubt. Sie erzeugen aber jetzt neue Illusionen.

Wir tun nicht so, als seien die Probleme ganz einfach zu lösen, aber wir machen Vorschläge, deren Umsetzung neue Perspektiven eröffnen. Sanierung statt Privatisierung heißt ein Stichwort, bevorzugte Auftragsvergabe an Ostunternehmen ein anderes. Wenn heute z.B. finanziell interessante Bauvorhaben vergeben werden, kommen die großen Westunternehmen zum Zug. Das gilt aber auch für lukrative Forschungsaufträge, von denen zuallererst westdeutsche Wissenschaftler profitieren. Es gibt kaum einen Bereich, in dem es andersherum läuft.

Soll das neue Bündnis auch die angekratzte Psyche vieler Ostdeutscher heilen?

Das sozialpsychologische Moment darf man nicht unterschätzen. Es kann nicht gut gehen, wenn man auf Dauer Menschen daran hindert, über ihr gelebtes Leben normal reden zu können. Fast jeder im Osten war in irgend einer Organisation, die das alte System stützte. Partei, Gewerkschaft, Jugendverbände. Wenn man in der Kneipe mit Leuten über die Vergangenheit redet, und es kommt ein Fremder hinzu, dann bricht das Gespräch ab, dann hat man keine Vergangenheit mehr. Dann war man eben nicht im FDJ-Lager oder beim Jugendfestival oder sonstwo. Sowas kann nicht gut gehen. Es muß die Freiheit geben, zum gelebten Leben stehen zu können."

"Die Reaktionen zeigen, daß wir ins Schwarze getroffen haben." PDS-Geschäftsführer Wolfgang Gehrcke zum schwarz-roten Bündnis im Osten: Die PDS ist durch die Sammlungsbewegung politikfähiger geworden. Interview. In: die tageszeitung vom 19.6.1992

*

... "Sinnvolle Politik in Deutschland kann man auf keiner Seite der Lebensstandard-Grenze nur für einen der beiden Teile machen. Auch Lösungen für Ostdeutschland sind nicht in einer 'parteiübergreifenden' Neuauflage der Nationalen Front der DDR zu suchen. Ernsthaft vertreten werden können die Interessen der ostdeutschen Mieter, Arbeitslosen und Rentner ebenso wie die der westdeutschen nur durch ost-west-übergreifende Politik."

Reinhard Weißhuhn: Gespenst aus dem Osten. Die ostdeutsche Sammlungsbewegung will den Kohlschen Populismus für sich. In: die tageszeitung vom 26.6.1992

*

... "Vielleicht ist es gar kein Zufall, daß die interessanten politischen Gestalten des Wendeprozesses aus dem Osten kamen. Einige sind, von ihrer Vorgeschichte erdrückt, schon wieder in der Versenkung verschwunden. Andere waren zu unerfahren und auch nicht im Besitz einer tragfähigen Hausmacht, um in der Konkurrenz mit idealtypischen Gewächsen westdeutscher Politnormalität bestehen zu können. Wieder andere, unter ihnen Diestel, mischen noch mit und denken gar nicht daran, bewußtlos von einem Extrem ins andere zu fallen, nach der verordneten Einheitsdiät das ebenso geist- wie trostlose Spiel: Differenz um der Differenz willen mitzuspielen, Vorstellungen und Programme nur deshalb zu attackieren, weil sie vom Konkurrenten stammen. Gut möglich, daß die Stunden dieser Nonkonformisten gezählt sind, sei es, daß sie, wie in Deutschland, eine Beute des Polarisierungsfetischs werden oder, wie zur Zeit Havel in der CSFR, nationalistischen Bestrebungen zum Opfer fallen. Man spreche dann nur nicht vom Triumph der Demokratie über die Spätblüten eines autokratischen Systems, sondern vielmehr vom Einziehen der schmalen Zukunftsschatten, die der zerfallene Osten auf die parlamentarischen Institutionen und Verkehrsformen im Westen warf. Die Reaktion der Ostler wird die nämliche sein: Enttäuschung zunächst und Verzagtheit, dann ein Rückbesinnen auf die Motive des Aufbruchs und, in eins damit, ein boshaft-gründliches Abarbeiten eigener Illusionen und fremder Verheißungen."

Wolfgang Engler: Die Vertreibung der Politik. In: Die Weltbühne vom 30.6.1992

*

... "Aber sollen sich die Ostdeutschen nicht endlich mehr Stimme verschaffen? Natürlich müssen sie mehr Stimme bekommen, es muß miteinander geredet werden, nicht übereinander, und es müssen die vorhandenen Rahmen genutzt werden, in erster Linie der Bundestag. Aber von 80 % der Bundestagsabgeordneten aus den neuen Ländern höre ich nichts. Sie sollten in den Vorruhestand gehen, sie unterliegen nicht dem Reinheits-, sondern dem deutschen Schweigeverbot. Aber auch in der Gewerkschaft, in den Parteien, in der Kirche gibt es Lärmbedarf. Oft sind die Ostdeutschen anscheinend zu feige, den Mund aufzumachen. Sie müssen sich laut artikulieren, aber Lösungen sind insgesamt nur mit den Westdeutschen möglich. Von dort kommt das Kapital, das wir brauchen. Der Zug der politischen Eigenständigkeit des Ostens, der ist am 18. März 1990 abgefahren." ...

Lärmbedarf für Ostideen. Hilft eine Ost-Bewegung den Ostdeutschen, mehr Stimme zu bekommen? Ansichten von Friedrich Schorlemmer. Interview. In: Junge Welt vom 30.6.1992

*

... "Ich bin durchaus nicht der Meinung, daß die Ostdeutschen ihre Interessen bereits effektiv genug organisiert haben, und halte zum Beispiel den Zusammenschluß meiner ostdeutschen Kollegen in der CDU/CSU-Bundestagsfraktion für eine gute Idee, die dadurch noch gewinnen kann, daß sie etwas stärker aus der Reserve kommen und ruhig einmal, wenn es sachlich berechtigt ist, auf die Pauke hauen. Es ist der richtige Weg, wenn die Ostdeutschen ihre vielfältigen und unterschiedlichen Interessen mit mehr Effizienz in die großen Volksparteien einbringen, die ihrer Natur nach darauf ausgerichtet sind, alle Schichten und Gruppen in Deutschland anzusprechen. Nur Volksparteien sind in der Lage, große Herausforderungen und Probleme im Sinne des Gemeinwohls zu meistern und notwendige Reformen durchzusetzen, denn nur sie besitzen die Fähigkeit, unterschiedliche Interessen zu bündeln und auf das Wohl aller auszurichten. Gerade Zeiten des Umbruchs, des beschleunigten politischen, gesellschaftlichen und wirtschaftlichen Wandels, von dem die Menschen in den neuen Ländern viel stärker betroffen sind als die Westdeutschen, machen ungewöhnliche Anstrengungen und Entscheidungen notwendig. Ein solcher Prozeß wird von machtvollen Verbänden, Gruppen- und Einzelinteressen mit ihren Droh- und Störpotentialen bedrängt. Nur Volksparteien können die in einem solchen Prozeß auftretenden Spannungen aushalten und die damit verbundenen schweren Konflikte überwinden und auch aussöhnen. Klassenparteien, Klientelparteien und auch Regionalparteien sind dazu nicht in der Lage.

Die Gründung einer Ostpartei wäre in einer Zeit, in der es darum geht, die innere Einheit Deutschlands zu schaffen, Ostdeutsche und Westdeutsche näher zusammenzuführen, Vorbehalte abzubauen und Konflikte zu überwinden, unverantwortlich und grob fahrlässig. Denn das Ergebnis stünde von vornherein fest: der Crash-Kurs Ost gegen West. ...

Es gibt in Deutschland derzeit einen Politmix aus vielfältigen Ängsten, unbegründeten Befürchtungen und nicht oder nicht schnell erfüllbaren Hoffnungen mit großer Sprengkraft. Die Gründung einer Ostpartei könnte das Streichholz sein, das dieses Gemisch zur Explosion bringt. Genau das Gegenteil ist aber notwendig in einer schwierigen Phase der deutschen Geschichte. Die Deutschen müssen zusammenhalten und ihr gemeinsames Interesse im Auge behalten, das allen kurzfristigen Erwägungen übergeordnet sein muß: die innere Einheit Deutschlands." ...

Heiner Geißler: Schiefe Schlachtordnung. Die Gründung einer Ostpartei wäre grob fahrlässig. In: Wochenpost vom 9.7.1992

*

... "In Wahrheit aber soll die Gründung natürlich dafür sorgen, daß dem Tarnanzug ein neuer Tarnanzug übergestülpt wird. Aus SED wird PDS. Aus PDS wird KfG, 'Komitee für Gerechtigkeit'.

Dazu kriegt man noch einige Vorkämpfer der 'Kirche im Sozialismus' und einige Laien im Sozialismus und schminkt das Ganze zusätzlich als Kampf gegen rechts auf; Honecker war ja bekanntlich auch so ein gefeierter Antifaschist. Kann es sein, daß die Menschen, die 1989 gegen eben diese Machthaber aufstanden mit dem Ruf: 'Wir sind das Volk', heute in einer zweimal neu angestrichenen SED Anwälte der Gerechtigkeit sehen ? So hatten sich die Deutschen im Westen die Wiedervereinigung und die Opfer, die sie zu bringen bereit waren, wohl kaum vorgestellt."

Enno von Löwenstern: Bock als Gärtner. In: Die Welt vom 10.7.1992

*

... "Diestel und Gysi sprechen ja nicht mehr von einer Partei, sondern von Komitees für Gerechtigkeit, die überall in Ostdeutschland gegründet werden sollen. Was halten Sie davon ?

Es kommt darauf an, was daraus wird. Ich wäre natürlich dafür, wenn es eine Bürgerbewegung gäbe, weil die Ostdeutschen in Bonn keine Lobby haben. Aber alles, was den Charakter einer Partei trägt und auf Ostdeutschland beschränkt bleibt, würde die Spaltung aufrechterhalten. Ich wäre auch dagegen , wenn es einen anderen Namen hätte." ...

"Auf den Aufschrei hören." Günter Krusche, der Berliner Generalsuperintendent, will keine neue Partei, aber eine Bürgerbewegung. Interview. In: die tageszeitung vom 10.7.1992

*

... "Die Mischung aus Künstlern, Pastoren und Politikern erinnert fatal an jenen 'Aufruf für unser Land', mit dem mitten in der DDR-Revolution Leute wie Stefan Heym versuchten, den Zug in Richtung Einheit noch aufzuhalten. Sie versprachen sich etwas von einem reformfähigen Sozialismus und wollten nicht alle Errungenschaften der DDR preisgeben. Das hat sich glücklicherweise schnell überlebt.

Die Protagonisten hingen damals schon hoffnungslos ihrer Zeit hinterher. Hoffentlich gilt das für heute ebenfalls. Denn was wir am wenigsten brauchen können, ist ein neuer Versuch, Deutschland zu spalten."

Hartmut Kaczmarek: Die neuen Spalter. In: Iserlohner Kreisanzeiger und Zeitung vom 10.7.1992

*

... "Die Gründer des 'Komitees für Gerechtigkeit' berufen sich auf den wachsenden Zorn vieler ehemaliger DDR-Bürger, die einfach nicht verstehen können, wieso ihre Erfahrungen aus einem 40jährigen Überlebenskampf plötzlich nichts mehr wert sind. Und die sich fragen: Wieso sind wir, die immer hart gearbeitet haben, plötzlich arbeitslos? Und warum wollen die reichen Menschen aus dem Westen uns jetzt auch noch unsere Häuser und Wohnungen fortnehmen? Das sind bittere Fragen, denen Gysi und Diestel eine Plattform bieten - nicht mehr und nicht weniger.

Natürlich warnen die Bonner Politiker zu Recht vor der Gefahr, daß sich die Sammlungsbewegung rasch zu einem Sammelbecken populistischer oder rechtsextremer Stimmungsmacher entwickeln könnte. Die Lage ist in der Tat explosiv. Aber noch haben es die Bonner Politiker in der Hand, die Menschen im Osten deutlicher als bisher zu unterstützen. Wenn damit nicht sofort und effektiv begonnen wird, könnte sich das heitere Sommertheater schnell in ein sehr ernstes Drama verwandeln."

Dieter Stäcker: Gründung der Ostpartei. Sommertheater. In: Neue Presse (Hannover) vom 10.7.1992

*

... "Nun steht ja außer Frage, daß Deutschlands Osten von vielen Westdeutschen eher als unterentwickelte Kolonie denn als Teil des gemeinsamen Vaterlandes angesehen wird. Und leider stimmt auch der Vorwurf, den Westlern liege das Plattmachen weitaus mehr als das verständnisvolle Eingehen auf die mentalen und sozialen Probleme der ehemaligen DDR-Bürger. Das - inzwischen allerdings reichlich abgenutzte - Bild von der Mauer in den Köpfen beschreibt den Zustand ziemlich genau. Trotzdem muß bezweifelt werden, ob das Komitee irgend etwas zum Besseren wenden kann; viel mehr als die Formulierung von Protesterklärungen ist kaum zu erwarten. Diestels Leute mögen sich in der Kritik an den derzeitigen Zuständen einig sein, die Fähigkeit zur Erarbeitung von Lösungsmodellen dürfte ihnen jedoch abgehen - zu verschieden sind ihre Herkunft, ihr Temperament, ihre politische Position. Die Damen und Herren Komiteegründer, allesamt recht profilsüchtig, werden sich wohl bald in den Haaren liegen.

Wohlgemerkt: Hier soll nicht gegen die Absicht ostdeutscher Landsleute polemisiert werden, ihr Schicksal selbst in die Hand zu nehmen. Derlei Initiativen sind aller Ehren wert, auch wenn die Erfolgschance gering ist. Was verstimmt, ist die Unterstellung, die Bundesregierung würde dem sozialen Notstand jenseits der Elbe tatenlos zusehen und weder die Arbeitslosigkeit noch die wirtschaftliche Stagnation mit dem gebotenen Nachdruck bekämpfen. Das ist ärgerlich. Die bisherigen Bonner Erfolge mögen bescheiden sein, doch an dem Willen der Regierenden, den Ostdeutschen den gleichen sozialen Status wie den Westdeutschen zu verschaffen, kann kein Zweifel bestehen." ...

Rainer Hajeck: Dubioses Vorhaben. In: Nürnberger Zeitung vom 10.7.1992

*

... "Es ist bequem und unsensibel, die Beschäftigung mit den ostdeutschen Schwierigkeiten auf die Auseinandersetzung mit einer Ostpartei oder 'Komitees für Gerechtigkeit' zu verkürzen und den ostdeutschen Vereinen auch gleich noch jede Existenzberechtigung abzusprechen. Dann ist man, scheint's, mit den dösigen Ossis mal wieder schnell fertig. Tatsächlich aber kommt diese Haltung einer Verweigerung des Ost-West-Dialogs von unten gleich. Wessis werfen Ossis vor, sie nörgelten nur herum, statt aktiv zu werden. Doch ist es nicht so, daß auch die Wessis längst nur noch herumnörgeln und von Bonn Lösungen erwarten, statt sie zu erkämpfen? Daß es ihnen selbst an politischer Phantasie fehlt? Daß sie selbst müde sind? Sie nennen eine Ostpartei 'Partei des Ressentiments', aber ihnen fällt nichts anderes ein, als diesem Ausdruck deutsch-deutschen Desasters wiederum nur mit Ressentiment zu begegnen.

Wieso eigentlich Ressentiments? Warum eigentlich nicht Betroffenheit? Dieses Wort steht - etwas angekratzt zwar, aber doch immer noch - dafür, daß Menschen sich zur Wehr setzen, wenn es ihnen oder der Welt, in der sie leben, an den Kragen geht. Statt mit dem Begriff Ressentiment die Abwertung einer aus dem Bauch inszenierten Politik zu betreiben, sollten Wessis unter dem Stichwort Betroffenheit anfangen, den aus dem Bauch kommenden Ostprotest wahrzunehmen und ihn aus dem Ostdeutschen ins Westdeutsche zu übersetzen, wenn sie ihn denn anders nicht verstehen können. Aus Betroffenheit wurden im Westen Betriebe und Zeitungen gegründet, Öko- und Frauengruppen ins Leben gerufen, wurde an AKW-Zäunen gerüttelt und wurden die Kinder anders erzogen. Sage niemand, das habe den Westen nicht verändert.

Bekomme aber auch niemand sentimental glänzende Augen, wenn Gysi nun schon von einer 'Ost-Apo' spricht. Es gibt keine Ost-Apo. Außerdem können Diestel und Gysi sich nicht für ihre Ostpartei auf brave, gewesene DDR-KleinbürgerInnen stützen - das sind die Leute, die sie wählen würden - und gleichzeitig wild-demokratische Apo-Zeiten anbrechen sehen. Eine Ostpartei und irgendwelche 'Komitees' werden weniger verändern, als ihren ParteigängerInnen lieb sein dürfte. Aber der Osten wird sich und wird auch den Westen verändern. Sehen wir also genau hin, mischen uns ein und lassen uns den Blick nicht gleich durch Parteien und Komitees verengen, denn: Noch mehr Westen ertragen wir nicht."

Bettina Markmeyer: Bieder und von gestern. Der deutsch-deutsche Streit muß ausgetragen werden. In: die tageszeitung vom 11.7.1992

*

... "Schon aus der Tatsache, daß sich die geplanten Komitees mit der Bezeichnung 'Gerechtigkeit' schmücken sollen, wird die Stoßrichtung deutlich. Wer nach Gerechtigkeit ruft, fühlt sich ungerecht behandelt und braucht, um beim Protest gehört zu werden und Abhilfe durchzusetzen, den Zusammenschluß mit Gleichbetroffenen und Gleichgesinnten. Es kann damit durchaus zu massenhaftem Zulauf kommen - falls Diestel und Gysi nicht als Wölfe im Schafskleid durchschaut werden und als Abschreckung dafür wirken, daß Machtdrang und -mißbrauch sich schon immer gut zu tarnen verstanden.

Doch sollten bereits die Gründungspläne Anlaß zur Nachdenklichkeit sein. Werden die Ostdeutschen wirklich ausreichend gehört? Wird ihre Suche nach einer neuen Identität ernst genommen? Sind sie tatsächlich willkommen oder nur lästige Bittsteller? Sind die großen Parteien ihrer Obhutspflicht nachgekommen? Haben Präsenz und Zuhörbereitschaft der Bonner Politiker vor Ort im Osten genügt? Haben sie häufig genug um Verständnis und Geduld im Westen geworben? Ein uneingeschränktes Ja ist sicher auf keine dieser Fragen möglich. Die neue Sammlungsbewegung hat damit ihre berechtigten Ansatzpunkte.

Aber noch mehr sorgt sie für Gefahren. Extreme Rechthaberei drüben wird Reaktionen der Verhärtung hüben auslösen. Eine neue Polarisierung ist damit vorgezeichnet. Noch sind viele, wenn nicht die meisten im Westen zu Opfern für die Ostdeutschen bereit. Aber diese Bereitschaft wird rasch enden, wenn sie sich an den Pranger der Hartherzigkeit und Ungerechtigkeit gestellt sehen, wie es der geplanten Ost-Organisation offensichtlich vorschwebt, deren Gründung die alte Spaltung zementiert und eine neue schafft.

Denn die neue Bewegung erteilt nicht nur den bisherigen Parteien ein Mißtrauensvotum, sondern kündigt auch die Gemeinsamkeiten auf, die - mühsam genug - bislang im politischen Raum und mitmenschlichen Bereich geschaffen worden sind. Ihr Angebot heißt Streit. Doch der hat noch niemals Teilung überwunden."

Josef Surholt: Die neue Spaltung. In: Westfälischer Anzeiger vom 11.7.1992; Söster Anzeiger vom 11.7.1992 "pra. Die Union schreit Mordio und sie hat recht: Parteifreund Diestel betreibt Demagogie. Sein 'Komitee für Gerechtigkeit', das am Wochenende aus der Taufe gehoben wird, soll ein Sammelbecken sein für enttäuschte Erwartungen, Selbstmitleid, Frustration und Anspruchsdenken, eine Bewegung für DDR-Nostalgie und für Ressentiments Ost gegen West. Diestel betreibt den Aufmarsch aller Unzufriedenen. Das Komitee ist ein Wandervogelverein für alle, die auf der Suche sind nach der verlorenen Zeit.

Das alles wäre freilich nicht besonders schlimm: Jeder darf sich den Verein aussuchen, in dem er sich wohl fühlen will - und wenn es der Bund der Entrechteten ist. Schlimm ist, daß das politische Programm allem Anschein nach nur darin besteht, die persönlichen Absichten ihrer Gründer zu befördern. Das Komitee soll so etwas sein wie die Vor-Form einer Ostpartei, ist also eine Ostpartei in Gründung. In deren Haut wird die PDS nur allzu gern schlüpfen, um den Ruch der SED-Nachfolgepartei loszuwerden. Diestel und den anderen wären dann Gysis nützliche Idioten gewesen. Vielleicht ist es dem politischen Hasardeur Diestel auch ziemlich egal, wie er Karriere macht." ...

Wandervogelverein Ost. In: Süddeutsche Zeitung vom 11.7.1992

*

... "Die Stimmung in den neuen Bundesländern ist schlecht. Sie ist geprägt von Enttäuschung auf die Bonner Politik. Wessi-Arroganz, Massenentlassungen, Mieterhöhungen, Alt-Eigentümer, ungleiche Löhne und Gehälter heißen die Stichworte. Es wächst das Gefühl, auf lange Sicht Deutsche zweiter Klasse zu bleiben. Das ist der Boden, auf dem Wut und Widerstand gedeihen. Und auch die Illusion, eine Extra-Ostpartei könne alles ändern." ...

Brigitte Schatzen: Was bringt eine Ostpartei? In: Berlin-Brandenburgisches Sonntagsblatt vom 12.7.1992

*

... "Zu dramatischen Schlußfolgerungen bietet das 'Komitee für Gerechtigkeit' keinen Anlaß. Seine Gründer denken an eine 'besondere Körperschaft' für den Osten, in die Persönlichkeiten, nicht aber Parteien gewählt werden. Diese Körperschaft kann alles und nichts werden, ein Sammelbecken für kurzatmige, ehrgeizige Politiker, ein Forum für hochgestimmte Moralisten, eine Bühne für intellektuelle Theoretiker und Utopisten, ein Lazarett für Versehrungen durch die Wende und Depressionen. ...

Natürlich gehört die Beschwörung der DDR-Identität zum Taufgebet des 'Komitees für Gerechtigkeit'. Gysi und das Gründungsmitglied Stefan Heym haben Ende 1989 den Aufruf 'Für Unser Land' unterschrieben. Er richtete sich geradezu feierlich gegen eine Vereinigung Deutschlands. Er stellte sich ganz und gar in den

Dienst einer sozialistischen DDR mit geläutertem menschlichem Antlitz. Die Utopie von einem neuen besseren Sozialismus ist für sie die Seelenachse der proklamierten Gerechtigkeit.

Nein, das Komitee der Diestel und Gysi ist kein Beitrag zur inneren Vereinigung der Deutschen. Es versöhnt nicht. Es verschärft die Spaltung, weil es die Unterschiede zwischen Ost und West schärft. Es ebnet Ressentiments zwischen Ost und West nicht ein, sondern verstärkt sie. Es baut Politikverdrossenheit nicht ab, sondern beflügelt sie."

Rudolf Stiege: Das Komitee - wem nützt es? In: Berliner Morgenpost vom 12.7.1992

*

"Frage: Herr Ministerpräsident, welche Chancen räumen Sie dem von Gysi und Diestel am Wochenende gegründeten Komitee für Gerechtigkeit ein? Werden es diese beiden Politiker mit ihrer Sammlungs-Bewegung schaffen, die politischen Verhältnisse in den neuen Bundesländern auf den Kopf zu stellen?

Stolpe: Das wird ihnen nicht gelingen. Ich meine sogar, daß ihre Rechnung, die Menschen wieder stärker für Politik zu interessieren, nicht aufgehen wird. Es ist eher zu befürchten, daß die Politik-Verdrossenheit und die Skepsis gegenüber den Politikern noch weiter wachsen wird.

Frage: Aber Diestel und Gysi sprechen Probleme an, die den Menschen in der Ex-DDR unter den Nägeln brennen. In den neuen Ländern wachsen Frustration und Zorn ...

Stolpe: Ja, und das spüren Diestel und Gysi, besser als viele andere in Bonn. Und sie artikulieren es auch. Alle, die jetzt schreien, sollten sich deshalb fragen: Was haben wir selber getan, ernsthaft und mit allem Einsatz, um diesen wachsenden Dissens in Deutschland abzubauen. Ich selbst betrachte die Bewegung als eine Aufforderung an mich, die eigenen Anstrengungen verstärkt fortzusetzen.

...

Frage: Viele Kritiker der Komitees fürchten längst, daß sich die Diestel/Gysi-Bewegung an den politisch rechten Rand bewegen könnte ...

Stolpe: Das kann sich zu einem Sammelsurium entwickeln, in dem sich rechts und links berühren. Und das würde ja auch nicht das erste Mal in der deutschen Geschichte so sein. Darum ist das Ganze schon sehr ernst zu nehmen: Es sollte als eine letzte Warnung an die politische Klasse in Deutschland verstanden werden."

Manfred Stolpe: Ostkomitee. In: Haller Kreisblatt vom 13.7.1992. Auch in Bielefelder Tageblatt vom 13.7.1992, Bremer Nachrichten, Die Norddeutsche vom 13.7.1992, Gütersloher Zeitung vom 13.7.1992, Lippische Landeszeitung vom 13.7.1992, Aalener Volkszeitung vom 14.7.1992, Badische Zeitung (Ausgabe FST und LA) vom 14.7.1992, Lindauer Zeitung vom 14.7.1992, Nürnberger Zeitung vom 14.7.1992, Schwäbische Zeitung

(Ausgabe Biberach, Friedrichshafen, Leutkirch, Ravensburg) vom 14.7.1992, Trossinger Zeitung vom 14.7.1992

*

... "Geben Sie den Komitees für Gerechtigkeit eine Zukunft?

Solange die Bundesregierung glaubt, die Probleme im Osten allein bewältigen zu können, ich meine, sie unterschätzt diese noch immer, sehe ich schwarz. Ich kann Explosionen nicht ausschließen. Nur die gemeinsame Anstrengung aller politisch relevanten Kräfte kann hier helfen. Diese Komitees sind ein Alarmzeichen. Vielleicht haben sie die Funktion, wirklich zu alarmieren. Dann hätten sie ihren Zweck erfüllt."

"Der Mensch lebt nicht von der D-Mark allein". Im TA-Gespräch: SPD-Ostexperte Egon Bahr. In: Thüringer Allgemeine vom 13.7.1992

*

... "Und wie stehen Sie zu dem Unternehmen?

Ich glaube, daß eine solche Sammlungsbewegung möglich ist. Sie weist auf Defizite in der bisherigen Parteienpolitik hin. Nur ist mir bislang nicht deutlich geworden, wo hier die politische Alternative zutage tritt. Darüber hinaus gibt's natürlich noch andere kritische Punkte. Ich will die Entscheidung, wie ich das politisch einschätze, nicht heute treffen.

Es ist ja eines der entscheidenden Gegenargumente, eine solche Ost-Bewegung würde mehr spalten denn zusammenfügen ...

Das Spaltungsargument halte ich für zu billig. Es ist allerdings die Frage, wie Konflikte in dieser Sammlungsbewegung und vor allem Konflikte innerhalb der Parteien zur Sprache kommen.

Meinen Sie, die Sache könnte praktisch funktionieren?

Wie gesagt, ich bin skeptisch. Allerdings gibt es ja in der Geschichte der alten Bundesländer auch eine Parallele - das ist der Bund der Heimatvertriebenen und Entrechteten, den es in den 50er Jahren auch eine ganze Weile gab, und der dann in der CDU aufgegangen ist. Man muß sehen, was hier entsteht oder nicht entsteht. Ich bin einfach neugierig, weil ich es für richtig halte, daß aus den neuen Bundesländern heraus starke politische Stimmen kommen. Ich versuche das in meiner Partei selber, habe mich auch immer kritisch gegenüber dem Parteivorstand in Bonn geäußert, weil die SPD beispielsweise derzeit Gefahr läuft, zur Partei der Besitzstandswahrung West zu werden. Eine innerparteiliche Debatte ist aber meiner Meinung nach möglich. Wenn nicht, werde ich natürlich noch neugieriger als bisher hierauf gucken." ...

Skeptische Neugier. Berlins Jugend-Senator Thomas Krüger war "Zaungast" bei der Komitee-Gründung. Interview. In: Junge Welt vom 13.7.1992

*

... "Aber wenn es dahin käme, daß die Sammlungsbewegung bei Wahlen kandidiert (damit also den entscheidenden Schritt zur Partei hin tut) - entfernt vergleichbar dem vergessenen BHE, der Flüchtlingspartei nach der Gründung der Bundesrepublik -, dann müßten die bisherigen Parteien um ihre ohnehin nicht gerade auf Wachstumskurs liegenden Stimmen-Anteile fürchten. Leute, die sich bei einer zur Partei gewordenen Sammlungsbewegung betätigen, kann man ausschließen, aber man kann nicht verhindern, daß sich Wähler im Osten angezogen fühlen von einer Politik, die aus einer unbestimmten Mischung besteht: Ein bißchen Kummer über eine Vereinigung, in welche die alte DDR zu wenig 'eingebracht' habe, dazu Vorbehalte gegen eine fremdartig-westliche Form der Politik, vielleicht voran enttäuschte Erwartungen nach der Feier der Vereinigung. Eine solche Partei könnte sogar in der alten Bundesrepublik Sympathien einsammeln." ...

Ein Unruhe-Faktor. In: Frankfurter Allgemeine vom 13.7.1992

*

... "Das 'Komitee für Gerechtigkeit' ist Anstoß, einen neuen politischen Weg zu beschreiten, ohne von vornherein zu wissen, ob er erfolgreich sein wird. Es ist ein Aufruf an die Menschen, sich selbst aus ihrer politischen Lethargie, aus ihrer sozialen Ohnmacht zu befreien, miteinander zu reden, sich zu organisieren. In dieser Hinsicht steht der Appell in der Tradition des Herbstes von 1989, und da spielt es keine Rolle, ob man Diestel mag oder nicht, um dieses Signal ernst zu nehmen oder gar zu unterstützen. Es ist auch kein Zufall, daß dieses Komitee von Leuten aus dem Osten initiiert worden ist, weil hier schmerzhafter als im Westen die Defizite in Politik und Wirtschaft wahrgenommen werden, obwohl es keine spezifischen Ost-Defizite sind. Der Osten Deutschlands ist das Brennglas, durch das sichtbar wird, wie kritisch der innere Zustand unseres Landes ist. Aus diesem Blickwinkel muß dieses 'Komitee für Gerechtigkeit' seine gesamtdeutsche Funktion ableiten und begreifen. Nur so kann es der Gefahr entgehen, deutsch-deutsche Ressentiments zu verstärken oder gar ein Identitätsgefängnis für ehemalige DDR-Bürger zu werden, die sich ihr untergegangenes Land nachträglich schön reden und daraus ihre Kraft beziehen; so nach dem Motto: Wir waren alle arm, aber solidarisch, und jetzt müssen wir Ossis gemeinsam gegen den Westen kämpfen.

Die Politik ist in eine schwere Krise geraten, und das Komitee ist ein Ergebnis dessen. Nur, keiner sollte sich Illusionen über die Notwendigkeit von Politik machen, denn was die Arbeit an der Basis, in den Komitees vor Ort, jetzt verlangt, ist vor allem eins: dauerhaftes politisches Engagement. Ansonsten naht sehr schnell der Termin einer Beerdigung."

Jens König: Was sollen 'Komitees für Gerechtigkeit'? Ja, aber ... In: Junge Welt vom 13.7.1992

*

... "Zur Sache: Wer wird bestreiten, was eine Vordenker-Gruppe um die beiden Hauptakteure in einem 'Diskussionsangebot' aufgeschrieben hat: 'Ob in Wirtschaft, Medien, Kultur, Politik, Verwaltung oder Justiz, überall erklären Menschen aus den alten Bundesländern denen aus den neuen, was sie zu tun oder zu unterlassen, zu denken oder zu fühlen haben.' Wer würde bestreiten, daß die Regierenden die verheerenden sozialpsychologischen Folgen dieser Versetzung eines ganzen Volkes in den Azubi-Stand unterschätzt haben? Daß die Parteien der demokratischen Weisheit letzter Schluß nicht sind, ist schon höheren Orts vermerkt worden.

Was im übrigen die Namen anlangt, so ist den Vormännern gelungen, doch etwas mehr als die Volière der trapsenden Nachtigallen und Finken sowie die mobile Eingreiftruppe der notorischen Aufrufunterzeichner zu versammeln, bei denen die wohlmeinende Gesinnung dem politischen Denkvermögen enteilt ist. Es sind Köpfe darunter, die den Vergleich mit ihren Kritikern nicht zu scheuen brauchen. Der Demagogie-Verdacht steht freilich auch nach der Vorstellung im Raum. Vom 'Volk' ist die Rede, von 'den Menschen', 'den Bürgern vor Ort'. Sie sind eingeladen, was immer sie drückt, unter der Parole 'Gerechtigkeit' vorzubringen. 'Hier geht es um Gerechtigkeit. Das Volk vor Ort weiß, was es zu tun hat', erklärt vollmundig Klaus Grehn, Chef des ostdeutschen Arbeitslosen-Verbandes. Ein Mann wie Heiner Geißler kennt sein Volk allerdings auch anders: 'Wer garantiert eigentlich, daß nicht ein anderer Marktschreier im Westen auf die Idee kommen könnte, die Unzufriedenen gegen die Ostdeutschen aufzuputschen?' "

Knut Pries: "Das Volk vor Ort weiß, was es zu tun hat". Von der Präsentation des "Komitees für Gerechtigkeit" / Skeptische Mehrheit. In: Süddeutsche Zeitung vom 13.7.1992

*

... "In einer Zeitung stand, daß Sie den Gründungsaufruf für die 'Komitees für Gerechtigkeit' mit unterzeichnet haben ...

Ich habe noch nicht unterzeichnet, das war eine Fehlmeldung der BILD-Zeitung. Ich muß mich erst mal kundig machen, um was es da alles geht, auf der einen Seite heißt es, es soll keine Partei werden, auf der anderen Seite, man will im Kommunalwahlkampf antreten. Die Sache scheint ja nichts Schlechtes zu sein, aber man muß halt wissen, was das sein soll und wer da mitmacht. Also, ich überleg's mir noch.

Was könnte Sie denn bewegen zu unterschreiben?
Bewegen könnte mich schlicht und einfach die Tatsache, daß eine so immense Kluft zwischen Ost und West entstanden ist, wie sie zur Zeit der Mauer überhaupt nicht da war, und daß eine Arroganz von uns gegenüber den Ostleuten da ist, die mir manchmal geradezu die Schamesröte ins Gesicht treibt. Diese Arroganz spüre ich zum Beispiel ganz deutlich auf dem Fußballplatz von München 1860: Wenn die zum Beispiel gegen Halle spielen, ist ein unglaublicher Rassismus zu spüren, mittlerweile auch von beiden Seiten. Gegen diese Feindseligkeit muß schon irgendwas getan werden. Zuerst mal müßte man ganz offen zugeben, daß diese Vereinigung zu schnell angegangen worden ist, wie viele Leute damals schon meinten und dafür verteufelt wurden. Ich kann mich in solchen Fällen im Lied meist besser ausdrücken, man hätte dieses Pfand pfleglicher behandeln müssen und nicht in einer solchen Raubritter-Mentalität." ...

Man darf sich seine Lust nicht rauben lassen. Gespräch mit Konstantin Wecker nach seinem Erfurter Konzert. In: Thüringer Allgemeine vom 14.7.1992

*

... "Von Bundeskanzler Kohl hieß es am Montag, er wolle von einer eigenen Äußerung zunächst absehen, um die Gründung des ihm unerwünschten Komitees nicht politisch aufzuwerten. In der Umgebung des Kanzlers sieht man vor allem die Gefahr, daß sich das Komitee als publizistische und politische Plattform für Leute erweisen könnte, die nach Ansicht des Kanzlers keine derartige Plattform haben sollten. Man räumt ein, daß das vom 'Komitee für Gerechtigkeit' veröffentlichte 'Diskussionsangebot' sowohl die Stimmung in Teilen der Bevölkerung der neuen Länder als auch die Gründe, die dafür Anlaß seien, beim Namen nenne. Gerade darin liege die Gefahr der Neugründung.

Der Fraktionsvorsitzende der CDU/CSU, Schäuble, sagte gegenüber dieser Zeitung, die Argumente, deren sich das Komitee bediene, seien weder neu noch falsch. Das Gefühl, benachteiligt zu sein, bestehe in den neuen Ländern und müsse ernst genommen werden. Das bedeute konkret, daß die Politik, die der Überwindung der Teilungsfolgen unbedingte Priorität zuordne, entschieden vorangetrieben werden müsse. Andererseits sei die eingetretene Enttäuschung in den neuen Ländern 'unvermeidbar' gewesen. Sie sei eine Folge der umfassenden Veränderungen und des 'kälteren Klimas', das die Marktwirtschaft mit sich gebracht habe. Man müsse sich im klaren sein, daß zwischen Saat und Ernte, zwischen Investition und Ertrag eine schwierige Zeitspanne liege, die man durchstehen müsse. An der Spitze des Komitees stünden allerdings Leute, die diese Aufgabe nicht überzeugend wahrnehmen könnten. Sie hätten früher für die DDR und für den Sozialismus gestanden, dies gelte nicht nur für Gysi." ...

"An der Spitze der Komitees sind Leute, die früher für die DDR und den Sozialismus gestanden haben." Schäuble: Enttäuschung in den neuen Ländern war unvermeidbar / Merkel: Der schlechteste Weg. In: Frankfurter Allgemeine vom 14.7.1992

*

... "Eine ostdeutsche Sammlung könnte aus den Erfahrungen des Runden Tisches eine sachliche, parteiübergreifende Arbeit leisten, eine Weiche der Parteigleise sein, und wesentlich dazu beitragen, die Einheit Deutschlands sozial, psychologisch und moralisch zu vollenden. Das wäre ihre Aufgabe in unserer politischen Situation. Mit dieser gesamtdeutschen Verantwortung stünde sie in der Tradition demokratischer Politiker wie Gustav Heinemann, Wilhelm Elfes und Joseph Wirth. ...

Es lohnt sich jedoch, das 'Gründungsmanifest' genau zu lesen. Es gehört schon einiges an Mut - besser: Chuzpe - dazu, fast zwei Jahre nach der Einheit mit dem überheblichen Anspruch anzutreten, die Probleme jetzt entdeckt zu haben. Zwei Jahre nach der Einheit werden im 'Manifest' Probleme der deutschen Einheit und der Welt an sich in einer intellektuellen und politischen Dürftigkeit aneinandergereiht, die erschreckt. Kein Ansatz der Analyse, kein einziger Lösungsvorschlag - nur der dumpfe Ruf nach 'Gerechtigkeit', und das großzügige Angebot, für uns die notwendige Diskussion zu organisieren." ...

Komitee für Gerechtigkeit erhält Zulauf und erhitzt die Gemüter. Für und wider ostdeutsche Bewegung. Über die Interessenvertretung der Bürger in den neuen Ländern wird kontrovers diskutiert. In: Berliner Zeitung vom 14.7.1992

*

... "Unter all diesen Vorwürfen ist der von der 'geistigen Krise' der interessanteste. Für die Diagnose mentaler Gefährdungen sind Schriftsteller besonders qualifiziert - die den Gründungsaufruf Unterzeichnenden jedenfalls haben sich in der Vergangenheit immer wieder als Analytiker der deutsch-deutschen Verhältnisse verstanden. 'Wenn alle Parteien bankrott sind', so hat Stefan Heym erklärt, 'muß halt eine neue her.' Den Einigungsvertrag halten einige dieser Schriftsteller für ein 'Einigungsdiktat'; folgerichtig ist von 'Kolonialisierung' und von Betrug die Rede. Der Westen feiere seinen 'Sieg' über die scheinbar unterlegene Doktrin. Der Sozialismus aber, so äußerten sich von Christa Wolf bis Heiner Müller fast alle Schriftsteller, sei unterlegen, weil ihm eine militärische und wirtschaftliche Konkurrenz 'aufgezwungen' worden sei, die ihn nicht zu sich selber finden ließ. Andernfalls würde noch heute eine bessere DDR existieren.

Man muß sich diese Argumentation vergegenwärtigen, um in den Worten das Echo zu vernehmen, das über Jahrzehnte hinweg in ihnen mitklingt. Auf genau diese Weise nämlich haben Schriftsteller und Intellektuelle schon einmal geredet, und diese Reden von einst geben den heutigen ihren hohlen, gespenstischen Klang. Damals waren es nicht 'linke' Autoren, die so argumentierten, sondern vor allem eine völkisch-nationale Intelligenz, die sich nach 1918 durch den Versailler Vertrag, durch den Sieg des 'Westens', betrogen und gedemütigt sah. Indem man heute vom 'Einigungsdiktat' spricht, zitiert man die Parole vom 'Diktatfrieden' - anders als die Wiedervereinigung war freilich der Versailler Vertrag in der Tat ein gefährliches Diktat.

Diese historischen Differenzierungen aber sind für die intellektuellen Sympathisanten der neuen 'Bewegung' ohne Belang. Sie reagieren auf die Einigung, auf den 'Westen' und die etablierten Parteien genauso feindselig wie die konservativen Revolutionäre von einst auf die Entente und die Weimarer Republik. Waren jene Wortführer nach dem 9. November 1918 um die 'deutsche' Identität besorgt, so verteidigten die staatstragenden Schriftsteller der DDR nach dem 9. November 1989 die sozialistische Identität. Schon das Pathos, das dem Aufruf 'Für unser Land!' den Titel gab, ließ sich überhaupt nur rechtfertigen, weil es sich als 'sozialistisches' verstand. Aber das vehemente Eintreten für eine sozialistische DDR und für die bedrohte Identität unterschied sich in nichts von dem sonst so scharf attakkierten Nationalismus der Vorzeit. Daß er nicht jedermann ins Auge sprang, lag an dem Begriffsaustausch: wo nach 1918 von 'deutschem Geist' die Rede war, sprach man nun von 'sozialistischen Idealen'.

Das Muster läßt sich in fast allen Details rekonstruieren. Schon die Aversion gegen den 'Westen', gegen die Demokratie, gegen die Dekadenz, den 'Tand und Tinnef' der Waren, von denen Stefan Heym sprach, steht in der Tradition deutscher konservativer Kulturkritik. 'Die Spekulation ... welches Geistes ist sie denn als der Demokratie, die Geld, Verdienst, Geschäft als oberste Werte eingeprägt hat: auch den Regierenden, deren grenzenlose Ehrfurcht vor dem Geschäft sie aufs äußerste zögern läßt, gegen die spekulative Frechheit einzuschreiten.' Das schrieb Thomas Mann 1917 in seinen 'Betrachtungen eines Unpolitischen'. Adressat war jener 'Westen', der unter dem Deckmantel der Demokratie Geschäfte machen wollte und damit die deutsche Askese zerstörte. Jenes von Thomas Mann später widerrufene Begriffspaar taucht nach den Volkskammerwahlen im Jahre 1990 wieder auf. Kaum einer der führenden Intellektuellen der DDR hat seine Genugtuung darüber geäußert, daß nach fast sechzig Jahren erstmals wieder freie Wahlen möglich waren. Die Bürger der DDR, erklären statt dessen Stefan Heym und Heiner Müller, hätten keine Regierung, sondern 'die DM gewählt'. 'Die Demokratie ... führt einen ideenlosen und darum, wie sie selbst fühlt, unsittlichen Börsenkrieg. Nicht einmal als Demokratie ist sie Idee, sondern bloßer Opportunismus. 'In demokratischer Verfassung wird es sich besser krämern lassen' - das ist ihre Art zu argumentieren.' Auch dieser Satz stammt von Thomas Mann. Daß Demokratie nur ein Vorwand sei, um Geschäfte zu machen, taucht in fast allen Stellungnahmen der kritischen

Intelligenz auf. 'Die DDR', so erklärte Heym, sei 'ein durch die Mauer geschütztes Gebiet' gewesen: jetzt mache man 'Geschäfte', 'eine einzige Konkursmasse'.

Der geistige Zusammenhang, der die Aura der 'Betrachtungen eines Unpolitischen' mit den Äußerungen der politisierten Intellektuellen von heute verbindet, ist bemerkenswert. In beiden Fällen werden Ökonomie, Demokratie und 'Westbindung' gegen eine irrationale Konzeption des deutschen Sonderwegs ausgespielt. Die heute als angebliche Vorläufer Hitlers geschmähten konservativen Revolutionäre, zu denen auch Nationalbolschewisten wie Ernst Nieckisch gehörten, waren von einer 'Mission' Deutschlands überzeugt, die nichts mit den Demokratien des Westens zu tun haben sollte. Daß die östliche Hälfte Deutschlands eine Mission habe, nämlich auf dem 'dritten Weg' voranzuschreiten, behauptete auch der dubiose Aufruf 'Für unser Land'. Der Schriftsteller Volker Braun jubelte unmittelbar nach der Maueröffnung: 'Volkseigentum plus Demokratie ... , das ist noch nicht probiert, noch nirgends auf der Welt. Das wird man meinen, wenn man sagt: made in GDR.'

Da die Hoffnungen scheiterten, da der Sozialismus nicht auf dem Schlachtfeld sondern hinter den Linien angeblich 'verraten' wurde, wie einst die deutsche Armee im Ersten Weltkrieg, kam die Zeit für neue Dolchstoßlegenden. Ihre Kapitelüberschriften lauten Betrug, Verrat und Ausverkauf. Und hier wie dort steckt hinter all diesen Äußerungen ein tiefes Mißtrauen gegen die Modernität." ...

Frank Schirrmacher: Organisation des Hasses. Die "Bewegung", die Schriftsteller und der dritte Weg. In: Frankfurter Allgemeine vom 14.7.1992

*

... "Natürlich haben weder Gysi noch Diestel irgend etwas anzubieten, was praktikable Alternativen zum gegenwärtigen Schlamassel erkennen ließe. Demagogisch brillant der eine, halbseidenhemdsärmelig der andere, verkörpern sie das gerade Gegenteil einer Idee: die Mobilisierung des verbreiteten Gefühls, wieder einmal von der Obrigkeit, nun also dem Westen, eingemacht, im Stich gelassen, enteignet zu werden. Eigene Unfähigkeit wird dabei ebenso zurückgedrängt wie die kritische Reflexion 40jähriger SED-Herrschaft. Auch der Gedanke, daß Selbstbewußtsein nur durch offene, schmerzhafte Auseinandersetzung, nicht aber durch die Wiedereinrichtung eines Opferkollektivs entsteht, daß zum Protest der harte Streit um Argumente und nicht die autoritäre Delegation von Schuld und Verantwortung gehört, liegt den Matadoren des Ost-Populismus fern, die die Zügel in der Hand behalten wollen. Bewußt verzichten sie auf jede Programmatik, um möglichst viele Ressentiments zu vereinen, das nur noch Täter (im Westen) und Opfer (im Osten) kennt.

Es ist kein Zufall, daß die 'Komitees für Gerechtigkeit' sich nicht wie Bürgerinitiativen spontan und autonom von unten entwickeln, sondern von oben mit Hilfe des SED/PDS-Apparates und eines riesigen PR-Auftriebs implantiert werden sollen. Nur folgerichtig, daß die meisten westdeutschen Gründungsmitglieder dieser Talk-Show-Volksfront gerade nicht aus den Protestbewegungen von BRD und DDR kommen, sondern aus dem Reich der Untoten von Stamokap und Friedenskampf, zwischen Schickimicki und scheintot." ...

Reinhard Mohr: Verein der Wiedergänger. Kleiner Leitfaden durch das "Komitee für Gerechtigkeit". In: die tageszeitung vom 14.7.1992

*

... "Die Gründung von überparteilichen 'Komitees für Gerechtigkeit' ist von FDP-Generalsekretär Uwe-Bernd Lühr scharf kritisiert worden. 'Ich kann nur jeden warnen, auf diese Rattenfänger reinzufallen', sagte der ostdeutsche Politiker nach einer FDP-Präsidiumssitzung am Montag in Bonn. Schon früher sei es eine 'probate Methode der Kommunisten' gewesen, in schwierigen Zeiten Komitees zu bilden. Die aus 'DDR-Nostalgie' geschaffene Bewegung trage den 'Kern der Spaltung' in sich und wolle sich das tiefe Gefühl der Unzufriedenheit in Ostdeutschland zunutze machen. Im Gründungsaufruf fehle aber jeder praktische Vorschlag für eine Änderung der Situation.

Allein die Namen Peter-Michael Diestel und Gregor Gysi, auf die der Aufruf zur Gründung von Bürgerkomitees zurückgeht, sprächen eine Sprache für sich, sagte der FDP-Generalsekretär weiter. Der PDS warf Lühr vor, sich mit dem Gerechtigkeits-Komitee ein 'Schlupfloch' schaffen zu wollen, um wieder in den Bundestag einziehen zu können. Die ostdeutschen Erstunterzeichner, darunter die Schriftsteller Stefan Heym und Heiner Müller, hätten der Idee des Sozialismus nie abgeschworen. Die westdeutschen Prominenten auf der Liste wie Dieter Hildebrandt und Heinrich Albertz seien 'Berufsunterzeichner', die jeden Aufruf mittrügen." ...

Nach dem Aufruf zu "Gerechtigkeits-Komitees". FDP warnt vor "Rattenfängern". Stolpe: Die Bewegung kann vielen Leuten Mut machen. In: Süddeutsche Zeitung vom 14.7.1992

*

... "Das Komitee ist nicht der vielzitierte Aufschrei oder die Klagemauer. Das Komitee ist vor allem das Ende des ewigen Jammers über die Verhältnisse im Osten. Es ist der Versuch - und ob daraus je mehr werden wird, bleibt abzuwarten -, endlich etwas zu tun und nach vorne zu gehen. Es wäre die Chance gerade für die Bürgerbewegungen, gerade für die Ost-Politiker in den etablierten Parteien (z.B. Thierse), diesen Druck für die eigene Politik auszuschlachten." ...

Petra Hennicke: Das "Komitee" und die Krise der Bürgerbewegung. Eine Polit-Betrachtung zu den Reaktionen der Parteien und der Bürgerbewegung auf das "Komitee für Gerechtigkeit". In: Junge Welt vom 15.7.1992

... "Die 'Komitees für Gerechtigkeit' wollen sein, was die bisherigen Oppositionsparteien nicht sein wollen: Opposition als Gegenentwurf. Aber noch haben sie kein Programm, kein Konzept, nicht einmal konkrete Forderungen. Wie wollen sie ihre Vision einer 'demokratischeren Art von Demokratie' in praktische Politik umsetzen? Daß 'die Parteien anfangen müssen, sich zu ändern', wenn die Komitees funktionieren, bleibt vorerst das Wunschdenken der Initiatoren. Die westdeutschen Erfahrungen mit außerparlamentarischen Bewegungen sind zwiespältig. Die Ökologiebewegung etwa hat zwar den Umweltschutz in die Politik gebracht. Die Umwelt bekam ein eigenes Ministerium. Politiker aller Parteien reden heute viel und gern von Ökologie. Doch in der politischen Praxis ist es beim Krisenmanagement geblieben. Da ist die Bonner Politik bei der Bewältigung der Einheitsfolgen auch ohne außerparlamentarische Bewegung schon angelangt. Aber vielleicht holt es die ostdeutschen Bundestagsabgeordneten ja tatsächlich aus der Lethargie, 'wenn es zu Hause etwas lauter ist' (Wolfgang Thierse). Das wäre zwar noch lange nicht der Weg aus der Krise, aber wenigstens mehr als nur der Appell an ein ostdeutsches Wir-Gefühl."

Andreas Molitor: Opposition in der Krise. Die "Komitees für Gerechtigkeit" - Reaktion auf den politischen Notstand. In: Wochenpost vom 16.7.1992

*

... "Doch alle mögliche Häme von 'Wundenlecken' bis 'Profilierungssucht' sollte nicht darüber hinwegtäuschen, daß hier eine Warnung ausgesprochen wurde, die ernst zu nehmen ist.

Die Warnung geht an dümmliche Politiker, die längst von der Realität abgehoben haben, stets 'volles Verständnis' heucheln und sich mit Hubschraubern über dem Volk bewegen. An bisher erfolggewohnte Parteien, die nicht zugeben wollen, daß sie eigentlich nur noch damit zu tun haben, sich in Parteizentralen mit eigenen Interessen statt mit denen der Wähler zu beschäftigen. An die politischen Kräfte, die den Osten mit treuhänderischer Selbstherrlichkeit und Gauckscher Ausschließlichkeit zu beherrschen glauben.

Die geplante Sammlungsbewegung 'gegen das zerstörte Selbstbewußtsein' ist ein Versuch. Das Potential an Unzufriedenheit, Wut, Gewaltbereitschaft ist Realität."

Steffi Knop: Das gestörte Selbstbewußtsein. "Komitees für Gerechtigkeit" sollen die Lobby des (Ost)Volkes werden. In: Wochenpost vom 16.7.1992

*

... "Es ist dringend geboten, dem Aufschrei nachzugehen, der sich in dem Aufruf des 'Komitees für Gerechtigkeit' Ausdruck verschafft hat. Es gibt indes keine einfachen Antworten auf komplexe Probleme. Es genügt nicht die einfache Wahrheit. Es genügt nicht die einfache Lösung. Aber die Probleme eskalieren, wenn jetzt nicht politisch entschlossen gegengesteuert wird. So muß es wohl Koalitionen der Ostdeutschen auf verschiedenen Ebenen in den vorhandenen politischen Strukturen geben.

Es ist nicht zu erwarten, das die Westdeutschen von allein die Interessen für uns Ostdeutschen wahrnehmen. Sie haben selber genug Probleme und können sich vielfach unsere Probleme gar nicht vorstellen. Wir können unsere Probleme in Deutschland indes nur gemeinsam lösen. Dazu bedarf es einer neuen Überlegung über einen Lastenausgleich, einer Investitionsabgabe für Betriebe, die nicht im Osten investieren. Man kann den Gewerkschaften nicht Lohnverzicht abverlangen, wenn die Gewinne der Betriebe nicht für investive Maßnahmen genutzt werden. Es bedarf der Fortführung des Solidarbeitrages und der höheren Steuern für Besserverdienende. Es bedarf eines besonderen Aufbauministeriums, das die Aufgaben sammelt und koordiniert. Es bedarf parteiübergreifender Interessenvertretungen für Ostdeutsche, sowohl auf der Ebene der Bundestagsabgeordneten, wie in den Vorständen der Gewerkschaft und auf der Ebene der ostdeutschen Ministerpräsidenten. Es bedarf einer weitergehenden Durchmischung zwischen Ost und West, wobei nur eine Perspektive für den Osten verhindert, daß weiterhin die besten Leute in den Westen abwandern.

Nichts wäre jedenfalls törichter, als daß man jetzt, statt auf die Argumente der Komiteemitglieder zu hören, auf den Initiatoren herumhacken würde. Das Zusammenwachsen wird nicht gelingen, wenn die östliche Minderheit sich nicht nur minderwertig fühlt, sondern auch minderwertig behandelt wird. Das bloße Anmahnen großer Probleme ist noch keine Politik, aber die Politiker verfehlen ihre Aufgabe, wenn sie sich der Probleme nicht entschlossener annehmen. Wenn Bürger sich durch die vorhandenen Institutionen vertreten sehen, sind sie auch eher bereit, in ihnen mitzuarbeiten. Sammlungs-'Bewegungen' sind Indikatoren einer Krise. Sie kann gelöst werden. Sie kann aber auch anarchisch-aggressiv ausgehen und in diktatorische Formen einmünden, wenn Menschen die Sammlung ihrer Sehnsüchte nur noch in einem vorgegebenen Willen sehen würden. Die deutsche Geschichte bleibt ein furchtbar mahnendes Exempel. Demokraten aller Bundesländer! Vereinigt euch! - Die Demokratie macht Mühe. Die Demokraten dürfen nicht ermüden, den gerechten Interessenausgleich gemeinsam zu erarbeiten. Der Osten braucht jetzt Stimme, sonst könnten gefährliche Stimmungen überhand nehmen, hier und dort." ...

Friedrich Schorlemmer: Demokraten aller Bundesländer - vereinigt euch! Die ostdeutsche Sammlungsbewegung ist Indikator einer Krise. In: Der Tagesspiegel vom 17.7.1992

*

"Es herrscht bitteres Unrecht in Deutschland. Verursacher: der Westen. Weil man ihn doch mit Konsumgütern und Werbeplakaten so arglistig versperrt hat, IHN, den dritten Weg. Um nun das Schlimmste zu verhindern, muß man ein Komitee gründen. Für Gerechtigkeit.

Wem nutzt es, lautet da automatisch die alte Frage aus den Parteischulungen. Na den Menschen! Das scheint mir der größte Erfolg: Ossis dürfen wieder Menschen sein. Denn wer ihre Intellektuellen kennt, weiß: So selbstverständlich ist das nicht. Nachdem abzusehen war, daß sich der Monolith 'Unser Land' nach gleichnamigem Aufruf flugs und föderal in fünf neue Bundesländer aufsplittern würde, verwandelten sich seine Bewohner, die endlich einmal mehr sein wollten als Material in Heiner Müllers Stücken, sofort in die Sammelbezeichnung 'Pöbel' (Stefan Heym). Nun sind sie wieder brav 'unsere Menschen'; willkommen im Club der gekränkten Herzen. Die Stars sind schon da und empfehlen sich mit dem Angebot, nun endlich im Namen der Mühseligen und Beladenen 'deren Beschwerden gegen die Obrigkeit abzufassen'. Da der Pöbel ja bekanntlich nicht schreiben kann. ...

Um was es geht, ist unheroisch, ist Verwaltungs- und Antragskram, ist komplexe Strukturpolitik und ist existentiell für den einzelnen, der hilflos zwischen Kompetenz und Ignoranz der Behörden hin- und hertaumelt und der die Normalität der Demokratie im Osten oftmals keinesfalls als normal und sozial erfahren muß. Das ist schlimm, das gibt und erfordert Zorn und Aktivität, Streit und Kompromiß. Das erfordert Zivilcourage, Energie und Bewegung. Mit anderen Worten: genau das, was die Wirklichkeit im Westen auszeichnet.

Und das Problem liegt darin, daß diese entscheidende Seite des Westens im Osten noch nicht genug dominiert." ...

Marko Martin: Die Wiederkehr der Gestrigen. In: Berliner Zeitung vom 17.7.1992

*

... " 'Das Volk', dieser falscheste aller Singulare, wird entscheiden, was da seit vorigem Samstag am ostdeutschen Himmel flimmert: Regenbogen oder Sternschnuppe, Irrlicht oder Silberstreif? Man mag hoffen und bangen, auch vor Bauernführern warnen, die mit simplen Losungen simple Lösungen predigen. Aber gleich Nein! zu schreien und: Licht aus!, das wäre kümmerlich und ein treulicher Ausdruck der Misere sogenannter Volksparteien im Osten. Sie waren arrogant genug zu glauben, der alte DDR-Opportunismus reiche aus, um den westlichen Parteienstaat nicht nur zu wählen, sondern füglich und mit Dank sein Ebenbild anzustreben. 1990 haben wir die Parteien überschätzt. Jetzt tun wir boshaft das Gegenteil.

Es wird sich zeigen, ob das 'Komitee für Gerechtigkeit' Kräfte bindet oder befreit, ob es die deutsche Einheit attackiert oder nur ihren vielfachen Mißbrauch.

Von 'Spaltertum' sei geschwiegen bis zum Beweis des Gegenteils. Was dem Osten hilft, kann dem Westen nicht schaden. Was dem Westen schadet, nützt dem Osten nicht. Im Streitfall schlägt immer Westpartei Ostpartei.

Aber kein Komitee und keine Partei kann die Zeit überspringen, die es braucht, damit im Osten Bäume wachsen. Dies ist das bessere Deutschland und ist es noch nicht."

Christoph Dieckmann: Ostdeutschlands heller Haufen: Das "Komitee für Gerechtigkeit" will wider die Übel der Einheit kämpfen. Bundschuh '92 - Lobby der Verlierer. In: Die Zeit vom 17.7.1992

*

... "Jetzt rächt sich auch der schnelle Schlenker, mit dem eine westdeutsche Regierungspartei aus wahltaktischen Gründen den falschen Bruder Blockpartei glaubte einsetzen zu müssen als Sieger der 'Allianz für Deutschland'. Hoffentlich Allianz-versichert, kann man da nur sagen. Hoffentlich sprechen bald freie Gewerkschaften, die keine Angst haben vor aalglatten Kündigern, klagenden Stalinisten und neuen alten Seilschaften in den Chefetagen. Die Demütigung muß weg, die Depression, das Kusch-Verhalten. Auch das enge, aufgestylte Sich-Selbst-Präsentieren von autoritären Aufsteigern als Retter der Nation könnte ja mal rechtzeitig durchschaut werden, sogar in deutschen Landen. Die Weimarer Republik war mehr gut als schlecht, auch wenn es eine Wirtschaftskrise gab!

Und was tun? Sich nichts gefallen lassen. Auf die Barrikaden gehen, wo Unmenschliches, Ungerechtes, Demagogisches, auch in kleiner Form geschieht. Nicht auf Stellvertreter, Komitees, erste und zweite Sekretäre oder ihre Söhne warten, auch nicht auf neue Führer oder politisierende Kraftsportler. Die westliche Demokratie ist nicht schlecht und kann sich vielleicht sogar im Osten halten, wenn es den flotten Pappis nicht gelingt, aufsässiges Potential zu nutzen und mittelfristig ins Bett zu stecken. Besonders bei Krisen und drängenden Fragen dürfen die nicht das Sagen haben. Sonst könnten vor den Häusern gepanzerte BMWs stehen, grüne Minnas und vielleicht auch noch einige Trabis mit Schiebedach, Variante Kübel, wie an der gut gesicherten Grenze, reserviert für die 'vaterlands- und geschichtslosen Gesellen'. Streng rechtsstaatlich, Diestel, Gysi, de Maizière, Schnur und auch Stolpe waren und sind ja Rechtsanwälte, wehe, einer sagt ein falsches, beleidigendes, ironisches Wort!

Bei Tage besehen und gelassen: Warum nicht ein Komitee. Das Neue Forum, immerhin gegründet, als es noch was kostete, das Bündnis 90 oder die bis vor kurzem im Osten verbotenen Sozialdemokraten, auch Arnold Vaatz, könnten sich was einfallen lassen. Berechtigter Zorn ist ja da, und wichtige, existentielle Themen gibt's genug in dieser verrückten Zeit nach der Diktatur. Aber bitte nicht Dr. Peter-Michael Diestel." ...

Der moderne Untertan oder Das Komitee. Der Schriftsteller Jürgen Fuchs über die neuen Verbündeten Diestel und Gysi / Eine Polemik. In: Frankfurter Rundschau vom 17.7.1992

*

... "In scharfem Ton hat der nordrhein-westfälische CDU-Generalsekretär Herbert Reul seinen brandenburgischen Parteifreund und Mitinitiator der ostdeutschen Komitees für Gerechtigkeit, Peter-Michael Diestel, angegriffen. In einer am Donnerstag veröffentlichten Erklärung beschuldigte Reul die Organisatoren 'Diestel, Heym, Hermlin und Co', mit den Komitees Haß zu säen. Dafür würden sie 'noch mehr Haß, vielleicht sogar Gewalt' ernten." ...

Ostdeutschen Komitees. "Haß, vielleicht sogar Gewalt" prophezeit. Nordrhein-westfälische CDU geht scharf mit Parteifreund Diestel ins Gericht / Grüne: An Einheitspartei grenzendes Knstrukt. In: Frankfurter Rundschau vom 17.7.1992

*

... "Die Sprecher des Bundesvorstands der Grünen, Ludger Volmer und Christine Weiske, haben die Gründung der Initiative 'Komitee für Gerechtigkeit' als 'Kopfgeburt' kritisiert, die den Anliegen der Menschen in Ostdeutschland nicht gerecht werde. Die beiden Grünen widersprachen der Behauptung der Unterzeichner des 'Gründungsaufrufs', es gebe spezifische ostdeutsche Interessen. Die aus Brandenburg stammende Frau Weiske sagte, längst gebe es in Ostdeutschland unterschiedliche Interessen, etwa zwischen Vermietern und Mietern oder zwischen Kleinunternehmern und Arbeitnehmern. Sie warf den Unterzeichnern vor, sich nicht bei den Bürgerbewegungen in den neuen Ländern, etwa dem Neuen Forum, zu engagieren. Zwar gebe es bei den Menschen in Ostdeutschland Enttäuschung über die hohe Arbeitslosigkeit und die steigenden Mieten. Doch sei der Aufruf des Komitees, in jedem Ort eine Untergliederung zu gründen und 'honorige' Personen an die Spitze zu stellen, kein 'Königsweg'. Frau Weiske sagte, das Komitee mache es im Grunde genommen wie die Bundesregierung und behaupte: 'Wir werden dafür sorgen, daß es euch recht bald gut geht.'

Volmer belegte das Komitee mit der an die SED erinnernde Bemerkung, es handele sich fast um eine 'Einheitspartei-Konzeption'. Damit bezog er sich auf den Umstand, daß zu den Unterzeichnern CDU-Mitglieder (Diestel) und PDS-Mitglieder (Gysi) sowie eine Reihe von Intellektuellen und Schriftstellern gehören. Dem Komitee bleibe nichts übrig, als die unterschiedlichen Interessen der Menschen in Ostdeutschland mit 'Populismus' und 'vordergründigen Stimmungen' zu überspielen. Den prominenten Unterzeichnern werfen die Grünen vor, eine eigenständige Interessenvertretung der Menschen in Ostdeutschland zu behindern. Es gebe nicht einmal eine politische 'Bewegung', die das Komitee trage. Frau Weiske sagte: 'Es gibt den Aufruf, die Unterzeichner, aber die Bewegung nicht.' Das Komitee werde die Erwartungen der Menschen in Ostdeutschland enttäuschen und diese rechtsradikalen Parteien zutreiben. Volmer äußerte, die Angleichung der Lebensverhältnisse in Ostdeutschland sei nicht durch Wirtschaftswachstum zu erreichen; solche Wachstumsraten seien wirtschaftlich unmöglich und ökologisch nicht wünschenswert. Die Angleichung der Lebensverhältnisse müsse durch Verzicht in Westdeutschland und durch Transferleistungen nach Ostdeutschland angestrebt werden." ...

Grüne kritisieren das Gerechtigkeits-Komitee Gysis und Diestels als "Kopfgeburt". Volmer spricht von einer Einheitspartei-Konzeption / Frau Weiske: Es gibt den Aufruf und die Unterzeichner, aber die Bewegung gibt es nicht. In: Frankfurter Allgemeine vom 17.7.1992

*

"AH. Es muß ihn wirklich niemand mögen, den deutschsozialen, christdemokratischen Komitee-Gründer Diestel. Es sei der brandenburgischen CDU auch unbenommen, ein Parteiordnungsverfahren gegen ihn anzustrengen, wenn sie denn seine Sammelleidenschaft als parteischädigend und -spaltend einstuft. An einem Punkt aber ist Schluß mit dem Verständnis: dort, wo Peter-Michael Diestel und die Mitbegründer jenes 'Komitees für Gerechtigkeit' als 'Organisatoren eines neuen politischen Hasses in Deutschland' diffamiert werden. Da blickt ein kurzsichtiger CDU-General aus Düsseldorf gen Osten und erkennt nichts.

Hier wird absichtsvoll Ursache und Wirkung vertauscht. Selbst wenn es Haß wäre, und nicht eher Enttäuschung, Ärger, Verzweiflung, was Ostdeutsche zur apart-separaten Organisation bewegt - Diestel & Co. müssen nicht erst säen, was schon sprießt. Hier erntet vielmehr einer den Frust, der vordem blühende Landschaften verhieß, der Kanzler selbst." ...

Wer Haß sät. In: Frankfurter Rundschau vom 17.7.1992

*

"WAZ: Im Osten drückt sich der Verdruß an der Politik und über die Regierung jetzt so aus, daß sich dort Komitees für Gerechtigkeit gebildet haben, angeführt von Diestel und Gysi. Ist das für Sie nicht ein Alarmsignal?

Schäuble: Mein Eindruck ist, daß eine übergroße Mehrheit der Menschen in den neuen Ländern diese Komitees eher als Waschanstalten ansieht, wo diejenigen, die die Verantwortung für 40 Jahre Sozialismus in der DDR trugen, nun versuchen, so etwas 'Neues' wie eine Einheitspartei zu schaffen. Das stößt bei den Menschen in den neuen Ländern auf sehr wenig Zustimmung." ...

Im Streit um den Karenztag bleibt Wolfgang Schäuble hart. "Wir haben kürzeste Arbeitszeit und den längsten Urlaub." WAZ-Interview mit Unions-Fraktionschef. In: Westdeutsche Allgemeine vom 18.7.1992

*

"Am letzten Wochenende haben sich in Berlin einige Nostalgiker und Parteigänger des untergegangenen Sozialismus zusammengeschlossen, garniert mit Westdeutschen, die einst Claqueure der SED abgaben. Das 'Komitee für Gerechtigkeit', dessen Bedeutung vorläufig im umgekehrten Verhältnis zum Medieninteresse steht, trat mit einer Kernaussage an: Die ostdeutschen Interessen würden in den westdeutsch geprägten Parteien nicht ausreichend berücksichtigt. Diese Anklage ist eine Platitüde und nur zum Teil zutreffend. Es liegt an den Ostdeutschen, ihre Interessen angemessen zu vertreten." ...

Eric Gujer: Ungeeigneter Separat-Verein. In: Berliner Zeitung vom 18.7.1992

*

... "Als die NS-Kriegswirtschaft aufgehoben wurde, lautete Erhards Botschaft nicht: Jetzt fällt der Wohlstand vom Himmel, sondern: Jetzt müßt ihr - aber jetzt dürft ihr auch - anpacken. Die Deutschen, soweit damals schon frei, packten an. Und wurden reich. Bei den jetzt befreiten Deutschen dagegen geht das Verdächtigen der Treuhand um, das Grummeln, ob der Weg vom Kommandosystem zu Freiheit und Leistung nicht bequemer ausgepolstert werden könnte. Ein 'Komitee für Gerechtigkeit' konnte sich unter altkommunistischer Stabführung bilden.

Ein 'Komitee für Anpacken', für Leistung, Stolz, Selbstbehauptung - für das, wofür die Treuhand die Vorarbeit leistet -, hat niemand ins Leben gerufen. Da hat (noch?) niemand daran gedacht."

Enno von Loewenstern: Zielgerade in Sicht. In: Die Welt vom 18.7.1992

*

... "Es besteht - dies mein Eindruck nach Gründung der ersten Basis-Komitees - trotzdem die Gefahr, daß den GründerInnen allein schon das infernalische Gebrüll und der Haß etablierter PolitikerInnen Grund genug ist weiterzumachen. Das wird nicht reichen und nicht mehr bringen, als einen therapeutischen Effekt. Noch hat niemand genügend erklärt, was es denn für Gerechtigkeit sein soll, die man wünscht. Oder ob man nur auf Gleichheit aus ist. Gleiches Konsumverhalten für alle. Jeder ist Deutscher erster Klasse? Alle partizipieren gleichermaßen am Wohlstand und an der Ausbeutung der 3. Welt? Niemand möge sagen, daß diese

Gefahr nicht besteht. Die deutsche Einheit und der massenhafte 100-DM-Tourismus sind Lehrbeispiele." ...

Kathrin Gerlof: Anfang. In: Neues Deutschland vom 20.7.1992

*

... "Die Hoffnung der Bonner von rechts bis links, die Aktion werde schon bald verpuffen, nährt sich vor allem aus zwei Faktoren.

Zum einen gilt im Westen, nach der Erfahrung der letzten zwei Jahre, die Leidensfähigkeit der Ostdeutschen als nahezu unbegrenzt. 'Die Stimmung ist besser als die Lage', glaubt auch der brandenburgische SPD-Landesvorsitzende Steffen Reiche. Der Sozialdemokrat ist sicher: Gäbe es ähnlich schlimme ökonomische und soziale Verhältnisse im Ruhrgebiet, 'hätten wir dort längst bürgerkriegsähnliche Zustände'.

Zum andern setzen die Altparteien darauf, daß die Teilnahme von Gysi und seiner PDS das gesamte Unternehmen desavouiert. Nur die PDS hat das Know-how, die lokalen Komitees zu organisieren; aber die Erbin der SED stößt vor allem auf dem platten Ostland noch immer viele Menschen ab." ...

"Gelbe Karte für die Politik". In: Der Spiegel vom 20.7.1992

*

... "Sie betonen heute sehr die parlamentarischen Regeln des Rechtsstaates. Am 21. 1. 90 schrieb 'Demokratie jetzt' in seine programmatische Erklärung: 'Unser Ziel ist ein demokratischer Rechtsstaat, der nicht nur in die üblichen drei Gewalten - Gesetzgebung, Regierung, Rechtsprechung - geteilt ist, sondern durch eine vierte Gewalt, die demokratische Öffentlichkeit, kontrolliert und kritisch begleitet wird.'

Ich kann das nach wie vor uneingeschränkt bejahen. Damals haben wir vor allem an die Medien, aber auch an die Gesellschaft als Ganzes gedacht.

Das muß aber eine wirkliche Öffentlichkeit sein - und das ist mein Einwand gegen das Komitee -, keine private Gruppierung, die in einer ganz diffusen Form öffentliche Rechte beansprucht. Schrecklich, was in diesem Brief an die Bürger steht: Da kann sich also jede Gruppe irgendwo zusammensetzen, jeder ist stimmberechtigt, wenn er 14 Jahre ist... Also ich kann nur sagen, bei den Künstlern wundere ich mich ja nicht. Die ahnen nicht, was sie politisch damit lostreten. Aber jemand wie Herr Gysi weiß es ganz genau. Der ist Jurist - und da werde ich einfach mißtrauisch, wenn jemand wie Herr Gysi derartigen Unfug propagiert. Da kann irgend etwas nicht in Ordnung sein. Man muß doch Gysi und seine Leute fragen: Zum Donnerwetter, wollt ihr das parlamentarische System aushebeln oder nicht?!

Ich kann hier nicht Herrn Gysi vertreten. Aber irgendwo erinnert mich der Komitee-Aufruf an die ersten Äußerungen der Bürgerbewegungen 1989. Die Lageanalyse der Verfasser damals entspricht jener der Komitee-Begründer heute. So schrieb 'Demokratie jetzt' im September 1989: 'Unser Land lebt in innerem Unfrieden. Menschen reiben sich wund an den Verhältnissen, andere resignieren.' Sehen Sie Ähnlichkeiten zumindest in der psychologischen Verfassung der ostdeutschen Gesellschaft heute und jener der DDR 1989? Das politische System erscheint stabil, bessere Strukturen wurden in der bisherigen Menschheitsgeschichte noch nicht hervorgebracht, aber die ökonomische Lage mit all ihren denkbaren Folgen ...

Es besteht kein Anlaß zur Resignation, und Resignation ist auch nicht die durchgängige Stimmung der Leute. Aber es gibt nicht unbeträchtliche Kreise der Bevölkerung, die Verlierer des Vereinigungsprozesses sind.

Das muß man ganz nüchtern sehen, und es ist Aufgabe der Politiker, die berechtigten Einsprüche dieser Menschen zur Kenntnis zu nehmen und ihnen Rechnung zu tragen - das sind vor allem die Frauen, die Rentner und die älteren Arbeitslosen. Dagegen helfen keine Resignation, sondern nur Konzepte, mit denen man in die nächste Wahl gehen kann, wofür man sich Massenunterstützung und politische Verbündete suchen muß. Das wird man aber nur erreichen, wenn man beides in Ost und West sucht und findet.

Ich glaube, der Grundfehler dieser Komiteegründung besteht gerade darin, daß sie etwas wiederholen will, was im Herbst '89 richtig war, jetzt aber nicht funktionieren kann: Eine Fundamentalopposition gegen ein Herrschaftssystem, das offenkundig ineffektiv ist.

Wer das will, der muß dann zumindest ein klares politisches Programm als Alternative zu unserem demokratischen, repräsentativen und Parteiensystem haben. Das sehe ich nicht und ich hoffe auch nicht, daß das angestrebt wird. Denn das wäre politisches Abenteurertum." ...

'Wir sind jetzt nicht im Zeitalter der Demos". MdB Dr. Wolfgang Ullmann, Bündnis 90/Grüne, gehört zu den entschiedensten Kritikern der 'Komitees für Gerechtigkeit". Interview. In: Junge Welt vom 21.7.1992

*

... "Die Hohlphrase von der Gerechtigkeit ist freilich weniger der frei flottierenden Verzweiflung im Osten entsprungen als vielmehr einer Kopfgeburt der gesamtdeutschen Blocks der politisch Heimatvertriebenen. Wir wollen uns gar nicht aufhalten bei der personalen Melange. Nicht der illustre Personenkreis, sondern die buchstäbliche Substanzlosigkeit des bizarren Unternehmens ist das Problem. Da hilft keine Exegese des Gründungsaufrufs, keine Sinngebung des Sinnlosen - das 'Komitee für Gerechtigkeit' ist eine politische Grille." ...

Horst Meier: Bund der Gerechten. Politische Romantik (nicht nur) in Ostdeutschland. In: die tageszeitung vom 21.7.1992

*

... "Daß eine besondere 'Ostpartei', die aus der bisherigen 'Bewegung' hervorgehen könnte, diese Empfindungen aufnehmen und in den Westen vermitteln sollte, ist dennoch eine paradoxe Überlegung. Es gibt bislang schon wenigstens drei Parteien, die in ihrer Verbreitung auf die neuen Länder und Berlin beschränkt sind. Sie alle haben den Versuch unternommen, sich auch auf den Westen auszudehnen. Der kleinen, konservativen Deutschen Sozialen Union (DSU) ist der entsprechende Wunsch vorerst von ihrer bayerischen Partnerpartei CSU untersagt worden. Das Bündnis 90 hingegen, der Zusammenschluß früherer DDR-Bürgerbewegungen, hat jetzt Fusionsverhandlungen mit den Grünen begonnen. Die PDS bemüht sich seit eineinhalb Jahren vergeblich darum, in westlichen Bundesländern Fuß zu fassen." ...

Johannes Leithäuser: Flucht vor dem Ungewissen. In: Frankfurter Allgemeine vom 21.7.1992

*

... "Alle wissen, was falsch ist am erwachenden und sich organisierenden ostdeutschen Selbstbewußtsein. Falsch ist es an sich, denn es verläuft gegen den Strich der bisherigen Vereinigung der Deutschen von oben: selbstbewußt hat nur zu sein, wer kaufen, entlassen, abwickeln, in 'Ehrenkommissionen' inquisitorisch befragen und sein Geschichtsbild als verbindlich erklären darf. Kommunistisch nachgerade wird es, wenn es sich organisiert. Dann macht ein viertklassiger Kabarettist, kaum hat er fürs Frühstücksfernsehen unter den Unterzeichnern seine erstklassigen Kollegen entdeckt, aus Komitee 'Zentralkomitee'. Die 5. Kolonne marschiert, die vermummte PDS. Kein Feindbild aus dem doch für überwunden erklärten Kalten Krieg ist zu platt. CDU-Landesgruppenchef Bötsch vermutet eine 'Volksfront' am Werk und spuckt ganz nebenbei auf einen Begriff aus dem antifaschistischen Kampf in Frankreich und Spanien. DIE GRÜNEN haben eine 'Bonzenbewegung à la DDR' aufgeklärt. Hier ist messerscharfe Analyse am Werk - die Bonzen sind es, die ein gerechtes Mietrecht für ihre Chemnitzer Mietskasernenwohnungen verlangen. Das wandelnde Frontstadt-Skandalon Heinrich Lummer langweilt mit Obszönitäten: Ein 'Sammelbecken einstiger IM' vermutet er hinter Leuten wie Rio Reiser, Gottfried Forck und Eugen Drewermann. 'Die Stasi' kann an die Stelle jeglichen gesellschaftlichen Diskurses gesetzt werden und leistet also weiterhin ganze Arbeit. Die

Leute, die das Schmähwort 'Gystel-Partei' erfunden haben, scheinen nicht zu merken, daß sie sich mit diesen Synonymen für das Objekt ihres Hasses sprachlicher Figuren der LTI bedienen. Dem NEUEN FORUM, das 1989 sein Pasquill in Theatern und von Liederbühnen herab unter die Leute brachte, bleibt es vorbehalten, das Wort 'Intellektuelle' in deutscher Tradition als Schimpfwort zu benutzen. Jüdische sind es diesmal nicht, nur 'privilegierte Intellektuelle'. Von wem und wo denn nun diesmal privilegiert - etwa in einer rasant verfallenden ostdeutschen kulturellen Infrastruktur? Dem alten Heym haut man bei Gelegenheit aufs Auge. 'Politische Motive', sagen die Sender, seien nicht zu vermuten." ...

Mathias Wedel: Verfluchte Neunundsechziger. In: Die Weltbühne vom 21.7.1992

*

... "Herr Stolpe, Sie haben von einem etwas verkrampften Umgang bestimmter Politiker mit den Komitees für Gerechtigkeit gesprochen. Sie können offenbar mit dieser Sammlungsbewegung leben. Halten Sie sie auch für nützlich?

Die Konstituierung des Komitees und die Diskussion darum haben in gewisser Weise einen Sinn gemacht. Offenbar mußte es erst zu dieser Vermahnung der Politik kommen. Ich hoffe nur sehr, daß die Bildung des Komitees ein wirksamer Denkanstoß ist, um sich mit den Ursachen dafür auseinanderzusetzen. Das sind auf den Osten bezogen die handfesten Sorgen, die die Menschen um ihre Arbeitsplätze haben, die Sorgen, die Bauern haben, die ihr Land verlieren, auf dem sie jahrzehntelang gewirtschaftet haben, die Sorgen, die Menschen haben, die sich fragen, ob sie ihre Wohnung noch bezahlen können - um nur das zu nennen. Ich will nicht verhehlen, daß ich bis zur Stunde keine wirklich ernsthaften Anzeichen dafür erkennen kann, daß sich die politisch Verantwortlichen in Bonn auf diese Sorgen der Menschen einstellen." ...

Ritt am Rand der Katastrophe. Manfred Stolpe zum Bild der Parteien, zu sozialen Nöten im Osten und tauben Bonner Ohren. Interview. In: Berliner Zeitung vom 22.7.1992

*

"Ins politische Tagesgeschäft haben die katholischen Bischöfe der ehemaligen DDR nach der staatlichen Vereinigung nur spärlich eingegriffen - sie fürchteten den Vorwurf der 'Einmischung'. Umgekehrt vermißte so mancher in der 'kleinen Herde' ein orientierendes Wort der Hirten. Die Gründung der ominösen 'Komitees für Gerechtigkeit' durch das Polit-Tandem Diestel/Gysi hat nun dazu geführt, daß die Stimme der Kirche wieder kräftiger zu vernehmen ist.

Joachim Reinelt (54), seit 1988 Bischof von Dresden-Meißen, nannte allein den Namen der ostdeutschen Sammlungsbewegung eine 'schreckliche Anmaßung'. Von jedem Parlamentarier, der vom Volk gewählt werde, müsse man erwarten, 'daß er sich der Gerechtigkeit verpflichtet weiß', bemühte sich Reinelt einiges semantisch zurechtzurücken. Und der gebürtige Schlesier, der im Herbst 1989 bedauerte, daß die Christen aus Angst bisweilen der Schärfe der Wahrheit ausgewichen seien, setzte in einem KNA-Interview noch eins drauf: Wenn er sich einige Personen der Gründungsgruppe ansehe, entstehe bei ihm der Eindruck, es handele sich 'um eine Wiederbelebung der alten sozialistischen Nationalen Front'." ...

Gernot Facius: "Schreckliche Anmaßung". In: Die Welt vom 22.7.1992

*

... "Es ist nicht so sehr die Anwesenheit trüber Kabarettisten, Satiriker und Sänger in der Liste der Komiteegründer (Kittner, Krawczyk, Wegener, Fritz, Freitag usw.), es ist vielmehr das Tugutgequake, das therapeutische Gefasel, der sozialarbeiterische Senf, der das Komitee so unappetitlich unpolitisch macht; denn die besten Kräfte des Landes, denen es einfach reicht, die kein Wort vom schönen Deutschland für alle glauben und deshalb handlungsfähig sind, brauchen alles andere als ein Auffangbecken, in dem sie fürsorglich belabert, beruhigt und von Dorothee Sölle bebergpredigt werden.

Alles, was der endgültigen Teilung Deutschlands dient, ist mir willkommen. Und deshalb kann mir das Komitee für Verhinderung gestohlen bleiben."

Wiglaf Droste: Ein Viertelpfund Gerechtigkeit. In: Neues Deutschland vom 23.7.1992

*

... "Was nottut, sind Einfühlungsvermögen und Verständnis dafür, was Menschen, die mehr als vierzig Jahre in einer kommunistischen Diktatur lebten und sich notgedrungen mehr oder weniger mit ihr arrangieren mußten, denken, empfinden und fühlen, wenn sie fast über Nacht eine freiheitlich-demokratische Verfassung, einen Rechtsstaat und eine neue wirtschaftliche und soziale Ordnung bekommen, die sie gewollt, aber nicht genau gekannt haben. Sie brauchen Hilfe, die sie nicht demütigt und geduldiges Verstehen, wenn sie sich in einem Staat und einer Gesellschaft zurechtfinden müssen, mit denen sie - anders als viele Deutsche 1945 - keine Erfahrungen haben, die ihren westlichen Landsleuten aber zur Selbstverständlichkeit geworden sind. Die Minderheit der Ostdeutschen im neuen Deutschland bedarf für die Zeit des Zusammenwachsens des Minderheitenschutzes. Regierung, Parlament und Parteien haben hier eine Aufgabe, die sie nicht Rattenfängern überlassen dürfen."

Peter Jochen Winters: Minderheitenschutz (Ost). In: Frankfurter Allgemeine vom 23.7.1992

*

... " 'Komitees für Gerechtigkeit' - als Vernunftpotential quer durch alle Parteien und Schichten könnten die Basis für ein neues Demokratieverständnis werden, dessen Motivation nicht Profit und persönlicher Vorteil ist. Mögen die einen diese und die anderen jene Weltanschauung einbringen, die heutige kapitalistische Gesellschaft wird eine solche Demokratie nicht überleben können. Nach dem Scheitern des sogenannten realen Sozialismus scheint die Zukunft keinen Namen mehr zu haben, weil das sozialistische Ideal diskreditiert ist. Vielleicht genügt es ja, wenn die Gesellschaftsordnung der Zukunft einfach 'Demokratische Gesellschaft' heißt?"

Hermann Krüger: Basis für ein neues Demokratieverständnis. In: Frankfurter Rundschau vom 23.7.1992

*

... "In der Bewertung der Kölner Verfassungsschützer 'paßt' die Komitee-Bewegung 'in das Raster kommunistischer Bündnispolitik'. Sie solle 'vorhandene Unzufriedenheit schüren, bündeln, organisieren und auf ein politisches Ziel hinlenken'. Auch die 'Mittel und Methoden' seien erkennbar. Dazu wird in Köln eine 'antifaschistische, progressive Plattform, auf der sich viele Menschen weit über den Kreis der PDS hinaus zusammenfinden könnten', ebenso gezählt wie 'prominente Unterstützer, die zumeist nicht eindeutig der PDS zugeordnet werden können' und schließlich 'die offene Komitee-Form, die es ermöglicht, das Bündnis verdeckt zu steuern'." ...

Hans-Helmut Kohl: "Ost-Komitees sollen Unzufriedenheit schüren und bündeln". Kölner Verfassungsschützer sehen Muster kommunistischer Bündnispolitik bei PDS und DKP / "Guter Parteiapparat". In: Frankfurter Rundschau vom 24.7.1992

*

"Ein Runder Tisch im Parlament, weniger Parteiversammlungen, mehr überparteiliche Arbeit - damit reagieren die Berliner Parteien auf die Gründung der Komitees für Gerechtigkeit im Osten. Im Gegensatz zu ihren Kollegen in Bonn betrachten viele Ost-Abgeordnete hier die Komitees als Rückenstärkung für ihre Arbeit." ...

Annette Ramelsberger: Chance für den Runden Tisch. Parteien reagieren auf Komitees für Gerechtigkeit mit überparteilicher Zusammenarbeit. In: Berliner Zeitung vom 24.7.1992

*

... "Nicht Haß zu organisieren, wie Schirrmachers infame Überschrift unterstellt, ist das Ziel der Komitees, deren Befürworter drei Tage nach Schirrmacher in der gleichen FAZ von dem nordrhein-westfälischen CDU-Generalsekretär Reul verächtlich als 'neudeutscher Haufen der Haß-Organisatoren' bezeichnet wurden, die um keinen Deut besser seien als jene 'reaktionären, demokratiefeindlichen Intellektuellen der zwanziger Jahre, die die Weimarer Republik zunächst kaputtgeschrieben haben, bevor sie den nachfolgenden politischen Gewalttätern Blumen streuten'. Haß säen nicht die, die vielerorts bekannte, viele Menschen bis zur Existenzgefährdung drückende Sorgen artikulieren, um die Betroffenen (im Westen übrigens wie im Osten) zu sammeln und ihnen ein Forum kraftvoller Interessenvertretung in der Öffentlichkeit zu schaffen. Haß organisiert, wer den politischen Gegner verleumdet, Motive erfindet, die nicht die seinen sind, und Ziele behauptet, die dieser nicht verfolgt."

Fritz Klein: Haß gegen Haß?. In: Die Weltbühne vom 28.7.1992

*

... "Noch ist nichts geschehen, und alles ist in Bewegung. Niemand weiß, ob die vielgeschmähten Komitees je zu arbeitenden Körperschaften heranwachsen oder bald wieder in der Versenkung verschwinden. Eines läßt sich freilich jetzt schon sagen: wie sie arbeiten müßten, um tatsächlich eine Bereicherung der politischen Szenerie zu bedeuten. Differenz um der Differenz willen lohnte der Mühe nicht. Eine Differenz hingegen, die auf Synthese, auf eine öffentliche Begegnung von Interessen und Perspektiven abzielt - das ließe sich sehen und wäre zugleich ein Palliativ gegen die der Demokratie einheimische Isolierung. Im demokratischen Normalfall ringt jeder für sich selbst oder mit Gleichbetroffenen um öffentliche Anerkennung und kann das, auch wenn er es gar nicht beabsichtigt, nur auf Kosten der anderen. Der soziale Wettlauf um das öffentliche Gehörtwerden bewirkt eine säuberliche und oft genug unsachgemäße Sortierung von Ansprüchen nach dem Relevanzprinzip. Etwas steht im Vordergrund und dunkelt das andere, an sich Dazugehörige ab, um überhaupt zum Thema von Diskussionen und Entscheidungen werden zu können. Die Mitarbeiter eines von Schließung betroffenen Werkes 'vergessen' momentan die volkswirtschaftliche Gesamtrechnung oder die Umweltverträglichkeit; Beschäftigte prosperierender Unternehmen sind auf Besitzstand bedacht und zeigen nur wenig Neigung, sich an einer Demonstration gegen Mieterhöhungen zu beteiligen, auch wenn sie wissen können, daß die anstehenden Mehrkosten und Beihilfen auch von ihnen getragen werden. Mit der Vervielfältigung der Themen verengt sich der für jedes einzelne beschaffbare Aufmerksamkeitshorizont. Da alle für sich sprechen, spricht kaum noch jemand miteinander. Das verlangt geradezu nach Foren, die Interessen nicht separieren, sondern bündeln, die einen Perspektivenwechsel der Standpunkte im Plural ermöglichen und dabei nicht aus dem Auge verlieren, daß nur Erfolge in der Sache das Bedürfnis am Austausch wachhalten. Am Schwall der begründenden Rede, die in nichts von ihr Verschiedenes einmündet, läßt sich Kommunikation auf Dauer nicht festmachen. Das Neue Forum hatten wir schon. Eins mit Zähnen noch nicht. Begäben sich die Komitees auf diesen Weg, wären 'Populärseparatisten' chancenlos. Die Etabliertendemokratie würde herausgefordert und durchliefe - vielleicht - einen heilsamen Lernprozeß."

Wolfgang Engler: Neues Forum für Gerechtigkeit. In: Die Weltbühne vom 28.7.1992

*

"Mehr als 14 Tage nach Gründung der Komitees für Gerechtigkeit hält die gesamtdeutsche Diskussion über Sinn und Unsinn dieser Unternehmung an. Überparteiliche Zeitgenossen registrierten einen Abwehreffekt von rechts und links, von den Bürgerbewegungen bis zur CSU und unterstellten die Konkurrenzangst der Etablierten vor einer neuen Sammlungsbewegung aus dem Osten. Wenn schon die Sensibilität für die soziale Misere und politische Orientierungsnot in der ehemaligen DDR reklamiert wird, sollte die Folgerung: 'Hauptsache eine Stimme für die Sprachlosen' oder 'irgend etwas anschieben', nicht derart beliebig sein. Wer hier mit wem und wozu die Stimme erhebt, spielt schon eine entscheidende Rolle." ...

Wolfgang Templin: Zumutungen über Zumutungen. Noch ist die Glaubwürdigkeit der Bürgerbewegungen vorhanden. In: die tageszeitung vom 29.7.1992

*

... "In letzter Zeit macht nun eine Allianz für Ostdeutschland von sich reden, angeführt von den Herren Diestel und Gysi, eine merkwürdige Verlobung. Allenthalben konstituieren sich im Osten Deutschlands lokale Ableger des Komitees für Gerechtigkeit - der Name läßt vermuten, es handle sich um Filialen zeitgenössischen Jakobinertums.

Die Nachricht von der Gründung rief in mir sofort einen Gedanken wach. Die Anhänger des Gemeinschaftsfundamentalismus und des Kommunismus als Lebensgesinnung proben trotzig die andere Währungsunion. Bereits 1924 hat der von den Nazis verjagte Philosoph Helmuth Plessner in seinem Buch 'Grenzen der Gemeinschaft' vor der Sentimentalisierung der Politik und dem Gemeinschaftsradikalismus als großen Gefahren für die demokratische Gesellschaft gewarnt, und kürzlich hat Wolf Lepenies (FR vom 12.10.1991) abermals daran erinnert. Auch hier will ich dem Mißverständnis vorbeugen: Ich leugne keineswegs, daß im Osten eine Menge bedrückender existentieller Themen nach angemessenen politischen Antworten ruft. Das politische Muster aber, das durch das Komitee für Gerechtigkeit schimmert: die Hoffnung auf die unbedingte Gemeinschaft, das Regiment der Offenheit, Ehrlichkeit, Brüderlichkeit, es ist in der offenen Gesellschaft atavistisch und regressiv.

In seinem letzten Text 'Abschied vom Theater' beschreibt Friedrich Dürrenmatt Freiheit und Gerechtigkeit als zwei konkurrierende, jeweils mit starker Sprengkraft ausgestattete Prinzipien, die von der Gesellschaft in einem Zustand der Balance gehalten werden müssen. Weder die pure wölfische Freiheit noch die alles Lebendige einebnende, reine Gerechtigkeit sind dem Menschen zumutbar." ...

Wolfgang Hegewald: Ein deutsches Komitee. In: Frankfurter Rundschau vom 1.8.1992

*

... "Im Einheits-Herbst 90 fragte ich mich, was wohl die Führung der Ost-CDU - die Krauses, de Maizières und Diestels - zur Unterzeichnung der Klausel 'Rückgabe vor Entschädigung' bewogen haben könnte - persönlicher Karrierismus, ein auf Zuspitzung zielendes Kalkül der Staatssicherheit - oder eine Mischung aus beidem?

Heute, da sich im Osten ein neues Zentralkomitee gebildet hat - diesmal eines für Gerechtigkeit - stellt sich mir die Frage erneut. Jene jedenfalls, die sich nun so heroisch das Koppel des Löschkommandos umschnallen, gießen, schaut man genauer hin, kräftig Öl ins Feuer. Sie löschen nicht, sie schüren, heizen an. Das Neue Deutschland schließt einen Bürgerkrieg nicht aus." ...

Freya Klier: Was nicht paßt, wird nicht gedacht. Langsam wird mir unbehaglich, betrete ich den Osten. In: die tageszeitung vom 1.8.1992

*

"Za. Den Berliner Christdemokraten bereitet die Gründung der 'Komitees für Gerechtigkeit' große Sorge. Die Position der Bürger in den neuen Ländern werde durch die Aktivitäten dieser Komitees nicht gestärkt, sondern geschwächt, sagt der Generalsekretär des CDU-Landesverbandes, Klaus-Joachim Kierey, in einem Gespräch mit dem Tagesspiegel. Der Prozeß der inneren Einheit werde gelähmt, 'und die ganze Kraft, die notwendig ist, um Druck auf Bonn auszuüben, wird verpulvert'." ...

"Alter Weg der Kommunisten". CDU-Generalsekretär besorgt über die "Komitees für Gerechtigkeit". In: Der Tagesspiegel vom 6.8.1992

*

... "Nicht vor der Bewegung des 'Komitees für Gerechtigkeit' mit seinen nicht wenigen guten Menschen graust mir, sondern vor den provozierten Gegenbewegungen, die Gerechtigkeit ganz anders definieren. Populistische Sprüche kann die rechte Konkurrenz allemal besser an den deutschen Mann, die deutsche Frau bringen. Da bedarf es keines erneuten historischen Beweises. Ich fürchte, unter dem Vorwand, Auswüchse zu bekämpfen, arbeiten derzeit mehr Menschen an der Zerstörung der Demokratie als an ihrem Erhalt. Auch das hatten wir schon einmal. Das 'Komitee für Gerechtigkeit' möchte eine demokratischere Demokratie. Da würde ich gern mitarbeiten. Dann aber bitte nicht unter dieser Firma, hinter deren Schild sich dann doch zu viele verstecken, die ganz anderes im Schilde führen." ...

Klaus Staeck: Boot der Gerechtigkeit. Zu den neuesten Stimmungen im Lande. In: Der Tagesspiegel vom 7.8.1992

*

... "Frage: Pfarrer Hartmann, die derzeitige Lage in Ostdeutschland - Massenarbeitslosigkeit, beginnende Obdachlosigkeit und andere soziale Verwerfungen - wird mehr und mehr spürbar, auch für Leute, die wie sie Sozialarbeit vor Ort verrichten. Sind Sie angesichts dessen der Meinung, daß ein neuer Weg zur Artikulation und Einklagung ostdeutscher Interessen vonnöten ist?
Antwort: Ich würde sagen, es sind sicher viele neue Wege nötig, es hat sich vieles im Laufe dieses Jahres zugespitzt. Ich sehe das auch gerade von meinem Tätigkeitsbereich her. Ich habe große Sorge, daß die neue Armut in unserem Land radikal anwächst, daß aus dem großen Heer insbesondere der Langzeitarbeitslosen eine immer größere Zahl von Leuten hervorgeht, die keine Kraft mehr haben, sich zu wehren und die ins soziale Abseits fallen. Da ist es schon wichtig, daß von den verschiedensten Leuten auf verschiedenstem Wege auf diese Entwicklung hier aufmerksam gemacht wird." ...

Gerechtigkeits-Komitees könnten Bereicherung sein. Interview mit Pfarrer Hartmann, Chef der Erfurter evangelischen Stadtmission und Bürgerrechtler. In: Neues Deutschland vom 11.8.1992

*

... "Leider werden die Gefahren, die vom Komitee und seiner Ausdehnung drohen, nur selten intelligent eingeschätzt. Die falschen Leute, so meinte kürzlich ein bekannter Politiker, vertreten die richtigen Anliegen. Not tue, daß die Anliegen von den richtigen Politikern vertreten würden, womit er offensichtlich sich und seine politischen Freunde meinte. Gründlicher kann man kaum daneben greifen.

Der Historiker Veit Valentin hat einmal gesagt, die Geschichte des Nationalsozialismus sei die Geschichte seiner Unterschätzung. Soll sich dies bei den sogenannten Gerechtigkeitskomitees wiederholen? Man muß nur den Gründungsaufruf dieser Komitees genau lesen, um zu erkennen, was für Rattenfänger am Werke sind. ...

Es lohnt auch, die verfassungspolitischen Ziele des Gysi-Diestel-Komitee unter die Lupe zu nehmen, wie sie im Gründungsaufruf formuliert sind. Denn es geht um nichts Geringeres als die Errichtung einer besonderen Körperschaft neben Bundestag und Bundesrat, die als privilegierte, verfassungsrechtlich abgesicherte Interessenvertretung der neuen Bundesländer installiert werden soll. Bundestag und Bundesrat erhielten damit einen Gegenspieler in Gestalt einer Dritten Kammer, die die verfassungsmäßigen Organe des Gesamtstaats dahingehend kontrollieren soll, ob diese die ostdeutsche Sicht der Probleme gebührend berücksichtigen.

So grotesk dieses Ansinnen auch ist, es muß ernst genommen werden. Zeigt es doch, daß nichts als die Desintegration das Ziel ist, das Gysi und seine Helfer verfolgen. Der Weg entspricht dem Muster der DDR-Volkskongreßbewegung." ...

Rudolf Wassermann: Der Genosse Gysi wünscht sich eine Art dritter Kammer. Die erstaunliche Verleumdungs- und Hetztechnik der "Komitees". In: Die Welt vom 13.8.1992

*

... "Jene Sammlungsbewegung nun, die 'basisorientiert' und 'außerparlamentarisch' sein will und ein wenig noch (oder wieder) nach Blumen und Kerzen riecht - sie könnte, blieben ihre Absichten bekannt, auf die innenpolitischen Turbulenzen eher beruhigend wirken. Gerade die 'Komitees für Gerechtigkeit' könnten die 'Versöhnungsenergie' aufbringen. Sie könnten die Kräfte und Interessen integrieren. Sie könnten, wenn sie denn tatsächlich überparteilich wären, die Etablierten bei der Ehre packen und sie an ihre Versprechungen, Bekenntnisse und Programme erinnern. Aber sie sollten sich hüten vor unnötiger Konfrontation, vor Uralt-Polemik, vor der populistischen Versuchung, Begehrlichkeiten und den Minderwertigkeitsfrust zu schüren. Sie sollten zu einer selbstkritischen Nachdenklichkeit vorstoßen, um eine Atmosphäre zu erzeugen, in der die positiven Ursprungsimpulse der DDR benannt werden, Impulse, die doch jenen der Ur-Bundesrepublik gar nicht so unähnlich sind: Gerechtigkeit, Gemeinschaftlichkeit, Solidarität." ...

Rainer Lucas: "Empfange unsere Gnade, Ossi". Es gibt nicht nur Miesmacher in den "Komitees für Gerechtigkeit". In: Die Zeit vom 21.8.1992

*

... "Und weil die etablierten Parteien die Probleme des politischen Alltags der Bürger nicht mehr wahrnehmen, müssen die Betroffenen in Ost und West ihre Interessen gemeinsam zum Ausdruck bringen. Gegen die Benachteiligung durch die Bonner Politik müssen außerparlamentarische Formen des Politikmachens, so wie es verschiedene Bürgerinitiativen bereits praktizieren, weiterentwickelt werden. Die politische Willensbildung findet an der Basis, d. h. in der konkreten Wirklichkeit statt. Die politischen Forderungen werden in die entsprechenden parlamentarischen Gremien hineingetragen. In diesen verfassungsmäßigen Organen muß die Basispolitik in rechtliche und politische Normen umgesetzt werden.

In einer komplexen, vielschichtigen und zersplitterten Gesellschaft mit einer Vielfalt unterschiedlicher und auch entgegengesetzter Interessen muß eine Bürgerbewegung ein adäquates differenziertes Gebilde sein. Als Reflektor der Basis können die Komitees ihren Beitrag dazu leisten. Die Struktur dieser Bewegung ist die politische Selbstverwaltung. In autonomen Einheiten werden die Organisationsformen, die Arbeitsmethoden und die Inhalte unabhängig und selbständig entwikkelt. In der politischen Praxis werden sich die Einzelinteressen bzw. ihre Repräsentanten auch in übergreifenden Themen- bzw. Problemfeldern treffen. Ist dies der Fall, so findet eine inhaltliche und formale Integration einzelner Bürgergruppen in ein größeres statt." ...

Walter Nitschke: Keine Komitees im Westen? In: HochDruck vom 18.9.1992

*

... "Fest steht, daß die vielerorts schon wieder totgesagte Komitee-Bewegung noch sehr lebendig ist. Ist sie eine Gefahr für die Demokratie? Oder nicht im Gegenteil eine Möglichkeit für viele politisch unmündige Ostdeutsche, zu begreifen, wie schwer es ist, gerechte Politik durchzusetzen, zu erkennen, wer dabei die Seelenverkäufer sind und wer die Gerechten?"

Regina Mönch: "Ostdeutsch ist beautiful" - der neue Widerstand. Die Komitees für Gerechtigkeit nehmen allmählich Gestalt an. In: Der Tagesspiegel vom 26.9.1992

*

... "Heute bilden sich Gerechtigkeits-Komitees in Ostdeutschland, weil eine fehlgeleitete Vereinigungspolitik zu schreienden Ungerechtigkeiten geführt hat: statt Sanierung Liquidation bzw. Kolonisierung der ostdeutschen Strukturen, nicht nur der wirtschaftlichen, statt Selbstbestimmung Fremdbestimmung durch Besserwessis, statt 'Aufschwung' immer schrecklichere Massenarbeitslosigkeit, schreiende Einkommens- und Rentenunterschiede ...

Da wird nicht von 'kommunistisch unterwanderten' Komitees 'Haß geschürt' - nein, es werden endlich Dinge beim Namen genannt, die bei uns die Regierenden und ihre Parteien mit ihrer weithin gescheiterten Vereinigungspolitik nicht hören und wahrhaben wollen. Denn es wird sie bei den nächsten Wahlen weitere Wählerstimmen kosten. Daher geifern deren Funktionäre gegen Diestel ('Ausschließen!'), Gysi und deren neue ostdeutsche Bürgerbewegung. Und die 'alten' DDR-Bürgerbewegten, statt sich aktiv einzuschalten und eben nicht der PDS oder unpolitischen Demagogen das Feld zu überlassen, stehen mal wieder hilflos daneben und murmeln, ebenso wie die SPD, unwillig was in den Bart ('nicht der richtige Weg'). Ja bitte: Aber was ist denn der richtige Weg?

Ich halte nach einem Vierteljahrhundert politischer und politikwissenschaftlicher Erfahrung mit außerparlamentarischen Bewegungen diese Gerechtigskeitsbewegung für einen absolut richtigen, weil notwendigen Weg, weil das parteidemokratische System wieder einmal sich unfähig (weil zu feige vor den Wähler- und

Interessengruppen) erweist, dem Volk die Wahrheit zu sagen. Ebenso wie die Studenten-, die Frauen-, die Ökologie-, die Friedens- und sogar die Hausbesetzerbewegung notwendig waren, um den Parteien Feuer unterm Hintern zu machen (sie alle wagten es nicht, bestehende Herrschafts- und Profitinteressen anzutasten!). Ebenso ist die jetzige ostdeutsche Gerechtigkeitsbewegung notwendig, damit endlich die Wahrheit auf den Tisch kommt: Die Vereinigung kostet Opfer von den reichen Wessis: ca. 150 Mrd. pro Jahr. ...

Dies ist meine eigentliche Sorge und Kritik: daß in den Gerechtigkeitskomitees, die objektiv so dringend notwendig sind, wegen der allgemeinen Apathie, wegen der mangelnden 'Bewegungs'-Kultur in Ostdeutschland, wegen der Angst im Mitte-Links-Spektrum, schließlich doch nur einer konkurrierenden Partei Vorschub zu leisten, das breite Aktionsbündnis nicht zustande kommt, das seit den siebziger Jahren in Westdeutschland die Neuen Sozialen Bewegungen so effektiv gemacht hat, daß schließlich doch die PDS und ein paar Unentwegte allein das Ganze zu tragen versuchen und die Komitees damit tatsächlich eine verengte Basis und eine parteipolitische Schlagseite bekommen, die tödlich für sie wären. Sie müssen zwei Fähigkeiten entwickeln, ohne die sie zum Scheitern verurteilt sind: Bündnisfähigkeit und Kampagnefähigkeit." ...

Fritz Vilmar: Ohne außerparlamentarischen Druck kein "Aufschwung Ost". Die Verfassungsschützer setzen den Gerechtigkeitskomitees die rote Jacobinermütze auf - zu Unrecht. In: Neues Deutschland vom 5.10.1992

*

"Bonn zitterte, dem Kanzler graute. Was da im Osten dräute, galt im Sommer als Massenbewegung und Einheits-Rache. Zwei Monate später lachen die Politiker über die eigene Angst. Der Kanzler kann nun wieder ganz ruhig schlafen." ...

Annette Ramelsberger: Der Kanzler kann nun wieder ganz ruhig schlafen. Die Berliner Komitees für Gerechtigkeit haben den Durchbruch bisher nicht geschafft / Eigenständiges Profil fehlt. In: Berliner Zeitung vom 13.10.1992

Hans-Joachim Fieber, Johannes Reichmann

Die "Komitees für Gerechtigkeit" zur politischen Konfliktlage und Konfliktbewältigung im deutschen Einigungsprozeß

Im Sommer 1992 erörterten bekannte und sehr bekannte Deutsche den Verlauf des deutschen Einigungsprozesses - nicht als Spezialisten auf ihren Fachgebieten, sondern als mündige Staatsbürger. Im Ergebnis dessen appellierten sie an das Volk, Komitees für Gerechtigkeit zu gründen, um die Vereinigung, wie sie meinten, in die richtige Bahn lenken und ihr neue Impulse geben zu können. "Viele Menschen in den neuen Bundesländern", so schrieben sie in ihrem Appell, der am 11. Juli 1992 in Berlin der Öffentlichkeit vorgestellt wurde, "fühlen sich nach ihrer Hochstimmung im Jahre 1990 als Menschen zweiter Klasse, politisch, wirtschaftlich, sozial und kulturell ausgegrenzt. Viele Menschen in den alten Bundesländern, die die deutsche Einheit ebenfalls begrüßt hatten, befürchten nun, daß sie diese zu teuer bezahlen müssen, daß der Druck auf ihre Arbeitsplätze zunimmt, daß Sozial- und Rechtsabbau wegen der Vereinigung stattfindet, und sie entwickeln deshalb immer stärkere Vorbehalte gegen die Ostdeutschen." Ihre Folgerung daraus lautete: "Gerade weil wir uns selbst und einander kritisch sehen und uns nicht einbilden, auf alle Fragen eine Antwort und für alle Probleme eine Lösung zu haben, sind wir sicher, daß in der gegenwärtigen Situation im Osten und im Westen Deutschlands, die die Menschen so beunruhigt, von diesen selbst etwas getan werden kann und muß."[1] Am selben Tag wurde von Unterzeichnern des Appells ein Brief an Bürgerinnen und Bürger, die ihre Bereitschaft erklären würden, in Komitees für Gerechtigkeit mitzuarbeiten, in Vorschlag gebracht. Darin finden sich die Warnung und die Forderung: "Die Zeit ist knapp, nutzen wir die Chance, machen wir Druck von unten, damit sich oben etwas verändert!"[2]

Da verlangten also Staatsbürger, das Volk solle sich in Angelegenheiten einmischen, die, nach ihrer Meinung, von den Regierenden und Parteien allein nicht im Interesse aller zu bewältigen waren. Die Politiker und Medien reagierten unterschiedlich; nicht wenige lehnten die Komitee-Idee brüsk und nicht selten mit diffamierenden Worten ab. Ein "neudeutscher Haufen der Haß-Organisatoren" - so sprach der nordrhein-westfälische CDU-Generalsekretär Herbert Reul.[3] Der stellvertretende CDU-Fraktionsvorsitzende Johannes Gerster sah in den Erstunter-

---

[1] Siehe „Appell zur Gründung von Komitees für Gerechtigkeit“

[2] Siehe Dokument I/2

[3] Frankfurter Allgemeine Zeitung vom 17.7.1992

zeichnern des Appells ein "Sammelbecken von Erben des SED-Staates, Stasiverstrickten und frustrierten West-Sozialisten"[4] und der damalige FDP-Generalsekretär Uwe-Bernd Lühr bezeichnete sie kurz als "Rattenfänger"[5]. Gregor Gysi und Peter-Michael Diestel wurden zu "Mitarbeitern, Unterstützern oder Mitläufern des längstlebenden Ungerechtigkeitsstaates auf deutschem Boden", Stefan Heym zum "unerträglichen Demagogen" gestempelt.[6] Aber auch andere Mitunterzeichner wurden gebrandmarkt, so zum Beispiel der Satiriker Dieter Hildebrandt und der Pastor Heinrich Albertz, denen man das Etikett von "Berufsunterzeichnern", die jeden Aufruf mittrügen, anheftete. Weder die Gießener Theologin, der Rostocker Mediziner, der Düsseldorfer Gewerkschaftssekretär, die Berliner Musikerin noch ein anderer der 69 Erstunterzeichner entging dem vernichtenden Urteil aus Kreisen der CSU, CDU, FDP, SPD, des Bündnis 90 und vom Neuen Forum nebst angeschlossener Presse. Eine Verunglimpfungskampagne wie sonst nur zu Wahlzeiten war losgetreten.

Aber neben den politischen Verurteilungen waren auch nachdenkliche, gehaltvolle Äußerungen auszumachen. Der sächsische CDU-Ministerpräsident Kurt Biedenkopf favorisierte schon im Frühjahr einen ostdeutschen Sonderweg über mehrere Jahre hinweg, um den unterschiedlichen Bedingungen in Ost und West Rechnung zu tragen sowie diese - soweit nötig und sinnvoll - einander anzunähern.[7] Der stellvertretende CDU-Fraktionsvorsitzende im Bundestag, Heiner Geißler, trat mit Forderungen an die Regierung hervor, stärker den Prozeß des Zusammenwachsens zu gestalten. Er forderte eine Industriepolitik, die Umkehrung des Grundsatzes "Rückgabe vor Entschädigung" und anderes.[8] Auch CDU/CSU-Fraktionsvorsitzender Wolfgang Schäuble wurde in der Frankfurter Allgemeinen Zeitung besorgt wiedergegeben: "Das Gefühl benachteiligt zu sein, bestehe in den neuen Ländern und müsse ernst genommen werden. Das bedeute konkret, daß die Politik, die der Überwindung der Teilungsfolgen unbedingte Priorität zuordne, entschieden vorangetrieben werden müsse. Andererseits sei die eingetretene Enttäuschung in den neuen Ländern 'unvermeidbar' gewesen. Sie sei eine Folge der umfassenden Veränderungen und des 'kälteren Klimas', das die Marktwirtschaft mit sich gebracht habe. Man müsse sich im klaren sein, daß zwischen Saat und Ernte eine schwierige Zeitspanne liege ... "[9] Der brandenburgische SPD-Ministerpräsident Manfred Stolpe sah in der neuen Initiative eine "gelbe Karte für die Politik"[10], und der bekannte SPD-Politiker Egon Bahr meinte: "Solange die

---

4 Ebenda vom 14.7.1992

5 Süddeutsche Zeitung vom 14.7.1992

6 Frankfurter Allgemeine Zeitung vom 17.7.1992

7 Wochenpost vom 16.3.1992

8 Frankfurter Allgemeine Zeitung vom 14.7.1992

9 Ebenda

10 Süddeutsche Zeitung vom 14.7.1992

Bundesregierung glaubt, die Probleme im Osten allein bewältigen zu können, ich meine, sie unterschätzt diese noch immer, sehe ich schwarz. Ich kann Explosionen nicht ausschließen. Nur die gemeinsame Anstrengung aller politisch relevanten Kräfte kann hier helfen. Diese Komitees sind ein Alarmzeichen. Vielleicht haben sie die Funktion, wirklich zu alarmieren. Dann hätten sie ihren Zweck erfüllt."[11] Aus dem Spektrum der DDR-gegründeten Bürgerbewegung gab es ähnliche Meinungen. Auch in Dörfern und Städten, das heißt - politisch gesprochen - an der Basis, wurde in der neu entstehenden Komiteebewegung zumeist - unabhängig von der Parteizugehörigkeit - eine weitere Möglichkeit gesehen, die die Ostdeutschen bewegenden Probleme zu artikulieren. Viele Bürger votierten einfach für eine demokratische Mitarbeit bei der Überwindung einer alle tangierenden Situation.

Diese sachlichen Meinungsäußerungen entsprangen dem Umstand, daß bereits vor dem Aufruf zur Gründung der Komitees für Gerechtigkeit in allen politischen Lagern - allerdings weitgehend ohne die Öffentlichkeit - eine Diskussion um den Verlauf des Einigungsprozesses in Gang gekommen war. Ost-CDU-Abgeordnete im Bundestag bildeten zum Beispiel eine eigene Gruppe innerhalb der Fraktion. Ähnliche Erscheinungen gab es auch bei der FDP und SPD. Selbst über Parteigrenzen hinweg wurde beraten. Vorschläge zur Beeinflussung des konfliktbehafteten Beitrittsprozesses wurden konzipiert; unter anderem erarbeitete die SPD eiligst ein Thesenpapier "Gemeinschaftsinitiative Neue Länder". Dies geschah fast ausnahmslos auf Drängen und Initiative von Bundestagsabgeordneten und Parteipolitikern aus dem Osten, die sich damit - zwar mit zeitlicher Verzögerung - mancher Einschätzung anschlossen, die von anderen politischen Kräften, zum Beispiel vom Arbeitslosenverband Deutschland e.V. und der Gesellschaft zum Schutz von Bürgerrecht und Menschenwürde (GBM), bereits früher getroffen worden war. Die westdominierten Partei- und Fraktionsführungen der CDU/CSU, der FDP und auch der SPD hingegen nahmen diese Diskussionen nur zögerlich zur Kenntnis; es fiel ihnen offenbar nicht leicht, aufzunehmen, was nicht mehr zu ignorieren war: Eine gesellschaftliche Transformation solchen Ausmaßes ist schwierig; sie braucht Zeit und schafft Konflikte. Dafür muß um Verständnis bei allen Beteiligten gerungen werden. Insbesondere den Hauptbetroffenen müssen vielfältigere Möglichkeiten des Mitbestimmens in diesem Prozeß gegeben werden. Die Politikmuster der alten Bundesrepublik sind überfordert, also braucht man eine aktive, gestaltende Politik, die bereitwillig auf Probleme reagiert, auf die betroffenen Menschen zugeht und deren Vorstellungen aufnimmt.

Unmißverständlich hatte Prof. Dr. Horst Siebert, Mitglied des Sachverständigenrates zur Begutachtung der gesamtwirtschaftlichen Entwicklung beim Bundeskanzler, die Lage in Ostdeutschland 1992 beurteilt. Er nannte objektive Ursachen und politische Gründe für den verheerenden wirtschaftlichen Niedergang des DDR-Gebietes zwei Jahre nach dem Beitritt. Aus rein politischen Gründen, so

[11] Thüringer Allgemeine vom 13.7.1992

meinte Siebert, habe Bundeskanzler Helmut Kohl am 6. Februar 1990 - mitten im Wahlkampf zu den DDR-Volkskammerwahlen - die Währungsunion vorgeschlagen. "Für die Wirtschaftswissenschaftler bedeutete dies, daß die natürliche Schrittfolge bei Integrationsprozessen aus politischen Gründen auf den Kopf gestellt wurde", und die negativen ökonomischen Folgen daher nicht ausbleiben konnten.[12] Als Ergebnis der Regierungspolitik war, nach Aussage Sieberts, die industrielle Produktion vom Ausgangsniveau des Jahres 1989 bis zum Jahr 1991 auf ein Drittel gesunken, das Bruttosozialprodukt Ostdeutschlands um etwa die Hälfte gefallen.[13] "Über vier Millionen verloren ihren Arbeitsplatz, und diese Sorge bedrückt noch immer viele Menschen", betonte der Professor 1992.[14] Er forderte mehr Phantasie beim Aufbau in den neuen Bundesländern, wies aber darauf hin, daß es dort auch in Zukunft fast drei Millionen Erwerbstätige weniger als zu DDR-Zeiten geben werde.[15] Das Nord-Süd-Gefälle werde sich zudem verstärken. Insbesondere im Nordosten Deutschlands - also in einigen der neuen Bundesländer - würden auf mittlere Sicht nicht ausreichend Arbeitsplätze zur Verfügung stehen. Sein Schluß lautete daher: "Der Norden Deutschlands ist aufgerufen, sich etwas einfallen zu lassen, wenn er diese Entwicklung stoppen will."[16] Siebert untersetzte also mit wissenschaftlichen Analyseergebnissen das Anliegen der Erstunterzeichner des Appells zur Gründung von Komitees für Gerechtigkeit: Ohne Einmischung und Mitdenken durch das Volk geht es nicht.

Mehr die damalige subjektive Gefühlslage der Beigetretenen charakterisiert der westdeutsche Publizist Günter Ogger. Davon ausgehend, daß den Ostdeutschen allein an Versicherungsbeiträgen rund 10 Milliarden Mark im Jahre 1992 von den "fixen Jungs aus dem Westen" aus den Taschen gezogen wurden, schreibt er: "Der beispiellose Raubzug der mobilen Verkäufertruppe trug wesentlich zur Enttäuschung über die neuentdeckte Marktwirtschaft bei, und der tiefe Graben, der sich heute in den politischen Vorstellungen zwischen Ost und West auftut, wurde von den gewissenlosen Hintermännern der Abzocker gewiß verbreitert."[17]

Umfrageergebnisse nach dem ZDF-Politbarometer signalisierten im Mai 1992, daß 58 Prozent der Ostdeutschen "ganz allgemein mit der Demokratie in Deutschland eher unzufrieden" und 44 Prozent im Westen "eher unzufrieden mit dem politischen System" waren.[18] Nach einer Erhebung der Gesellschaft für erfahrungswissenschaftliche Sozialforschung (GEWIS) im Auftrag der Hamburger Illustrierten "Neue Revue" äußerten 58 Prozent der Befragten, die "deutsche Einheit wurde

---

[12] Horst Siebert: Das Wagnis der Einheit, Stuttgart 1992, S. 19

[13] Ebenda, S. 32

[14] Ebenda, S. 28

[15] Ebenda, S. 34

[16] Ebenda, S. 82

[17] Günter Ogger: Das Kartell der Kassierer, München 1994, S. 189

[18] Süddeutsche Zeitung vom 16./17.5.1992

völlig überstürzt. ... Die ehemalige DDR hätte erst einmal zu sich selbst finden sollen".[19]

Im Sommer 1992 war also ein Bündel ernstzunehmender Konflikte deutlich ausgeprägt. Große Teile der Ostdeutschen fühlten sich trotz des durch die Vereinigung gewonnenen Zugangs zu den Vorzügen der kapitalistischen Wirtschaft und der nur noch vom Umfang eigener Zahlungsmittel begrenzten Reisefreiheit benachteiligt und in erheblichem Maße politisch oder wirtschaftlich oder sozial oder kulturell oder von allem ausgegrenzt. Nicht wenige Westdeutsche sahen durch die Einheit mehr und mehr ihren materiellen und sozialen Besitzstand angegriffen. Die politisch Herrschenden trugen den unterschiedlichen Bedingungen im Osten und Westen Deutschlands kaum Rechnung; vor allem begriffen sie nicht, daß sie die Konflikte des Einigungsprozesses nicht allein, nicht ohne eine breite Volksbeteiligung zu bewältigen vermochten. Durch Deutschland zog sich nur scheinbar ein Riß längs einer Ost-West-Achse; in Wahrheit öffnete sich eine Kluft zwischen Volk und politischer Führung, weil der Einigungsprozeß nicht zusammen-, sondern auseinanderzuführen drohte.

Der Aufruf der 69 Bürger zur Bildung von Komitees für Gerechtigkeit in ganz Deutschland sowie die sich daran entzündende öffentliche Debatte waren darum Ausdruck dafür, daß diese konfliktreiche Situation auch wahrgenommen wurde. Vor allem aber war es ein Appell an die - nicht in Ost und West geteilten - Mitbürger, sich zu Tausenden aktiv in die Konfliktbewältigung einzuschalten.

*

Besonders bedeutsam an der Komiteebewegung ist unseres Erachtens, daß sie weder bei der Wahrnehmung des grundlegenden politischen Konflikts, der sich aus der Art und Weise, wie der deutsche Einigungsprozeß bis dahin verlaufen war, herauskristallisiert hatte, noch bei ihrer Bereitschaft, an der Konfliktbewältigung engagiert mitzuwirken, stehengeblieben ist. Obschon das allein hervorhebenswert wäre, weil es sich von einer gewissen Ignoranz unter politische Verantwortung tragenden Kreisen gegenüber der heutigen nationalen Frage der Deutschen deutlich abhob, ging die Komiteebewegung darüber hinaus. Sie unterbreitete der gesellschaftlichen und politischen Öffentlichkeit ein Angebot, das eine durchaus mögliche Variante der Konfliktbewältigung, zumindest eine diskutable, sein konnte. Freilich verfügte die Komiteebewegung mit ihrer Entstehung nicht sofort über ein Konzept, wie der das deutsche Volk bisher spaltende Verlauf des Einigungsprozesses in einen das deutsche Volk einigenden umgelenkt werden kann. Aber sie stellte sich dieser zwar schwierigen, jedoch vorwärtsführenden Aufgabe. Schritt für Schritt erarbeitete sie ihre Variante der Konfliktbewältigung.

---

[19] Neues Deutschland vom 26./27.9.1992

Das Angebot der Komiteebewegung basiert auf einer Bestandsaufnahme des deutschen Einigungsprozesses, der Benennung seiner Defizite, Ungerechtigkeiten und den dafür heranzuziehenden Gründen. Offenkundig ist selbst dies ein Weg wachsender Erkenntnisse gewesen, wie grundlegende Dokumente der Bewegung belegen - vom Gründungsaufruf bis zu den "Zielen und Programmatischen Forderungen der Komitees für Gerechtigkeit in der Bundesrepublik Deutschland" vom 13. November 1993. Das letztgenannte Dokument charakterisiert insbesondere mit zwei Passagen den Grundzug des bisherigen Einigungsprozesses. Erstens mit der Aussage, daß durch "die Vereinigungsstrategie und -praxis der Bonner Regierungskoalition ... neue Mauern errichtet (wurden), die einer harmonischen politischen, wirtschaftlichen, sozialen und geistig-kulturellen Entwicklung im deutschen Einigungsprozeß entgegen- und damit einer friedlichen Zukunft des vereinten Deutschlands in der Gemeinschaft der Völker Europas im Wege stehen. Ein von der Mehrheit der Bevölkerung in Ost und West mitgetragenes Konzept fehlt und ist gegenwärtig weder von der Regierung noch von den etablierten politischen Parteien zu erwarten. Statt dessen häufen sich die Probleme auf nahezu allen Gebieten des Lebens. Sie lassen erkennen, daß die im Einigungsprozeß verursachten Defizite an Recht und Gerechtigkeit zunehmen. All das hat zu einer bedrückenden Situation in den neuen Bundesländern geführt und wirkt sich nunmehr in immer stärkerem Maße auf ganz Deutschland aus."[20] Zweitens wird ein Interessengegensatz zwischen einerseits dem "von Politikern der etablierten politischen Parteien erhobenen Ausschließlichkeitsanspruch, mit der von ihnen gesteuerten Bürokratie und Gerichtsbarkeit nach der Interessenlage der von ihnen vertretenen wirtschaftlich mächtigen Kräfte der Hochfinanz und Großindustrie allein über die Prozesse zur Gestaltung der deutschen Einheit und damit über die Geschicke aller Bevölkerungskreise des deutschen Volkes zu entscheiden" und andererseits den "berechtigten Interessen aller Menschen in Deutschland" sowie ihren Anspruch auf "reale demokratische Mitsprache bei grundlegenden Entscheidungen, die die Allgemeinheit oder eine große Zahl von Menschen betreffen"[21], ausgemacht. Nach unserer Auffassung ist mit der Benennung des Gegensatzes, den Einigungsprozeß vorwiegend gemäß den Interessen der deutschen Großbourgeoisie zu gestalten und der Forderung, das Volk an allen entscheidenden Fragen aktiv zu beteiligen, der grundlegende politische Konflikt im deutschen Einigungsprozeß gekennzeichnet worden, auf den sich weitere politische Konflikte in Teilbereichen oder auf Teilgebieten zurückführen lassen.

Wie wir meinen, ist ein politischer Konflikt - allgemein gesagt - eine in den Beziehungen von politischen Subjekten (Gruppen, Bewegungen, Verbänden, Parteien, Staaten oder Staatengruppen usw.) entstandene Interessengegensätzlichkeit mit partiellgesellschaftlicher oder gesamtgesellschaftlicher, staatlicher oder auch

---

[20] Siehe Dokument I / 14

[21] Ebenda

zwischenstaatlicher, regionaler oder globaler Dimension, wobei Überlagerungen dieser Dimensionen durchaus nicht atypisch sind. Bei der hier zur Erörterung stehenden Problemlage handelt es sich, wie gesagt, objektiv um einen tiefgreifenden, grundlegenden politischen Konflikt zwischen dem Volk - zumindest großen Gruppen des Volkes - und der politischen Führung in Deutschland, der sowohl eine gesamtgesellschaftliche als auch staatliche und regionale Dimension aufweist. In der Regel bringt eine derartig tiefe Interessengegensätzlichkeit ein Korrekturerfordernis der politischen Strategieinhalte, die zu dem politischen Konflikt geführt oder beigetragen haben, zum Ausdruck und verlangt überdies zu ihrer Bewältigung adäquate rechtliche Rahmenbedingungen. Daraus leiten sich für staatliche Machtträger Anforderungen an ihre politische Tätigkeit ab. In demokratisch verfaßten bzw. darauf Anspruch erhebenden Gemeinwesen bedeutet das, zur politischen Konfliktbewältigung mit demokratischen Mitteln bereit und zu entsprechenden politischen Strategieangeboten fähig zu sein. Bleiben diese Qualitätserfordernisse staatspolitischer Führungsarbeit ganz oder teilweise aus, kann sich der politische Konflikt in einem Maße verschärfen, daß entweder außerstaatliche Subjekte in Erscheinung treten, die eine demokratische Konfliktbewältigung anbieten und durchzusetzen versuchen, oder es werden staatliche Mittel zum Einsatz gebracht, die eine Beeinträchtigung des parlamentarisch-demokratischen Gemeinwesens darstellen können, bzw. beide Vorgänge vollziehen sich parallel. Letzteres kennzeichnet offenbar den gegenwärtigen Verlauf des deutschen Einigungsprozesses.

Man kann, das bezeugen Dokumente, davon ausgehen, daß die Initiatoren und Gründer der Komiteebewegung sich über die Kompliziertheit, Vielschichtigkeit und Konfliktgeladenheit des Einigungsprozesses im klaren waren. Immerhin handelt es sich ja um einen geschichtlichen Vorgang, der bisher einmalig ist. Noch nie zuvor in der modernen Menschheitshistorie wurde der Versuch unternommen, zwei Staaten einer Nation zu vereinigen, die über Jahrzehnte hinweg nicht nur unterschiedlichen, sondern gegensätzlichen gesellschaftlichen Systemen mit diametralen sozialökonomischen und politischen Grundlagen sowie anderen Werteinhalten und Lebensweisen angehörten. Es stand also ein in seinen Dimensionen gewaltiger Umbau bevor, der natürlich mit bislang unbekannten, vielseitigen, nicht einfach zu lösenden Problemen und Konflikten behaftet sein mußte und der sich nur über längere Zeiträume, wahrscheinlich über Generationen hinweg zum Nutzen der Menschen eines modernen, prosperierenden, demokratisch verfaßten Gemeinwesens in Deutschland gestalten lassen würde. Dieser hatte allerdings zur Voraussetzung, daß er von einer politischen Führung gesteuert werde, die sich nicht nur der Größe und Schwierigkeit der Aufgabe bewußt wäre, sondern auch den Willen und die Fähigkeit besäße, gestaltende Politik zu betreiben, das heißt veränderungs-, integrations-, koalitions- und kompromißbereit zu sein. Wie bekannt, mangelte es an dieser Voraussetzung.

Die Komiteebewegung entstand und formierte sich daher nicht zufällig als eine Bürgerbewegung. Ihr erster Angebotsinhalt bestand und besteht der Sache nach unverändert darin, das Volk an der Gestaltung des deutschen Einigungsprozesses stärker zu beteiligen, ohne damit eine der "etablierten" politischen Parteien noch die machttragenden politischen Kreise auszugrenzen. Im Gegenteil! Sie mußte sich geradezu vor jeder Borniertheit hüten, wenn sie auf den Verlauf des Einigungsprozesses realen Einfluß erlangen wollte. Die Komiteebewegung hat unverkennbar und nachdrücklich die potentielle Bereitschaft nicht weniger Bürger, in erster Linie Ostdeutschlands, artikuliert, sich in die Gestaltung einer demokratischen, nach der Verfassung für jedermann Gerechtigkeit und Gleichheit bietenden, versöhnenden und somit integrierenden deutschen Vereinigung einzuschalten und dabei mit politischen Parteien und den Regierenden zusammenzuarbeiten, wobei durchaus Druck von unten ausgeübt werden sollte, damit dieser Weg auch tatsächlich eingeschlagen und das in den Komitees zusammengefaßte Bürgerengagement als politischer Partner angenommen werde. Die Leipziger Dezemberlosung von 1989, "Wir sind ein Volk", sollte, so scheint uns, im Grunde wiederbelebt werden - diesmal allerdings mit einem Angebotsgehalt an die Regierenden.

Keineswegs zufällig ging der Ruf, das Volk solle in seine Geschicke selbst eingreifen, vom Osten Deutschlands aus. Unbestreitbar stellte sich der Einigungsprozeß für die Ostdeutschen als Anschluß an die Alt-BRD bei weitgehendem Verlust der Gleichbehandlung und Gleichstellung, bei weitgehender Nichtakzeptanz ihrer Wertevorstellungen und ihrer Würde dar. Dies nahmen und nehmen immer mehr Ostdeutsche nicht mehr schweigend hin. Darauf baute die Komiteebewegung, wie sie zugleich die Selbstbestimmung der Ostdeutschen befördern wollte. Vor allem aber verfügen die Ostdeutschen über politische Erfahrungen, daß sie, wenn sie es wollen, gesellschaftliche, ja sogar staatliche Veränderungen durchzusetzen vermögen. Mit der Parole "Wir sind das Volk" griffen sie 1989 zusammen mit anderen Kräften in die Angelegenheiten ihres damaligen Staates ein. Das ist im ostdeutschen Volksbewußtsein noch lebendig. Auf diese Erfahrungen setzte offenbar die Komiteebewegung. Sie unternahm den Versuch, den Umgestaltungswillen der Ostdeutschen aus dem Jahre 1989 wieder zu entfachen, damit dieser in den Einigungsprozeß zum Nutzen aller in Deutschland lebenden Menschen eingebracht werde. Überdies konnte gerade von den Ostdeutschen - erhärtet durch Lehren aus der Zeit des Umbruchs in der DDR - angenommen werden, daß sich, wenn sie zum Eingreifen mobilisierbar waren, der Einigungsprozeß friedlich und demokratisch gestalten lassen könnte.

Diese, aus Materialien der Komitees für Gerechtigkeit erkennbaren Motive waren weittragender Natur. Ließen sie sich realisieren, waren sie unter Umständen geeignet, bis zu einer Weiterentwicklung des bürgerlichen Demokratiesystems in Deutschland hinzuführen. Von der Komiteebewegung wurde wiederholt angeregt, die DDR-Erfahrung mit "Runden Tischen" aufzugreifen und diese als Gremien mit Rechtscharakter und Rechtsbefugnissen zu verankern. So konnten möglicherweise mit Rechten ausgestattete Bürgerinstitutionen entstehen, die es erlaubten, Vertretungsdemokratie durch unmittelbare Bürgerdemokratie zu ergänzen, was für ein

Ausbalancieren von Interessenunterschieden und für ein Vorbeugen politischer Konflikte bzw. für ihre Bewältigung durch Kompromißfindung immer unerläßlicher wird. Das konnte ohne Zweifel auch bedeutsam und vielleicht sogar stimulierend für einen europäischen Einigungsprozeß sein. Die Idee der Komiteebewegung, im Staatsgefüge eine dritte Kammer als ostdeutsche Interessenvertretung zu schaffen, stellte ein neues, bedeutsames, keineswegs konkret-historisch begrenztes Demokratieelement dar. Sie entsprach dem Erfordernis, auf längere Sicht der ostdeutschen Bevölkerungsminorität gleichberechtigte Interessenvertretung neben der westdeutschen Bevölkerungsmajorität zu ermöglichen. Ihre Verwirklichung könnte internationale Bedeutung erlangen, ist doch das Problem, Minderheiten reale Interessenwahrnehmung einzuräumen, heute allgemein noch nicht gelöst; es bildet sogar, wie Vorgänge vielerorts lehren, ein folgenschweres Konfliktpotential. Deutschland wäre also in die Lage gebracht, sich auf dem bedeutsamen Feld der Demokratieentwicklung übernational und überstaatlich auf eine neue, friedens- und fortschrittsfördernde Weise darzustellen.

Das zweite Angebot der Komiteebewegung zur Bewältigung des grundlegenden politischen Konflikts im deutschen Einigungsprozeß kann mit den Worten umrissen werden: Bürgerbewegung neben Parteienvertretung. Unseres Erachtens war es durchaus logisch, daß sich die Bewegung Komitees für Gerechtigkeit als Bürgerbewegung konstituierte und zu entwickeln suchte. Ihrer Entscheidung, möglichst breite Volkskreise als politische Akteure im deutschen Einigungsprozeß zu mobilisieren und diesem eine stabile Massenbasis zu sichern, mußte eine angemessene Organisationsform gegeben werden. Einer gesamtgesellschaftlichen Aufgabe entsprach am besten eine gesamtgesellschaftliche Organisation. Die Form der Bürgerbewegung schien die geeignetste zu sein. Sie bot den notwendig breiten Organisationsrahmen, um Bürger unabhängig von ihrem politischen, weltanschaulichen oder religiösen Standort zu gemeinsamen politischen Handeln für eine demokratische Wende im Einigungsprozeß zusammenführen zu können. Auch hierfür lagen Erfahrungen der Ostdeutschen aus der "Wende"zeit vor. Die Formierung der Komiteebewegung als Bürgerbewegung hatte zudem den Vorteil, daß sie von sich aus nicht als ein parteipolitischer Konkurrenzfaktor in Erscheinung trat. Dies hätte sie ohne Zweifel von vornherein von der erstrebten Breite abgeschnitten. Vielmehr bot sie durch ihren Bürger- und gesamtgesellschaftlichen Charakter allen politischen Parteien die Möglichkeit, in und mit ihr in einer konzertierten Bewegung, in konzertierten Aktionen die sich aus dem Einigungsprozeß ergebenden Aufgaben zu bewältigen. Die Komiteebewegung entstand daher ihrem Wesen nach als eine gesamtgesellschaftliche, überparteiliche Bewegung. Sie wollte selbst keine Partei sein und keine der existierenden Parteien in Frage stellen.

Hinzu kommt, daß sich die Komiteebewegung mit ihrer Entscheidung für die Form einer nichtparteigebundenen, gesamtgesellschaftlichen Bürgerbewegung auf basisdemokratische Arbeits- und Strukturformen festlegte. Auch das war die logische Folge aus ihrem bekundeten Willen, breite Volkskreise zu politischer Selbständigkeit zusammenschließen zu wollen. Zudem konnte die basisdemokratische Arbeitsweise der Komiteebewegung ein Experimentier- und Erfahrungsfeld sein, um die für die Bewältigung des grundlegenden politischen Konflikts im deutschen Einigungsprozeß erforderliche politische Kultur herauszubilden - sicher unter Inanspruchnahme einer längeren Zeit und unter Hinnahme von zeitweiligen Effektivitätsverlusten, die bei einem derartig tiefgreifenden Prozeß kaum vermeidbar auftreten. Der Ansatz der Komiteebewegung, basisdemokratisch zu arbeiten und die Gesamtorganisation demgemäß von "unten nach oben" zu strukturieren, wobei die Autonomie der Basis gesichert bleiben sollte, war durchaus auch als Angebot an andere Organisationen aufzunehmen. Die Komiteebewegung stellte sich somit einer Aufgabe, die, wenn sie erfolgreich gelöst werden konnte, einen Beitrag zur Demokratiebeförderung für verschiedene Organisationsebenen des Staates und der politischen Parteien bedeuten würde.

Schließlich unterbreitete die Bewegung Komitees für Gerechtigkeit nach unserer Überzeugung durchaus geeignete Inhaltsangebote, wie und auf welche Weise der im deutschen Einigungsprozeß bisher aufgelaufene grundsätzliche politische Konflikt und andere politische Konflikte bei partnerschaftlichem Vorgehen zu bewältigen sind. In konzentrierter und relativ umfassender Form finden sie sich in den schon genannten "Ziele(n) und Programmatischen Forderungen der Komitees für Gerechtigkeit in der Bundesrepublik Deutschland". Dieses Dokument lag bereits 16 Monate nach dem Gründungsappell vor. Dazu trug sicher bei, daß seine Verfasser auf vorangegangene Dokumente, in denen Teilaspekte erarbeitet waren, zurückgreifen konnten. Wir verweisen hier auf den Gründungsappell vom 11. Juli 1992, auf das Diskussionsangebot für künftige Mitglieder der Komitees für Gerechtigkeit vom 11. Juli 1992, auf den von Erstunterzeichnern des Gründungsappells herausgegebenen Brief an alle Komiteemitglieder vom 1. Oktober 1992, auf die Politische Erklärung des 1. Bundeskongresses der Komitees für Gerechtigkeit vom 24. April 1993 und auf die Grundsätzlichen Positionen des Bundesverbandes der Komitees für Gerechtigkeit in der Bundesrepublik Deutschland zur Situation im dritten Jahr nach der staatlichen Einigung vom 2. Oktober 1993.

Die "Ziele und Programmatischen Forderungen" der Komiteebewegung umfassen drei Hauptteile. Im ersten Teil werden die grundsätzlichen Ziele und Forderungen zur Durchsetzung von Demokratie und Rechtsstaatlichkeit im deutschen Einigungsprozeß benannt. Der Bezugspunkt ist der deutsche Einigungsprozeß, um ihn, um seine Gestaltung geht es unmittelbar, wenngleich er als Bestandteil des europäischen Einigungsprozesses verstanden wird. Die Ausgangsprämisse besagt, daß ein von der Mehrheit der Bürger Deutschlands mitgetragenes Konzept der Vereinigung zu entwickeln ist und geeignet sein muß, eine Wende in der bisherigen Vereinigungspolitik herbeizuführen. Hierfür werden im weiteren die Tätigkeitsfelder und Aufgaben umrissen.[22] Die formulierten Aussagen und Orientierungen be-

---

[22] Siehe Dokument I/14

kunden den integrativen Charakter der Bestrebungen und Aktionen der Komiteebewegung, das heißt, sie sind darauf gerichtet, die tatsächliche Vereinigung Deutschlands zu erreichen und zu vollenden. Ein zentrales Thema ist dabei Gerechtigkeit. Das Angebot der Komiteebewegung zur partnerschaftlichen Bewältigung des grundlegenden politischen Konflikts und anderer politischer Konflikte zielt nicht auf die Verwirklichung einer allgemeinen, abstrakten Gerechtigkeitsforderung. Vielmehr steht das Verlangen nach Gerechtigkeit im Kontext des deutschen Einigungsprozesses und seinen bisherigen fundamentalen Ungerechtigkeiten. Als Maßstab der anzustrebenden und durchzukämpfenden Gerechtigkeit wird eindeutig das Grundgesetz postuliert - prononciert der darin enthaltene Gleichheitsgrundsatz, daß niemand wegen "seines Geschlechtes, seiner Abstammung, seiner Rasse, seiner Sprache, seiner Heimat und Herkunft, seines Glaubens, seiner religiösen oder politischen Anschauungen benachteiligt oder bevorzugt werden" darf (Art. 3 Abs. 3), sowie der Artikel 20, der den demokratisch-rechtsstaatlichen Charakter der Bundesrepublik beschreibt und im Absatz 4 jedem das Widerstandsrecht gegen jeden zubilligt, der diese Grundlage antastet. Die Komitees ordnen hierin auch die von ihnen bereits vielfach erhobene Forderung ein, die den Ostdeutschen im Einigungsvertrag zugebilligten Rechte zu akzeptieren und voll zur Anwendung zu bringen. Gleichheit und Demokratie - das sind die vorrangig bestimmten Gerechtigkeitsinhalte im Handlungsangebot der Komiteebewegung. Damit zeigen die Komitees für Gerechtigkeit zugleich an, daß sie als Verteidiger des Grundgesetzes in einer Zeit auftreten, in der sich ernstzunehmende Verletzungen des Grundgesetzes zum Nachteil vieler Deutscher und in Deutschland lebender Ausländer offenbaren.

Im zweiten Hauptteil werden die politischen Forderungen auf den Gebieten der Wirtschafts-, Boden- und Wohnungs-, Sozial-, Kultur-, Finanz- und Steuerpolitik beschrieben[23], deren Verwirklichung nach Ansicht der Komiteebewegung geeignet ist, die geforderte Wende im Einigungsprozeß herbeizuführen und ihm einen demokratischen, auf Gleichberechtigung und Gerechtigkeit ausgerichteten Charakter zu verleihen. Dabei geht die Bewegung, wie aus ihren Aussagen zu entnehmen ist, von der Überzeugung aus, daß von der Bewältigung der in Ostdeutschland aufgelaufenen Konflikte letztlich auch die Lösung bestehender oder sich neu herausbildender Entwicklungsprobleme in Westdeutschland beeinflußt wird.

Im dritten Hauptteil werden Aussagen über die Arbeitsweise der Komitees getroffen. Bemerkenswert ist hier vor allem die Orientierung auf eine "Koalition der Vernunft im deutschen Einigungsprozeß"[24]. Darunter wird die Bereitschaft der Komiteebewegung verstanden, mit allen zusammenzuarbeiten, die für Gerechtigkeit, Recht und Gesetz im deutschen Einigungsprozeß, für die Aussöhnung zwischen den ehemaligen politischen Gegnern in den beiden deutschen Staaten, für ein

---

[23] Ebenda

[24] Ebenda

solidarisches Deutschland, gegen Neonazismus, Revanchismus und Ausländerfeindlichkeit und für eine vereinte Willensanstrengung zur Veränderung des Stils politischer Tätigkeit eintreten.

Dieses programmatische Angebot zur Konfliktbewältigung stellt nach unserer Auffassung ein auf dem Boden des Grundgesetzes stehendes reformerisches Programm dar, das geeignet ist, konfliktbewältigend und integrativ zu wirken, die demokratische Gestaltung des deutschen Einigungsprozesses zu befördern und eine auf Humanismus, Toleranz, Demokratie und Gerechtigkeit gegründete Vereinigung tatsächlich zu erreichen.

*

Die Bewegung Komitees für Gerechtigkeit - erst Mitte des Jahres 1992 ins Leben gerufen - ist noch zu jung, um über eine Geschichte im Sinne historischer Bewertbarkeit zu verfügen. Sie ist eine Bewegung, die lebt und sich politisch betätigt. Eine Aussage über ihren Platz in der jüngsten deutschen politischen Geschichte verbietet sich daher. Aber einige wertende Feststellungen können unseres Erachtens durchaus getroffen werden.

Der Komiteebewegung kommt das Verdienst zu, die tiefe Krise des deutschen Einigungsprozesses und den Charakter seines grundlegenden politischen Konflikts maßgeblich ins öffentliche Bewußtsein gesetzt zu haben. Schon einige Zeit schwelten Krise und Konflikte unter der Oberfläche allgemeiner Öffentlichkeit. Die Komiteebewegung stellte sie zur allgemeinen Debatte. Eine große Erwartung, Aufgeschlossenheit und anfängliche Unterstützungsbereitschaft gegenüber den Komitees für Gerechtigkeit bemächtigte sich nicht weniger Bürger vornehmlich im Osten Deutschlands, weil ihre Misere nunmehr öffentlich benannt war und weil sie nicht mehr gewillt waren, diese widerstandslos hinzunehmen.

Das politische Establishment war gezwungen, zum Verlauf des Einigungsprozesses Stellung zu nehmen. Von einem Teil erfolgte dies in der Absicht, den grundlegenden politischen Konflikt zu bagatellisieren. Diese Verteidigungsreaktion läßt sich jedoch immer weniger durchhalten, zumal ein anderer Teil des politischen Establishment stärker auf eine Konsenssuche zwischen den Hauptpartnern des Konflikts und dabei mehr und mehr auf Mitentscheidungsmöglichkeiten der ostdeutschen Öffentlichkeit nach deren eigenen Vorstellungen setzt. Beide Gruppen der Herrschenden in Deutschland verfolgten und verfolgen weiterhin das ihnen gemeinsame Interesse, das kapitalistische System erneut in ganz Deutschland fest und möglichst dauerhaft zu verankern. Trotzdem gelang es bisher nicht, daß sich die flexibleren Positionen durchsetzen konnten. Engstirnigkeit, Unbeweglichkeit und wenig Neigung, auf einander zuzugehen, stehen aber im Gegensatz zu den Prinzipien eines demokratischen Rechtsstaates, dessen wichtiges und wertvolles Gut doch die Fähigkeit sein soll, unterschiedliche Interessen auszubalancieren, politische Konflikte einer Bewältigung zuzuführen und damit gleichzeitig die staatliche Organisation durch Anpassung an neue Entwicklungen zu stärken. Ist es nicht an der Zeit, davon Gebrauch zu machen und den Ostdeutschen einzuräumen, Partner in der Konfliktregulierung zu sein, damit es zu einer wirklichen Vereinigung der Deutschen kommt? Ist der deutschen Bourgeoisie hier nicht von der Geschichte wieder eine Chance eingeräumt, ihre kleinlich-deutsche Art, politische Widersacher nur niederzukämpfen, endlich zu verlassen und mehr Konsens, mehr demokratische Mitsprache des Volkes zu wagen, statt die eigenen Interessen gruppenegoistisch, und somit den inneren Frieden störend, durchzusetzen? Auch für Europa wäre dies wichtig. Der deutsche Einigungsprozeß läuft zeitgleich mit einer neuen Etappe der europäischen Einigung ab. Diese gelingt nur mit Deutschland - das bezweifelt niemand. Doch kann der deutsche Einigungsprozeß in seiner jetzigen Ablaufform ein Beispiel für Europa sein? Nach unserer Meinung benötigt Europa dazu Konsens und keine Ausgrenzung; die Interessen aller Staaten - der großen wie der kleinen - stehen gleichwertig nebeneinander; vielleicht müssen die "Schwächeren" sogar mehr geschützt werden; in jedem Falle aber können und müssen die Erfahrungen und Sehnsüchte aller berücksichtigt werden. Deutschland sei dazu bereit, wird gesagt. Als Beweis hat es die große Chance, die erwartete politische Kultur im deutsch-deutschen Einigungsprozeß Europa vorzuleben.

Die Bewegung der Komitees für Gerechtigkeit offenbarte eine bemerkenswerte politische Reife, indem sie die aus dem Verlauf des deutschen Einigungsprozesses erwachsenen Gefahren für den Zusammenschluß der Deutschen und darüber hinaus auch der Europäer offen benannte und Wege für deren Abwendung wies. Wenn der Bewegung auch bisher eine breite Unterstützung aus verschiedenen Gründen versagt geblieben ist, so kann sie dennoch für sich in Anspruch nehmen, dazu beigetragen zu haben, daß verantwortungsbewußte Politik an den Konflikten des Einigungsprozesses heute nicht mehr vorbeigehen kann. Manche der Ideen und Anregungen der Komiteebewegung für eine Wende im Einigungsprozeß sind inzwischen Bestandteil politischer Tagesarbeit. Die Forderung der Komiteebewegung nach Gerechtigkeit, im Jahre 1992 noch verpönt und als Anmaßung und utopistisch abqualifiziert, ist gegenwärtig bereits in Plattformen politischer Parteien zu erkennen.

Die Komiteebewegung vermochte nicht, eine Kursänderung im Vereinigungsprozeß herbeizuführen. Der hauptsächliche Grund hierfür ist in der Weigerung der herrschenden politischen Führungsgruppe in Deutschland zu finden, die Komiteebewegung mit ihren Absichten und Zielen als politischen Partner bei der Bewältigung der politischen Konflikte im Einigungsprozeß offiziell anzunehmen. Das wirft die generelle Frage auf, unter welchen Voraussetzungen eine Bewältigung politischer Konflikte mit demokratischen Mitteln möglich ist. Wir gehen bei der Verwendung des Begriffs "Bewältigung" davon aus, daß Kontrahenten eines politischen Konflikts diesen durch gemeinsame Kompromißfindung im Rahmen des bestehenden Staates und auf der Grundlage seiner Verfassung mehr oder weniger zeitweilig regeln, neutralisieren oder außer Kraft setzen, ohne daß seine sozialökonomische und politische Entstehungsgrundlage jedesmal dauerhaft beseitigt wird. Nach unserer Auffassung ist die Bewältigung eines politischen Konflikts - in unserem Fall der aus dem Verlauf des deutschen Einigungsprozesses entstandene grundlegende politische Konflikt - nur mit demokratischen Mitteln möglich, das heißt, er muß zumindest die Elemente Partnerschaft und Kompromißbereitschaft aufweisen, soll das demokratisch verfaßte oder darauf Anspruch erhebende Gemeinwesen nicht beschädigt werden. Kommt eine demokratische Konfliktbewältigung unter den genannten Bedingungen nicht zustande, so wird die Konfliktbewältigung entweder vertagt, wobei sich der Konflikt weiter verschärft und die Kompromißfindung erschwert wird, oder es werden von der herrschenden politischen Gruppe einseitig Maßnahmen zur Unterdrückung des Konflikts ergriffen, die ihrem Wesen nach diktatorisch sind und die demokratischen Rechte von Teilen des Gemeinwesens oder des Gemeinwesens als Ganzes einschränken oder gar abbauen. Wir sind, wie gesagt, der Meinung, daß die Komiteebewegung nicht nur Wege gezeigt hat, wie die im bisherigen Einigungsprozeß entstandenen Ungerechtigkeiten und Ungleichheiten abgebaut werden können. Sie ist vielmehr als Verteidiger der demokratischen Verfassungsrechte, insbesondere des Gleichheitsgrundsatzes, wie der bürgerlich-parlamentarischen Demokratie überhaupt in Erscheinung getreten. Die Komiteebewegung kann daher ihrem Wesen nach als eine patriotische Bewegung im Rahmen der bürgerlich-kapitalistischen Bundesrepublik Deutschland gesehen werden.

Die Komiteebewegung entstand mit dem Anspruch, eine gesamtgesllschaftliche Bewegung zu sein. Faktisch formierte sie sich überwiegend als eine ostdeutsche Bewegung. Das ist nur zu natürlich, trat der grundlegende politische Konflikt zuerst in den vom Verlauf des Einigungsprozesses vor allem betroffenen ostdeutschen Ländern in Erscheinung. Es liegt demzufolge in der Natur der Sache, daß die Komiteebewegung einer der Interessenanwälte der Ostdeutschen wurde. Die vorrangige Verfolgung der ostdeutschen Konfliktbewältigung sollte, wie wir meinen, als Hebel für gesamtdeutsche Veränderungen im Rahmen der bundesdeutschen Verfassung dienen, was allerdings auch deren weitere Ausgestaltung einschloß. Dennoch würde es den Zielen und Zwecken der Komiteebewegung zuwider laufen, sie auf die Rolle einer ostdeutschen Bewegung begrenzen zu wollen. Von ihr gingen Angebote zur demokratischen Wende im deutschen Einigungsprozeß in seiner Gesamtheit aus. Wie überhaupt die Komiteebewegung als Verfechter gesamtgesellschaftlicher Interessen auf der Grundlage eines gesamtgesellschaftlichen Programms verstanden werden wollte. Ihr Programm weist sie als eine konstruktive politische Bürgerbewegung aus, die - im Unterschied zu der einen oder anderen Bürgerbewegung - keineswegs nur gegen bestimmte politische Konflikte angeht, sondern für deren Bewältigung Wege zeigt.

Aber auch dies muß man beachten: Nach der Präambel des geltenden Grundgesetzes der Bundesrepublik Deutschland ist "in freier Selbstbestimmung die Einheit und Freiheit Deutschlands vollendet". Die Ostdeutschen leisteten mit ihren politischen Aktionen 1989 und Anfang 1990 hierfür einen aktiven Beitrag; die Westdeutschen stellten die Möglichkeiten des Beitritts bereit. Danach kam jedoch eine Umkehr der Verhältnisse: Die alte Bundesrepublik übernahm den politischen Taktstock. Beitritt hieß nicht Vereinigung, sondern Anpassung. Die Ideen dazu lieferten Westdeutsche. Die Ostdeutschen hatten diese anzunehmen. Sie wurden, nachdem sie alles Frühere aufgegeben bzw. abgegeben hatten, nur noch als Erblast empfunden. Ihnen wurde eingeredet, daß allein das DDR-Erbe für die auftretenden Schwierigkeiten bei der Vereinigung verantwortlich sei. Das demütigt, das hält nieder. Daher neigten und neigen - das läßt die mangelnde Massenkraft der Komiteebewegung nicht übersehen - viele Ostdeutsche immer noch mehr zur Anpassung. Sie hatten "Ja" zur Einheit Deutschlands gesagt und sich dabei ausschließlich Positives erhofft, aber nicht bedacht, daß es neben gesellschaftlichen Interessen ganz andere Interessen in der selben deutschen Republik gibt. Sie hatten keine Erfahrungen, keine Lobby, um im neuen, konfliktreichen Leben von Anfang an besser zu bestehen. All das war von der Komiteebewegung allein nicht zu kompensieren.

Zudem: Der Appell zur Gründung von Komitees für Gerechtigkeit richtete sich gleichermaßen an die Westdeutschen, zündete aber dort nur vereinzelt. Die Bürger der alten Bundesländer waren in den Einigungsprozeß ohne Vorwarnung gekommen und großenteils Betrachter geblieben. Der Boden für gesamtdeutsche Massenaktivitäten - und seien es politische Diskussionen um den zukünftigen Weg - war nicht bereitet. Das konnten auch die Komitees nicht umkehren.

Zur kritischen Betrachtung der Komiteebewegung gehört zu sehen, daß sie alsbald mehr durch ihre örtlichen Aktivitäten wahrgenommen wurde; ihre erklärten Ambitionen, vor allem als gesamtgesellschaftliche politische Bürgerbewegung mit einem gesamtgesellschaftlichen politischen Anliegen zu wirken, trat mehr und mehr zurück. Die Komitees wurden faktisch zu einer Bürgerbewegung unter weiteren; sie ordneten sich ein. Ohne Zweifel gibt es hierfür objektive Gründe, aber subjektive sind ebenso auszumachen. Die Komiteebewegung entstand mehr oder weniger spontan. Ihr fehlte in der Gründungsphase ein weitsichtig angelegtes, sowohl die ostdeutsche als auch die westdeutsche Konfliktlage widerspiegelndes Konzept. Die Komitees waren daher längere Zeit nicht nur mit Organisationsfragen, sondern in starkem Maße mit ihrer Inhalts- und Strukturfindung befaßt. Statt alsbald als gesamtgesellschaftliche Kraft politisch konstruktiv wirksam zu werden, ging Zeit und Energie für die Innenklärung verloren. Vor allem aber konnte so ihr Anspruch, gesamtdeutsche Interessen zu vertreten, nicht überzeugen. Dem ersten Zulauf zu den Komitees folgten keine weiteren, insbesondere nicht im Westen Deutschlands. Zudem waren Gegendruck und Boykott in der Öffentlichkeit Begleiter seit dem Entstehen der ersten Komitees. Aktionshemmend wirkte das Fehlen von Geld und Organisationsmitteln sowie die geringen Möglichkeiten der Masseninformation. Nach nur vier Ausgaben mußte die bewegungseigene Zeitung "HochDruck" ihr Erscheinen schon wieder einstellen. Jedenfalls ist anzumerken, daß die Komiteebewegung die für die etablierten politischen Kräfte beunruhigende Ausstrahlung relativ schnell verlor. "Die ruhigen Zeiten für die Parteien sind vorbei ...", heißt es noch im Sommer 1992 in der FAZ.[25] Doch schon im Oktober liest man: "Bonn zitterte, dem Kanzler graute. Was da im Osten dräute, galt im Sommer als Massenbewegung und Einheits-Rache. Zwei Monate später lachen die Politiker über die eigene Angst. Der Kanzler kann nun wieder ganz ruhig schlafen."[26]

Die Erstunterzeichner des Appells haben sich mit ihrer Initiative zweifellos politisch verdient gemacht. Sie sind in vielfacher Hinsicht Vordenker auf dem noch vor uns liegenden Weg zur inneren Einheit Deutschlands. Ihr Einfluß auf die weitere Entwicklung der Komiteebewegung war allerdings begrenzt, weil sie sich nicht als Vor- und Mitmacher verstanden und weil hinter ihnen keine Hausmacht stand, deren die Komiteebewegung jedoch dringend bedurfte.

Im Frühjahr 1992 zeichnete sich der sogenannte Einheitsfrust bei vielen Menschen ab; bei den Ostdeutschen, weil sie "Bürger zweiter Klasse" geworden waren, bei den Westdeutschen, weil sie für einen ihnen verhältnismäßig fremden Prozeß zahlen sollten. Bürger, Parlamentarier und Parteien diskutierten, aber getrennt. In Ostdeutschland entstanden Tausende von Vereinen, die alle auf einzelnen Gebieten die Interessen der Menschen vertreten wollten. Da hätte die Koordinierung in den Überlegungen der Komiteegründer eine größere Rolle spielen sollen. Erst später kam es zu abgestimmtem solidarischen Verhalten, zu gemeinsam getragenen Aktionen. Aber als unbestreitbares Verdienst der Komiteeinitiatoren bleibt, darauf hingewiesen zu haben, daß die Ostdeutschen ihre Interessen selbst vertreten müssen.

Die Entstehung der Komiteebewegung entsprach einem herangereiften gesellschaftlichen Bedürfnis. Sie motivierte eine nicht geringe Zahl von Bürgern, sich für den mühevollen Streit für mehr Gerechtigkeit in Deutschland zu engagieren. Wichtige politische und organisatorische Erfahrungen konnten gesammelt werden. Dazu gehört auch die Offenheit gegenüber anderen Bewegungen und Verbänden. So ist die Bewegung Komitees für Gerechtigkeit nicht von ungefähr Förderer und Mitglied des Ostdeutschen Kuratoriums von Verbänden. Die Ziele und Zwecke, für die sie entstand, werden also weitergetragen, um sie wird weiter gestritten.

---

[25] Frankfurter Allgemeine Zeitung vom 13.7.1992

[26] Berliner Zeitung vom 13.10.1992

Zweiter Teil

Dokumente und Materialien der "Komitees für Gerechtigkeit"

I. Grundsatzdokumente der Komitees für Gerechtigkeit

Dokument I / 1

Diskussionsangebot für künftige Mitglieder der Komitees für Gerechtigkeit vom 11. Juli 1992

I.

Das gemeinsame Anliegen der Unterzeichnerinnen und Unterzeichner des Appells ist bestimmt von Humanismus und Demokratie, von der Notwendigkeit ökologischer Umgestaltung, sozialer Gerechtigkeit, Abschaffung von Armut, Elend und Unterdrückung auf dieser Welt und von Auffassungen über eine Gesellschaft, in der Bildung und Kultur einen hohen Stellenwert besitzen.

Die Verfasserinnen und Verfasser dieses Diskussionsangebotes gehen davon aus, daß sich der deutsche Einigungsprozeß praktisch leider so vollzieht, daß die Chancen für ein neues Deutschland, das dem oben genannten Anliegen entspricht, vertan werden. Wir alle müssen erleben, wie den Menschen in den neuen Bundesländern mit Ver- und Mißachtung, Fremdbestimmung, politischer, sozialer und kultureller Ausgrenzung begegnet wird. Am demütigendsten für sie ist das scheinbare Mitleid für ihr Leben in den vergangenen Jahren und Jahrzehnten, mit dem sie nicht nur für armselig, sondern zugleich für unfähig und unwissend erklärt werden.

Die Geschichte der DDR wird, ohne sie in die historischen Zusammenhänge zu stellen, auf ihren repressiven Charakter reduziert. Zugleich wird versucht, die Mehrheit der Bürgerinnen und Bürger der neuen Bundesländer mit dem zweifellos vorhanden gewesenen repressiven Charakter der DDR so in Verbindung zu bringen, daß ihr Selbstwertgefühl immer weiter zerstört wird.

Die jüngere deutsche Geschichte beginnt aber spätestens mit dem ersten Weltkrieg und ist ohne die Verbrechen des Nationalsozialismus und des zweiten Weltkrieges sowie seinen Folgen, einschließlich der Zeit des "Kalten Krieges", nicht gerecht, differenziert und den historischen Zusammenhängen entsprechend aufzuarbeiten.

II.

Die Wirtschaft in den neuen Bundesländern wird für die Wirtschaft in den alten Bundesländern paßgerecht gestaltet. Damit ist eine einzigartige Deindustrialisierung und Massenarbeitslosigkeit verbunden.

Die Landwirtschaft wird in den neuen Bundesländern so stark reduziert, bis sie keine Konkurrenz für die der alten Bundesländer mehr darstellt. Das bedeutet, daß bereits hunderttausende Frauen und Männer auf dem Lande ihre Arbeit verloren haben und ganze Gegenden veröden.

Hunderttausende werden aus Verwaltung, medizinischen Einrichtungen, Schulen, Fachschulen, Hochschulen, Universitäten, Forschungseinrichtungen der Betriebe und Kultureinrichtungen verdrängt. Notwendige Erneuerungen von innen wurden kaum zugelassen, statt dessen wurde von außen "westlich" bestimmt, und zwar in personeller und inhaltlicher Richtung.

Politische Ausgrenzung erfolgt in der Regel ohne Nachweis individueller Schuld.

Fachliche Ausgrenzung vollzieht sich anmaßend. Professoren aus den alten Bundesländern, die niemand auf ihre fachliche Eignung hin überprüft, entscheiden willkürlich, ob Wissenschaftlerinnen und Wissenschaftler der ehemaligen DDR heruntergestuft oder gekündigt werden.

Ob in Wirtschaft, Medien, Kultur, Politik, Verwaltung oder Justiz, überall erklären Menschen aus den alten Bundesländern denen aus den neuen, was sie zu tun oder zu unterlassen, zu denken oder zu fühlen haben. Damit wird ein Zusammenwachsen in Deutschland immer schwieriger, wenn nicht unmöglich gemacht. Soweit Persönlichkeiten aus der ehemaligen DDR öffentlich wirksam sind, eigenständig und nicht unterwürfig auftreten, werden sie häufig demontiert und verleumdet.

Diese Vorgänge werden nicht dadurch besser, daß sich auch Bürgerinnen und Bürger der ehemaligen DDR daran beteiligen. Wir wissen auch, daß es nicht wenige Menschen in den alten Bundesländern gibt, die dort oder in den neuen Bundesländern engagiert und aufrichtig um die Lösung in Ostdeutschland entstandener Probleme ringen. Wir verkennen nicht die großen ökonomischen, ökologischen, politischen und moralischen Probleme, die durch die Realitäten in der DDR entstanden sind.

Dennoch ist der Ansatz falsch, die neuen Bundesländer lediglich als Anschlußgebiet der Bundesrepublik Deutschland zu betrachten und deshalb nur zu überlegen, wie die Menschen und Gegebenheiten in den neuen Bundesländern denen in den alten angepaßt werden können. Es gab Beziehungen, Werte, Leistungen in der DDR, die Respekt verlangen, die sogar fortschrittlich für die BRD gewesen wären. Ein Vereinigungsprozeß hätte erfordert, gegenseitig genau hinzusehen und nicht den neuen Bundesländern ein ihnen fremdes System einfach überzustülpen, hätte verlangt, zum Teil neue Lösungen für beide Seiten zu finden.

In der Bundesrepublik Deutschland hatte sich ein bestimmtes Spektrum von Parteien, Gewerkschaften, Vereinigungen und anderen Organisationen herausgebildet. Adäquate Organisationen in der DDR wurden seit dem Herbst 1989 gebildet bzw. politisch reaktiviert und erneuert. Mit der deutschen Einheit haben sie zumeist Partner in der BRD gefunden und mit ihnen fusioniert. Das Ergebnis ist, daß sie nur begrenzt in der Lage sind, die spezifischen ostdeutschen Interessen zu artikulieren, einzubringen, geschweige denn durchzusetzen. Sie sind sämtlichst westdominiert bis in die Kirchen hinein. Ostdeutsche Organisationen sind selten geworden und spielen - soweit es sie noch gibt - nur eine relativ geringe öffentlichkeitswirksame Rolle.

III.

Die Situation in den neuen und alten Bundesländern kann in wesentlichen Zügen wie folgt unterschieden und beurteilt werden:

1. Die Deindustrialisierung in den neuen Bundesländern setzt sich ebenso fort wie der Rückgang der landwirtschaftlichen Produktion. Ungeklärt sind die sogenannten Altschulden für die Betriebe und die Wohnungen in den neuen Bundesländern.

   Die zunächst einsetzende Konjunktur in den alten Bundesländern läßt deutlich nach.
2. In den neuen Bundesländern herrscht Massenarbeitslosigkeit. Besonders betroffen sind Frauen und Alleinerziehende. Über die Hälfte der Arbeitsplätze in der ehemaligen DDR ist bereits vernichtet.

   Das führt dazu, daß viele Menschen aus dem Osten ihre Chance auf dem Arbeitsmarkt im Westen suchen, wodurch sich die Konkurrenz zwischen Arbeitnehmerinnen und Arbeitnehmern in ganz Deutschland erhöht.
3. Immer mehr Arbeitslose, viele Rentnerinnen und Rentner sowie Menschen mit Behinderungen in den neuen Bundesländern erleben erstmalig die sozial demütigende Stellung als Sozialhilfeempfängerin und Sozialhilfeempfänger. Deren Zahl steigt auch in den alten Bundesländern.
4. Die Unterschiede zwischen den Einkommen der Menschen in den alten und neuen Bundesländern sind nach wie vor erheblich. Das gilt für alle Arten von Bezügen, obwohl die Waren in den neuen Bundesländern häufig sogar teurer angeboten werden. Lediglich Wohnungsmieten und ähnliche Kosten sind in den neuen Bundesländern noch niedriger.

   Menschen aus den alten Bundesländern, die in den neuen in der Regel die gut bezahlten Posten in Wirtschaft, Politik, Wissenschaft, Verwaltung, Justiz und Kultur übernehmen, erhalten Westlöhne und Zuschläge, so daß die sozialen Unterschiede noch künstlich forciert und erlebbar gestaltet werden.
5. Wohnungsnot herrscht in den neuen und alten Bundesländern. Die Mieten in den neuen Bundesländern sind bereits beachtlich gestiegen und sollen ab Januar 1993 weiter steigen, obwohl die Entwicklung der Einkünfte eine soziale Verträglichkeit nicht möglich macht. Die Mieten in den alten Bundesländern sind bereits für viele sozial völlig unverträglich.

6. Soziale, kulturelle, wissenschaftliche und sportliche Einrichtungen in den neuen Bundesländern werden entweder geschlossen oder in ihren Angeboten reduziert und teurer.

   Die Zahl der Lehrerinnen und Lehrer wird verringert, Klassenfrequenzen werden dadurch erhöht und das Bildungsniveau damit gesenkt. Die Forschungseinrichtungen in Betrieben werden ausgegliedert und zumeist geschlossen. Von den über 50 Universitäten und Hochschulen der DDR sollen mehr als die Hälfte geschlossen werden. Die Zahl der Mitarbeiterinnen und Mitarbeiter, der Hochschullehrerinnen und Hochschullehrer wird bei steigender Studentenzahl reduziert. Die Schließung von Orchestern und Theatern, von Kulturhäusern, Jugendclubs und anderen Freizeiteinrichtungen wird fortgesetzt.

   In den alten Bundesländern bleiben die bisherigen Einrichtungen im wesentlichen noch erhalten, an ihren Ausbau wird mit Ausnahme von Kindergärten aber nicht gedacht.

7. Vermögensbildung fand und findet ausschließlich in den alten Bundesländern statt, so daß im Rahmen der Privatisierung von früherem "Volkseigentum" der DDR praktisch kaum Anbieter aus den neuen Bundesländern auftreten. Bürgerinnen und Bürger sowie Firmen aus den neuen Bundesländern wird die Aufnahme von Krediten erheblich erschwert. Firmen aus den neuen Bundesländern werden selbst durch Kommunen bei der Vergabe von Aufträgen benachteiligt.

8. In den neuen Bundesländern müssen Hunderttausende um ihr Eigentum an Grund und Boden, an Wohn- und Wochenendhäusern, um ihre Nutzungs- und Mietrechte fürchten. Sogenannte Alteigentümer aus den alten Bundesländern sind gesetzlich berechtigt worden, nicht nur früheres "Volkseigentum", sondern Grundstücke und Häuser zurückzufordern, die seit Jahren oder Jahrzehnten von Bürgerinnen und Bürgern der ehemaligen DDR erhalten, gepflegt und genutzt werden, zum Teil sogar deren Eigentum geworden sind. Was für Bürgerinnen und Bürger der ehemaligen DDR existenzbedrohend ist, ist für die sogenannten Alteigentümer bzw. in den meisten Fällen inzwischen für deren Erben eine Art "Geschenk", mit dem sie nicht mehr gerechnet hatten.

9. Durch die Neuregelung des § 218 StGB tritt vielleicht eine gewisse Verbesserung der Lage von Frauen in den alten Bundesländern ein, mit Sicherheit aber eine Verschlechterung für die Frauen in den neuen Bundesländern.

Jede einzelne dieser Erscheinungen reicht nicht aus, um den Unmut, die Unzufriedenheit und die Verzweiflung der Menschen in den neuen Bundesländern zu erklären, es ist die Summe all dieser Phänomene, es ist der Bruch mit fast allem, was den Menschen bisher vertraut und bekannt war.

Die drastischsten Folgeerscheinungen zeigen sich in der steigenden Zahl von Selbstmorden, von zerrüteten Familien, in der anwachsenden Kriminalität und nicht zuletzt im Sinken der Geburtenrate.

IV.

Zu einer wirksamen Veränderung der Politik müssen die Ostdeutschen ihre Interessen selbst aussprechen und wahrnehmen. Dazu wurde in dem Appell zur Bildung von Komitees für Gerechtigkeit aufgerufen.

Es müssen für einen bestimmten historischen Zeitabschnitt, das heißt für eine Übergangsphase, die spezifischen Interessen der Menschen in den neuen Bundesländern wesentlich besser gewährleistet werden. Dies dient dem Zusammenwachsen in Ost und West.

Die Einwohnerinnen und Einwohner der alten Bundesländer, deren Abgeordnete und Vertreter im Bundestag und Bundesrat, bilden stets eine Mehrheit, die die Zweidrittelmehrheit weit übersteigt. Selbst 20 Prozent der Stimmen aus den neuen Bundesländern bei einer Bundestagswahl würden nicht ausreichen, um die Interessenvertretung auch nur durch einen einzigen Abgeordneten zu sichern. Es bedarf deshalb für eine bestimmte Phase Sonderregelungen, um diese Interessenvertretung zu ermöglichen. Soweit es Abgeordnete aus den neuen Bundesländern gibt, treten sie in der Regel als Parteipolitikerinnen und Parteipolitiker etablierter Westparteien auf, wodurch ihre Rolle häufig auf die Durchsetzung traditioneller Bonner Parteipolitik beschränkt bleibt.

Deshalb sollte Gegenstand rechtlich-politischer Prüfung sein, ob den Bürgerinnen und Bürgern der neuen Bundesländer eine Interessenvertretung in einer eigenen Körperschaft gewährt werden könnte, die Kontroll- und Initiativrechte erhält. In diese Körperschaft könnten von den Bürgerinnen und Bürgern Persönlichkeiten gewählt werden, denen sie vertrauen und die nicht in den Parteien, sondern unmittelbar den Bürgerinnen und Bürgern verpflichtet sind. Die Körperschaft sollte dafür sorgen können, daß Bundesgesetze und Beschlüsse der Bundesregierung so gestaltet sind, daß sie den Verhältnissen in den neuen Bundesländern entsprechen und Diskriminierungen der Bürgerinnen und Bürger der neuen Bundesländer verhindert werden. Wichtig wäre sicherlich auch eine Kontrollfunktion gegenüber der Treuhandanstalt und bei der Vergabe finanzieller Mittel in den neuen Bundesländern, damit in erster Linie Arbeit und nicht Arbeitslosigkeit, wirtschaftlicher Aufschwung (einschließlich Förderung des Mittelstandes), ökologische Umgestaltung und sozial notwendige Leistungen finanziert werden. Verhindert werden müssen Rechtsvorschriften, die zum Beispiel politisches Strafrecht ins Rentenrecht einführen, Leistungen der Menschen in den neuen Bundesländern aus früheren Jahren im Rentenrecht unberücksichtigt lassen, die den Menschen aus den neuen Bundesländern erworbene Rechte entziehen oder sie politisch ausgrenzen.

Bei alledem ist zu berücksichtigen, daß es einen Einigungsvertrag gibt, aber seit dem 3. Oktober 1990 ein Partner des Vertrages untergegangen ist, der auf Einhaltung bestehen, Weitergehendes vereinbaren und sich gegen benachteiligende Interpretationen wenden könnte. Das gilt entsprechend für den Vertrag über die Währungs-, Wirtschafts- und Sozialunion. Dort waren bekanntlich Anteilscheine für Bürgerinnen und Bürger der DDR vorgesehen, die nun niemand einfordert.

Die Komitees für Gerechtigkeit sollten sich für mehr soziale Gerechtigkeit für alle Bevölkerungsschichten, für die Erhaltung sozialer, schulischer, wissenschaftlicher, kultureller und sportlicher Einrichtungen, für die Beseitigung von Benachteiligungen für Frauen, für Perspektiven für Kinder und Jugendliche, gegen politische Ausgrenzungen, rassistische und ausländerfeindliche Stimmungen einsetzen. Sie sollten einerseits diesbezügliche Aktivitäten und Aktionen von Gewerkschaften, Parteien und sozialen Vereinigungen unterstützen und andererseits selbst entsprechende Aktionen durchführen. Nur dann, wenn die Menschen im Osten Deutschlands sich in großer Zahl solidarisch, selbstbewußt und selbstbestimmt für ihre Rechte und Interessen einsetzen, werden sie das gegenwärtige Ohnmachtsgefühl überwinden.

Die Befreiung vom repressiven Charakter der ehemaligen der DDR im Herbst 1989 war das Werk von Millionen Menschen, sie haben keinen Grund, nun depressiv, verzweifelt und ohnmächtig zuzusehen, wie ihre Würde und ihre Interessen verletzt werden.

Wie sich aus dem Appell ergibt, richtet sich das Anliegen keinesfalls gegen die Menschen in den alten Bundesländern, da auch ihre Zukunft nicht unwesentlich von der Lösung ostdeutscher Probleme abhängt. Die globalen Probleme bedrohen die Existenz der Menschheit täglich zunehmend. Die Bereitschaft der Menschen in den neuen Bundesländern, global zu denken und zu handeln, wird in dem Maße wachsen, in dem sie ihre psychische Beeinträchtigung dadurch verlieren, daß ihnen Gerechtigkeit in der Bundesrepublik Deutschland widerfährt.

Dr. Peter-Michael **Diestel,** Rechtsanwalt, Mitglied des Landtages Brandenburg; Dr. Gregor **Gysi**, Rechtsanwalt, Mitglied des Bundestages; Stephan **Hermlin**, Schriftsteller; Stefan **Heym**, Schriftsteller; Walter **Janka**, Schriftsteller; Heiner **Müller,** Schriftsteller und Präsident der Akademie der Künste der ehemaligen DDR; Manfred **Müller**, Vorsitzender des Landesverbandes Berlin der Gewerkschaft Handel, Banken und Versicherungen; Claus-Jürgen **Warnick,** Geschäftsführender Vorsitzender des Mieterbundes im Land Brandenburg.

Herausgegeben von der Koordinierungsstelle der Komitees für Gerechtigkeit [Berlin 1992]

Dokument I / 2

Vorschlag für einen Brief an Bürgerinnen und Bürger, die ihre Bereitschaft erklärt haben, im Komitee für Gerechtigkeit mitzuarbeiten, vom 11. Juli 1992

Sehr geehrte/geehrter ....

Vielen Dank für Ihre Bereitschaft, im Komitee für Gerechtigkeit mitzuarbeiten.

Im Appell heißt es: "Die Ostdeutschen müssen ihre Interessen selber aussprechen und wahrnehmen. Dazu rufen wir auf, in den Gemeinden, Dörfern, Stadtbezirken und Städten Komitees für Gerechtigkeit zu bilden, die überparteilich sind und zu denen jede und jeder Zutritt hat. Diese Komitees vertreten die Interessen der Bürgerinnen und Bürger und üben Einfluß auf die Parlamentarier aus."

Weil wir keine Partei sind und Bürgerinteressen über Parteiinterressen stellen, weil wir direkte Demokratie für wirkungsvoller und bürgernäher halten, erinnern wir uns nachdrücklich an die Erfahrungen des Herbstes 1989: Wenn Tausende Menschen selbstbestimmt vor Ort handeln, kann Neues entstehen und Unrechtes überwunden werden.

Deswegen sollen auch die Bürgerinnen und Bürger, die im Komitee für Gerechtigkeit mitarbeiten, die Formen und Inhalte ihrer Arbeit selbst bestimmen. Dazu wollen wir Ihnen einige Anregungen geben.

Von unten anfangen - und jetzt überall Komitees für Gerechtigkeit gründen

Überall, an jedem Ort, können Komitees für Gerechtigkeit entstehen und zu öffentlichen Einwohnerversammlungen aufrufen. In den Wohngebieten, in Städten und Gemeinden, in Betrieben, Hochschulen und Einrichtungen, kurz: überall dort, wo Menschen dem Anliegen unseres Aufrufs aufgeschlossen gegenüberstehen.

Mitmachen und beginnen kann auf dieser Grundlage jede und jeder.

Zu den Gründungen für Komitees für Gerechtigkeit sollte öffentlich eingeladen werden, damit niemand ausgegrenzt wird. Es wäre sinnvoll, auf den ersten Zusammenkünften über den Aufruf und das Diskussionsangebot zu reden und Probleme vor Ort zusammenzutragen, die das Komitee öffentlich machen, um die es sich kümmern will. Gerade gegen Ungerechtigkeit vor Ort sollte das Komitee angehen.

Alles soll öffentlich sein

Politik soll die Angelegenheit von Menschen werden, direkt und unmittelbar; sie soll durchschaubar sein. Das gilt auch für die Tätigkeit der Komitees selbst. Deshalb ist der Kontakt zu den örtlichen Medien wichtig. Parallel sollten sich die Komitees selbst eine Stimme geben, in Flugblättern, indem Bekannte informiert, örtliche Vereine, Initiativen und Betriebsräte besucht werden. Druck-, Kopier- und Veröffentlichungsmöglichkeiten sind vor Ort zu suchen: bei Vereinen, Kirchen und Organisationen, bei kommunalen Parlamenten und Parteien.

Wichtig ist: Unsere Initiative muß bekannt werden, und es sollten sich auch Menschen zusammenfinden, die bislang noch nicht zusammengearbeitet haben. Bürger- und Einwohnerversammlungen sollten Sprecherinnen und Sprecher der Komitees wählen, damit die Arbeit rasch beginnen kann.

Viel muß getan werden

Das Komitee baut auf die Aktivität von jeder und jedem. Ein wichtiger erster Schritt wäre, den Appell zu vervielfältigen und ihn örtlich bekannt zu machen. Öffentlich können die Probleme und Nöte der Menschen vor Ort, quasi als Bilanz der Ungerechtigkeit aufgelistet werden. Dabei wäre es wichtig zu ermitteln, welche Probleme kommunal, welche auf Landes-, auf Bundes- oder auf EG-Ebene zu lösen wären. Fachausschüsse können gebildet werden, Presse- und Öffentlichkeitsausschüsse helfen, das Komitee bekannt zu machen, Delegationen sollten Bürgermeistern und Ortsparlamenten Anliegen der Menschen vortragen und öffentlich über die Reaktionen der Parlamentarier berichten. Aktionen gegen Mieterhöhungen, Massenentlassungen, Schließungen sozialer oder kultureller Einrichtungen u[nd] s[o] w[eiter] sollten unterstützt werden, wenn sie vom Mieterverband, von den Gewerkschaften, vom Arbeitslosenverband oder anderen Organisationen initiiert werden. Die Komitees können auch selbst zu solchen Aktionen aufrufen und dabei ihrerseits Verbände, Organisationen und Gewerkschaften zur Unterstützung ihrer Arbeit bitten. Wichtig wäre ferner, daß die Komitees Hilfe zur Selbsthilfe organisieren.

Das alles wird Geld kosten, und auch dieses Geld muß gemeinsam aufgebracht werden, das heißt, Spendenaufrufe und gezielte Bitten um Spenden gehören zur täglichen Arbeit des Komitees.

Wir sollten darüber nachdenken, ob eine Mitgliedschaft in den Komitees mit Beitragspflicht angestrebt wird. Dafür sind eine Rechtsform und eine Satzung zu erarbeiten.

Ein wichtiges Anliegen der Komitees wird darin bestehen, dafür einzutreten, daß den Bürgerinnen und Bürgern der neuen Bundesländer das Recht auf eine eigene Körperschaft zugestanden wird. In diese Körperschaft sollten Personen und nicht Parteien in allgemeiner, freier und geheimer Wahl gewählt werden, die das Vertrauen der Menschen in den neuen Bundesländern besitzen. Sie soll Sitz und Stimme in der Treuhandanstalt und das Recht zu eigenen Gesetzesinitiativen haben. Gesetze, die den Osten Deutschlands betreffen, sollten ihrer Zustimmung bedürfen. Über die Mittel und Wege, dieses Ziel zu erreichen, müssen wir uns noch verständigen.

Verfahren und Delegierte

Nachdem öffentlich zur Teilnahme aufgerufen wurde, ist das Komitee unabhängig von der Zahl der Anwesenden beschlußfähig. Stimmberechtigt sind die Einwohnerinnen und Einwohner bzw. die Angehörigen von Einrichtungen ab Vollendung des 14. Lebensjahres.

Es soll eine Konferenz für alle neuen Bundesländer folgen.

An die überregionalen Komitees sollen Probleme herangetragen werden, die sich örtlich nicht lösen lassen. Delegationen dieser Komitees sollten zusammen mit Delegationen der Komitees der ersten Ebene zu überörtlichen Parlamenten bis hin zu Landesparlamenten vordringen und ebenso öffentlich über die Ergebnisse berichten.

Wir wollen voneinander wissen

Wir haben Interesse an der Arbeit vor Ort und wollen sie unterstützen. Benennen Sie uns bitte Ihre Sprecherinnen und Sprecher, damit wir sie auf dem laufenden halten und auch darüber informieren, was sich woanders tut. Wir brauchen eine horizontale und eine vertikale Vernetzung.

Die Zeit ist knapp, nutzen wir die Chance, machen wir Druck von unten, damit sich oben etwas verändert!

Herausgegeben von der Koordinierungsstelle der Komitees für Gerechtigkeit [Berlin 1992]

Dokument I / 3

Abschlußerklärung des 1. bundesweiten Arbeitstreffens der Komitees für Gerechtigkeit am 29. August 1992

Am 29.8.1992 trafen sich im Stephanusstift Berlin-Weißensee 150 Vertreterinnen und Vertreter von Komitees für Gerechtigkeit. Sie kamen aus 32 Städten und Gemeinden und vertreten bereits bestehende Komitees und Vorbereitungsgruppen.

Zu Beginn wurde eine Erklärung verabschiedet, in der die am gleichen Tage in Rostock stattfindende Demonstration gegen Gewalt und Ausländerfeindlichkeit unterstützt wurde. Beraten wurde über erste Erfahrungen und Vorstellungen zu Inhalten und zur Arbeitsweise der Komitees. Dabei wurden die drängendsten Probleme laut, die Bürgerinnen und Bürger motivieren, sich an die Komitees zu wenden oder in ihnen mitzuarbeiten. Einigkeit bestand darüber, daß die Komitees keine Konkurrenz zu Initiativen, Verbänden oder Gewerkschaften sein wollen, sondern Partner, die in Sachfragen und bei Aktionen zusammenwirken.

Grundfragen von Inhalten der Arbeit und der Selbstorganisation wurden in Diskussionsrunden beraten. Übereinstimmung bestand darin, keine Partei zu werden, im Gegenteil, die Autonomie der einzelnen Komitees zu wahren, aber gleichzeitig die Arbeit zu koordinieren, besonders durch noch zu schaffende Koordinierungsbüros in den einzelnen Bundesländern. Aus der Fülle der besprochenen Probleme wurden Schwerpunkte abgeleitet und Forderungen erhoben, u[nter] a[nderem]:

Mieten

Gegen die anstehenden Mieterhöhungen werden die Komitees für Gerechtigkeit sich an Protestaktionen beteiligen oder eigene anregen. Das Spektrum der Aktionsmöglichkeiten reicht von Bürgerbegehren bis zu Demonstrationen, wie am 9.9.[19]92 in Berlin. Der Druck auf Volksvertreter soll erhöht werden und auf die Einhaltung des Einigungsvertrages in Miet- und Wohnungsfragen gedrungen werden.

Wirtschaftspolitik und Bekämpfung der Arbeitslosigkeit

Es ist wichtiger, Arbeitsplätze zu schaffen, als Arbeitslosigkeit zu finanzieren. Deshalb ist es notwendig, die Altschulden zu erlassen, das Prinzip Rückgabe vor Entschädigung umzudrehen, die Veräußerung des ehemaligen Volkseigentums durch die Treuhandanstalt unter Volkskontrolle zu stellen. Die Komitees stellen sich die Aufgabe, die Zusammenarbeit von Gewerkschaften und Arbeitslosenverbänden zu befördern und zu unterstützen. Ein wichtiger Anlaß im Kampf gegen Sozialabbau wird die geplante Novelle des Arbeitsförderungsgesetzes sein.

Demokratie und Recht

Die Komitees werden Aufklärungsarbeit u[nter] a[nderem] zu kommunalem, Bundesrecht und dem Umgang mit Vertretungskörperschaften und Parlamenten leisten. Sie werden dort die Öffentlichkeit aufmerksam machen, wo die Gesetzeslage nicht der Würde des Menschen entspricht, wie z[um] B[eispiel] beim praktizierten Rentenrecht.

Jugend, Sport, Bildung

Angesichts der zunehmenden Gewaltbereitschaft bei Jugendlichen, dem Zusammenbruch des Wertesystems und der allgemeinen Perspektivlosigkeit wollen sich die Komitees dafür einsetzen, humanistische Werte zu vermitteln, die Jugendarbeitslosigkeit zu bekämpfen und die demokratische Mitsprache von Jugendlichen auf allen Ebenen der Gesellschaft einfordern.

Europa

Die Komitees werden sich in die Diskussion um die Maastrichter Verträge einbringen und sich zu den Europatagen an der Humboldt-Universität Berlin Anfang November auf ihre Weise dazu äußern.

An konkreten Aktionen wurden beschlossen,

- gemeinsam am 3. Oktober nach Schwerin zu den alternativen Veranstaltungen anläßlich des Tages der Einheit zu reisen,
- die geplante Volksabstimmung bis 20.9.[19]92 zur Streichung des Paragraphen 218 zu unterstützen,
- die Mieterdemonstration am 9.9.[19]92 in Berlin auf dem Alexanderplatz zu unterstützen.

HochDruck vom 18.9.1992

Dokument I / 4

Bekundung zu Rostock vom 29. August 1992

Die erschütternden Ereignisse in Rostock rufen in uns die Erinnerung an den schlimmsten Teil deutscher Geschichte wach. Heute kann niemand mehr sagen, er würde nicht wissen, wohin Anfeindungen gegen Fremde und Andersdenkende führen.

Die Probleme, mit denen wir in unserem täglichen Leben konfrontiert sind, sind sehr vielfältig. Aber keines kann die geschehene Brutalität rechtfertigen. Jeder muß lernen, auch in schwierigen Situationen die Würde des Menschen zu achten.

Wir verurteilen die unmenschliche Gewalt, mit der sowohl die Randalierer als auch die Applaudierenden die Schwächsten in ihrer Mitte angriffen.

Daher unterstützen wir die heutige Demonstration in Rostock in ihrem Protest gegen Gewalt und Ausländerfeindlichkeit sowie in ihren Forderungen nach Beseitigung der sozialen Ursachen.

29. August 1992

Gründer und Initiatoren von Komitees für Gerechtigkeit

Bundesgeschäftsstelle der Komitees für Gerechtigkeit

Dokument I / 5

Feier im Osten? 3. Oktober: Auf nach Schwerin. Aufruf vom 29. August 1992

Am 3.10.[19]92 soll der Tag der deutschen Einheit nunmehr zum zweiten Mal begangen werden.

Zum ersten Mal aber in einem neuen Bundesland. Die bundespolitische Prominenz trifft sich in Schwerin, der Landeshauptstadt Mecklenburg-Vorpommerns. Dort soll die Einheit feierlich begangen werden.

Was wird gefeiert?

- Intensiv betriebene Deindustrialisierung
- Steigende Massenarbeitslosigkeit
- Kultur- und Bildungsabbau
- Unbezahlbar werdende Mieten
- Gewinnzuwachs der großen Konzerne in den Altbundesländern
- Wahllüge - keinem wird es schlechter gehen
- Nichteinhaltung des Einigungsvertrages
- Endlich Pogrome gegen Ausländer
- Deutsche Soldaten endlich im Startloch für deutsche Interessen im Ausland

Das alles ist feiernswert?

Mehrere Vereine, Gewerkschaften und Organisationen bereiten in Schwerin alternative Veranstaltungen zum Tag der deutschen Einheit vor, um auf die Probleme aufmerksam zu machen und die Politiker vor Ort anzusprechen.

Wir rufen die Bürgerinnen und Bürger - mit und ohne deutschen Paß - aus der Bundesrepublik auf, gemeinsam mit den Komitees für Gerechtigkeit diese alternativen Veranstaltungen zu unterstützen und am 3. Oktober 1992 in Schwerin massenhaft ihre Probleme und ihren Protest öffentlich zu formulieren.
Dieser Aufruf wurde vom 1. bundesweiten Treffen der Komitees verabschiedet.

HochDruck vom 18.9.1992

Dokument I / 6
Brief an alle Komitee-Mitglieder vom 1. Oktober 1992

Die Unterzeichnerinnen und Unterzeichner des anschließenden Briefes haben gemeinsam die Entwicklung der Komitees für Gerechtigkeit im Anschluß an den auch von ihnen unterzeichneten Appell beraten. Wir erhielten zahlreiche Briefe von Bürgerinnen und Bürgern, insbesondere aus den neuen Bundesländern. Dabei werden auch immer wieder Fragen danach gestellt, wie die Arbeit der Komitees konkret organisiert werden könnte. Weder wir, noch die anderen Unterzeichnerinnen und Unterzeichner des Appells fühlen sich als ein Leitungsgremium.

Dennoch wollen wir von Zeit zu Zeit unsere Gedanken und Vorschläge unterbreiten, insbesondere dann, wenn wir wie gegenwärtig ausdrücklich darum gebeten werden. Wir haben uns deshalb entschlossen, folgenden Brief an die Mitglieder der Komitees zu senden:

Liebe Freundinnen, liebe Freunde,

die Unterzeichnerinnen und Unterzeichner dieses Briefes begrüßen, daß die Komitees für Gerechtigkeit immer deutlicheres kommunalpolitisches Profil entwickeln. Wir haben uns darüber hinaus mit dem Rassismus in Deutschland, der gegenwärtigen wirtschaftlichen Situation in den neuen Bundesländern, der Entwicklung der Mieten und anderen Fragen beschäftigt, die wohl auch ausführlich in den Komitees für Gerechtigkeit diskutiert werden. Erlauben Sie uns, Ihnen so kurz wie möglich unseren Standpunkt zu übermitteln:

1.

Eines der größten Probleme in Deutschland ist der immer weiter um sich greifende Rassismus. Die europäische und internationale Entwicklung stellt die Nationalstaaten und ihre Grenzen immer stärker in Frage. Viele Menschen fühlen sich durch diese Entwicklung ebenso wie durch eigene soziale und psychische Nöte (Arbeitslosigkeit, Wohnungsnot, Abbau von Freizeitmöglichkeiten und Identitätskrise) überfordert. Häufig werden Kommunen mit realen Problemen im Zusammenhang mit der Unterbringung und Integration von Flüchtlingen von Land und Bund im Stich gelassen. Zum Teil werden die Flüchtlinge sogar so untergebracht, daß Auseinandersetzungen geradezu provoziert werden.

Alle reden **über** Flüchtlinge. Wir schlagen den Komitees für Gerechtigkeit vor, **mit** ihnen zu reden, über ihre Motive zur Flucht, die Art ihrer Unterbringung und Behandlung. In Gesprächen miteinander könnten auch gemeinsame Probleme erkannt und nach gemeinsamen Lösungen gesucht werden, um auf diese Art und Weise zu verhindern, daß sich Schwache gegen die Schwächsten stellen.

2.

Die wirtschaftliche Entwicklung in den neuen Bundesländern verläuft nach wie vor katastrophal. Im Unterschied zu einer verbreiteten Meinung sind wir der Auffassung, daß erste wirksame Schritte sofort möglich sind, die eine Kurskorrektur einleiten würden.

a) Die Kommunen wären in der Lage, mit Mittelstandsbetrieben langfristige Gewerbemietverträge abzuschließen und einen Gewerbemietpreisstop zu verfügen. Beide Maßnahmen würden den Mittelstand in den neuen Bundesländern erheblich fördern. Um dieses durchzusetzen, müßte von den Kommunalparlamentariern, den Bürgermeisterinnen und Bürgermeistern Rechenschaft vor den Komitees für Gerechtigkeit verlangt werden.

b) Die Kommunen und Länder im Osten Deutschlands wären in der Lage, Aufträge, soweit möglich, nur noch an Betriebe mit Stammsitz in den neuen Bundesländern zu vergeben. Dadurch könnte in beachtlichem Umfang eine Wirtschaftssteigerung erreicht werden. Auch hierzu sollte Rechenschaft von Kommunalpolitikern, Bürgermeisterinnen und Bürgermeistern vor den Komitees für Gerechtigkeit verlangt werden. Genügend Erfahrungen in den Kommunen liegen vor.

c) Nicht nur zur Sicherung der Rechte und Interessen der Bürgerinnen und Bürger in den neuen Bundesländern ist es wichtig, das Vermögensgesetz zu ändern. Es handelt sich hierbei auch um einen gravierenden Wirtschaftsfaktor. Es muß endlich erreicht werden, daß klare Eigentumsverhältnisse an Grund und Boden in den neuen Bundesländern geschaffen werden. Deshalb ist das Vermögensgesetz so zu ändern, daß in erster Linie für verlorenes Eigentum Entschädigung gewährt wird und nur in Ausnahmefällen eine Rückgabe erfolgt.

Um die Umkehrung des bisherigen Prinzips im Vermögensgesetz zu erreichen, schlagen wir eine umfassende Unterschriftensammlung vor, die zusammen mit anderen Organisationen und sozialen Verbänden durchgeführt werden könnte. Es kann uns dann gelingen, Bundestagsabgeordnete damit zu beauftragen, diese Unterschriften im Parlament und bei der Bundesregierung zu übergeben. Die Wirkung wird davon abhängen, wieviele Unterschriften gesammelt werden können.

3.

Die Komitees für Gerechtigkeit sollten nach unserer Auffassung die Erfahrungen des Komitees aus Dresden hinsichtlich eines Volksbegehrens für einen Mietpreisstopp für kommunale Wohnungen auswerten, um ähnliche Initiativen auch in anderen Städten zu starten. Es geht darum, in der Bundesrepublik Deutschland endlich die Erkenntnis durchzusetzen, daß Wohnungen ein Sozialobjekt sind und kein Marktobjekt sein dürfen.

4.

Die Unterzeichnerinnen und Unterzeichner regen erneut an, in den Komitees für Gerechtigkeit in Vorbereitung des geplanten Bundeskongresses die Frage einer zu schaffenden institutionellen ostdeutschen Interessenvertretung als Ersatz für den untergegangenen Partner des Einigungsvertrages intensiv zu diskutieren. Auch in dieser Frage werden wir nur weiterkommen, wenn erheblicher politischer Druck entsteht.

Berlin, 1. Oktober 1992

Prof. Dr. Lothar **Bisky,** Medienwissenschaftler; Tamara **Danz,** Rocksängerin; Dr. Peter-Michael **Diestel,** Rechtsanwalt; Dr. Erich **Fischer,** Sekretär der Gewerkschaft Handel, Banken und Versicherungen; Dr. Klaus **Grehn,** Präsident des Arbeitslosenverbandes Deutschland e.V.; Dr. Gregor **Gysi,** Mitglied des Bundestages; Dr. Heinrich **Hannover,** Rechtsanwalt; Stephan **Hermlin,** Schriftsteller; Stefan **Heym,** Schriftsteller; Renate **Holland-Moritz,** Schriftstellerin; Dietrich **Kittner,** Kabarettist; Marianne **Kunisch,** Rechtsanwältin; Prof. Dr. Jürgen **Kuczinsky,** Wirtschaftswissenschaftler; Dr. Günter **Maleuda,** ehem. Präsident der Volkskammer der DDR , letzter Vorsitzender der Bauernpartei der DDR; Prof. Dr. Hans **Mottek,** Wirtschaftswissenschaftler; Heiner **Müller,** Schriftsteller, ehem.

Präsident der Akademie der Künste der DDR; Eckart **Rottka,** Richter am Amtsgericht Berlin-Schöneberg; Christina **Schenk,** Mitglied des Bundestages; Dr. Heinrich **Senfft,** Rechtsanwalt; Claus-Jürgen **Warnick,** Geschäftsführer des Mieterbundes im Land Brandenburg.

HochDruck vom 5.12.1992

Dokument I / 7

Abschlußerklärung des 3. bundesweiten Arbeitstreffens der Komitees für Gerechtigkeit am 5. Dezember 1992

Am 5.12.1992 trafen sich in Berlin-Mitte Delegierte aus Komitees für Gerechtigkeit, Erstunterzeichner und Erstunterzeichnerinnen des Appells und Mitglieder des Vereins zur Förderung von Komitees für Gerechtigkeit zu einer bundesweiten Arbeitsberatung.

Die anwesenden ErstunterzeichnerInnen des Appells zur Gründung von Komitees für Gerechtigkeit konnten sich davon überzeugen, daß die von ihnen initiierte Bewegung, trotz vieler Totengesänge in den Medien, weiter wächst und auf kommunaler Ebene an Bedeutung gewinnt.

In der Koordinierungsstelle in Berlin sind bis dato 68 Komitees erfaßt. Weitere Komitees befinden sich in Gründung.

Im Mittelpunkt der Beratungen standen der Erfahrungs- und Informationsaustausch zwischen den einzelnen Komitees. In fast allen Komitees wird die Frage diskutiert, welchen aktuellen Schwerpunkten man sich zuwenden soll, auf welche politischen Forderungen und Aktionsformen man sich, trotz unterschiedlicher weltanschaulicher und sozialer Herkunft, einigen kann, um wirksam agieren zu können.

Einigkeit bestand darüber, daß Ausgangspunkt und Schwerpunkt der Arbeit der Komitees die konkreten Probleme auf kommunaler Ebene sind. Allerdings gibt es eine Reihe von Problemen, die auf dieser Ebene alleine nicht lösbar sind. Deshalb wurde ein Diskussionsprozeß begonnen, an dessen Ende ein inhaltlicher Grundkonsens stehen soll, der von den Komitees gemeinsam getragen werden kann.

In zwei Arbeitskreisen wurden inhaltliche Fragen und Strukturfragen andiskutiert.

Im Arbeitskreis Selbstverständnisdiskussion wurde auf der Grundlage verschiedener Positionspapiere über politische Grundlagen, Einschätzungen der wirtschaftlichen und sozialen Lage und aktuelle Forderungen diskutiert. Angesichts der riesigen Probleme im Verlauf des deutschen Einigungsprozesses, der gekennzeichnet ist durch Deindustrialisierung, Zerstörung der Landwirtschaft, Massenarbeitslosigkeit, Wohnungsnot, sozial unverträgliche Mietsteigerungen, mindere und ungerechte Bezahlung und Renten, Schließung sozialer, wissenschaftlicher, kultureller und sportlicher Einrichtungen, Verschleuderung des ehemaligen "Volksvermögens", juristische Benachteiligung in Eigentumsfragen und vielfache Demütigung als "Bürger zweiter Klasse" im Osten sowie Anstieg rechtsextremer und neofaschistischer Gewalt in ganz Deutschland, wollen die Komitees Widerstand, Selbstorganisation und Dialog als Alternative zu Vereinzelung, alltäglicher Gewalt und rücksichtsloser Durchsetzung von Einzelinteressen entgegensetzen.

Die vielen Anregungen und politischen Forderungen, die in diesem Arbeitskreis vorgebracht wurden, orientierten sich an dem Wunsch zur Schaffung einer demokratischen Gesellschaft, in der soziale Gerechtigkeit und humanistischer Grundkonsens nicht nur Anspruch, sondern erfahrbare Wirklichkeit sind.

Diese begonnene Diskussion soll nun in den einzelnen Komitees fortgesetzt werden.

Im Arbeitskreis Strukturfragen wurde über die Schaffung demokratisch legitimierter Gremien beraten, die es ermöglichen, auch zu aktuellen Fragen auf überregionaler Ebene wirksam zu werden.

In der Diskussion wurde festgestellt, daß die Autonomie der einzelnen Komitees in allen sie betreffenden Fragen unangetastet bleiben muß. Gleichzeitig aber existiert das Bedürfnis, auf Landes- und Bundesebene besser zusammenzuarbeiten.

Zu diesem Zwecke haben sich bereits in Sachsen-Anhalt, Mecklenburg-Vorpommern und Berlin Landeskoordinierungsräte bzw. SprecherInnenräte gebildet. Die VertreterInnen aus Brandenburg, Thüringen und Sachsen brachten zum Ausdruck, daß es in ihren Ländern ähnliche Vorhaben gibt. Über Form, Inhalte und Arbeitsweise solcher Gremien befinden die Komitees in allen Ländern selbst.

Es wurde beschlossen, eine Arbeitsgruppe Organisation und Strukturen, in der alle Länder vertreten sein sollen, zu bilden. In dieser Arbeitsgruppe sollen weitere Vorschläge in dieser Hinsicht erarbeitet werden. Weiterhin wurde beschlossen, einen Finanzbeirat zu bilden, der die Aufgabe hat, den Förderverein bei der Verwendung der Gelder zu beraten.

Im einzelnen wurde auf dem Arbeitstreffen beschlossen:

Die Vorbereitung eines Bundeskongresses der Komitees für Gerechtigkeit Ende März/Anfang April 1993.

Zur Vorbereitung eines Bundeskongresses wurde die Bildung einer Vorbereitungsgruppe durch Delegierte aus den Komitees, dem Vorsitzenden des Fördervereins, je einen Vertreter der Landeskoordinierungsstellen und einen Vertreter der Koordinierungsstelle beschlossen. Mit der organisatorischen Vorbereitung wurde die Koordinierungsstelle in Berlin beauftragt.

Die Bildung bundesweiter Fachgruppen zur Unterstützung der inhaltlichen Vorbereitung des Bundeskongresses wurde empfohlen.

Es wurde eine Protesterklärung gegen die undemokratische Berufsverbotpraxis des Minister Meyer der Landesregierung Sachsen beschlossen.

Außerdem verabschiedete das Arbeitstreffen eine Erklärung zu den Morden in Mölln und die umsichgreifenden rechtsradikalen Gewalttaten.

Einstimmig angenommen am 5.12.1992 in Berlin

Bundesgeschäftstelle der Komitees für Gerechtigkeit

Dokument I / 8

Bundesverband der Komitees für Gerechtigkeit. Satzung vom 24. April 1993

§ 1
Name und Sitz

Der Verein trägt den Namen "Bundesverband der Komitees für Gerechtigkeit". Er soll in das Vereinsregister eingetragen werden. Nach der Eintragung führt er den Zusatz "e.V.". Der Bundesverband hat seinen Sitz in Berlin.

§ 2
Stellung, Ziel und Zweck des Vereins

Der Bundesverband ist ein freiwilliger Zusammenschluß von Komitees für Gerechtigkeit, von Landesverbänden der Komitees für Gerechtigkeit sowie weiterer juristischer und natürlicher Personen. Der Bundesverband ist unabhängig von Staatsorganen, politischen Parteien, Religions- und Weltanschauungsgemeinschaften.

Der Bundesverband ist basisdemokratisch organisiert und setzt sich auf der Grundlage des Grundgesetzes ein für Gerechtigkeit, Demokratie, Toleranz, Gewaltfreiheit und Solidarität. Er wirkt für die Entwicklung und Durchsetzung neuer und erweiterter Strukturen und Formen der demokratischen Mitwirkung und Mitbestimmung der Bürgerinnen und Bürger bei der Gestaltung von Gesellschaft und Recht. Er tritt ein für Frieden, Gewaltlosigkeit und den Erhalt der natürlichen Lebensgrundlagen des Menschen und der Vielfalt der lebenden Natur. Insbesondere verfolgt er das Ziel, die negativen Folgen des Einigungsprozesses für die Mehrheit der Bevölkerung zu überwinden.

Der Bundesverband setzt sich dafür ein, daß die von der Bundesrepublik Deutschland ratifizierten Konventionen der Vereinten Nationen über die bürgerlichen, politischen, wirtschaftlichen, sozialen und kulturellen Menschenrechte vom 16. Dezember 1966 im vereinten Deutschland verwirklicht werden.

Der Bundesverband verwirklicht seine Ziele vor allem, indem er

a) die Menschen ermutigt, ihre Interessen selbst und selbstbewußt zu vertreten,

b) für diejenigen eintritt, die ihre Rechte nicht oder nur wenig wirksam selbst vertreten können; dies gilt auch für die bedrohte Natur und Umwelt,
c) grundlegende Seiten der Gestaltung der deutschen Einheit analysiert und die Ergebnisse in der Öffentlichkeit vertritt,
d) die Zusammenarbeit der Landesverbände und der Komitees koordiniert,
e) sich für eine enge Zusammenarbeit mit Verbänden und Organisationen, Initiativen und Personen, die ähnliche Ziele verfolgen, einsetzt,
f) in geeigneter Weise die Zusammenarbeit auf internationaler Ebene, insbesondere mit internationalen Organisationen, pflegt.

§ 3
Gemeinnützigkeit

Der Bundesverband ist selbstlos tätig und verfolgt nicht in erster Linie eigenwirtschaftliche Zwecke. Der Bundesverband verfolgt ausschließlich und unmittelbar gemeinnützige Zwecke im Sinne des Abschnittes "Steuerbegünstigte Zwecke" der Abgabenordnung, insbesondere durch die allgemeine Förderung des demokratischen Staatswesens und durch politische Bildung.

Mittel des Bundesverbandes dürfen nur für die satzungsgemäßen Zwecke verwendet werden. Die Mitglieder erhalten keine Gewinnanteile und in ihrer Eigenschaft als Mitglied auch keine sonstigen Zuwendungen aus Mitteln des Bundesverbandes. Es darf keine Person durch Ausgaben, die dem Zweck des Bundesverbandes fremd sind, oder durch unverhältnismäßige Vergütungen begünstigt werden.

§ 4
Mitgliedschaft

Mitglieder des Bundesverbandes können die Komitees für Gerechtigkeit, die Landesverbände der Komitees für Gerechtigkeit sowie weitere juristische und natürliche Personen sein, die die Satzung anerkennen, die Ziele des Bundesverbandes fördern und deren sonstige Tätigkeit diesen Zielen nicht zuwiderläuft.

Über den schriftlichen Aufnahmeantrag von Mitgliedern entscheidet der Geschäftsführende Bundesvorstand. Die Mitgliedschaft endet durch Austritt, Ausschluß, Tod oder bei Auflösung des Bundesverbandes.

Ein Ausschluß ist möglich, wenn ein Mitglied den Zielen des Bundesverbandes zuwider handelt, das Ansehen des Bundesverbandes schwer schädigt oder mit der Beitragszahlung länger als ein Jahr im Verzug ist. Über den Ausschluß eines Mitgliedes entscheidet der Bundessprecherrat. Dem Betroffenen steht das Beschwerderecht über den Bundesvorstand an den Bundeskongreß in einer Frist von 4 Wochen zu. Bis zur Entscheidung ruht die Mitgliedschaft.

§ 5

Finanzen

Die Finanzierung erfolgt aus

- Mitglieds- und Förderbeiträgen,
- Spenden und Zuwendungen,
- Einnahmen aus Veröffentlichungen und sonstiger Wirtschaftstätigkeit im Rahmen der Gemeinnützigkeit.

Näheres regelt die Finanzordnung.

§ 6

Organe des Bundesverbandes

Die Organe des Bundesverbandes sind:

1. der Bundeskongreß,
2. der Bundessprecherrat,
3. der Geschäftsführende Bundesvorstand.

§ 7

Der Bundeskongreß

Der Bundeskongreß ist das oberste Organ des Bundesverbandes und besteht aus den Delegierten der Mitglieder. Der Bundeskongreß tritt in der Regel einmal alle 2 Jahre zusammen. Zur zwischenzeitlichen Einberufung einer außerordentlichen Versammlung bedarf es des Beschlusses des Bundessprecherrates oder eines Antrages von mindestens einem Viertel der Mitglieder.

Der Bundeskongreß beschließt insbesondere:

- die Satzung und Satzungsänderungen,
- ein Aktionsprogramm,
- den Haushaltsplan,
- Beschwerdevorgänge im Falle von Ausschlüssen,
- die Auflösung des Bundesverbandes sowie
- die Wahl der Revisoren.

Der Bundeskongreß ist beschlußfähig, wenn mindestens zwei Drittel der Mitglieder durch Delegierte vertreten sind. Den Delegiertenschlüssel und das Wahlverfahren legt der Bundessprecherrat fest.

Beschlüsse des Bundeskongresses bedürfen der einfachen Mehrheit der abgegebenen Stimmen. Satzungsänderungen bedürfen einer 2/3-Mehrheit. Stimmenthaltung gilt als Ablehnung des Antrages.

Über die vom Bundeskongreß gefaßten Beschlüsse fertigt der vom Versammlungsleiter bestellte Protokollführer eine Niederschrift, die von diesem und dem Versammlungsleiter zu unterschreiben und allen Mitgliedern zuzuleiten ist.

§ 8
Der Bundessprecherrat

Der Bundessprecherrat leitet die Arbeit des Bundesverbandes zwischen den Bundeskongressen. Er setzt sich aus je einem gewählten Delegierten der Mitglieder des Bundesverbandes zusammen. Die Landesverbände haben zusätzlich so viele Stimmen, wie ihnen Mitglieder des Bundesverbandes angehören, die sich nicht selbst im Bundessprecherrat vertreten. Er tagt in der Regel alle 3 Monate.

Der Bundessprecherrat hat insbesondere folgende Rechte und Pflichten:

- Wahl des Geschäftsführenden Bundesvorstandes,
- Entwurf eines Aktionsprogramms,
- Entwurf des Haushaltsplans,
- Organisation des Bundeskongresses,
- Beschluß einer Geschäftsordnung,
- Berufung eines Redaktionsbeirates für die Zeitung der Komitees,
- Organisation und Koordination von themenbezogenen Arbeitskreisen,
- Beschluß der Beitragsordnung.

Der Bundessprecherrat ist beschlußfähig, wenn die Mehrheit seiner Mitglieder anwesend ist. Die Beschlüsse bedürfen zu ihrer Gültigkeit einer 2/3-Mehrheit der abgegebenen Stimmen. Über die gefaßten Beschlüsse fertigt der vom Versammlungsleiter bestellte Protokollführer eine Niederschrift, die von diesem und dem Versammlungsleiter zu unterschreiben und allen Mitgliedern zuzuleiten ist.

§ 9
Der Geschäftsführende Bundesvorstand

Der Geschäftsführende Bundesvorstand besteht aus mindestens fünf vom Bundessprecherrat gewählten Mitgliedern. Der Geschäftsführende Bundesvorstand vertritt den Verein gerichtlich und außergerichtlich im Sinne des BGB, und zwar durch mindestens zwei seiner Mitglieder.

Der Geschäftsführende Bundesvorstand bereitet die Bundessprecherratssitzungen vor und beruft sie ein.

Der Geschäftsführende Bundesvorstand gibt sich eine Geschäftsordnung. Er ist berechtigt, Satzungsänderungen aufgrund von Beanstandungen des Amtsgerichtes vorzunehmen.

Der Geschäftsführende Bundesvorstand wird vom Bundessprecherrat für zwei Jahre gewählt und ist jederzeit abwählbar.

Der Geschäftsführende Bundesvorstand beschließt über die Aufnahme von Mitgliedern.

§ 10

Satzungsänderungen

Anträge auf Satzungsänderungen sind den Mitgliedern einschließlich einer Begründung spätestens drei Wochen vor dem Termin des Bundeskongresses bekanntzugeben.

§ 11

Auflösung des Bundesverbandes

Der Bundesverband kann nur durch Beschluß eines eigens hierfür einberufenen Bundeskongresses mit einer 3/4-Mehrheit der erschienenen Delegierten aufgelöst werden.

Bei Auflösung des Bundesverbandes ist dessen Vermögen einer Institution oder Organisation zu übertragen, die eine dem Verbandszweck entsprechende, gemeinnützige Tätigkeit ausübt. Hierüber beschließt der Bundeskongreß, der den Auflösungsbeschluß faßt. Er tritt erst nach Zustimmung des Finanzamtes in Kraft.

Die vorstehende Satzung wurde in der Gründungsversammlung vom 24. April 1993 in Berlin errichtet.

Bundesgeschäftsstelle der Komitees für Gerechtigkeit

Dokument I / 9

Politische Erklärung. Angenommen vom 1. Bundeskongreß der Komitees für Gerechtigkeit am 24. April 1993

Wir, die wir in den "Komitees für Gerechtigkeit" mitarbeiten, kommen aus unterschiedlichen Lebensbereichen und verschiedenen politischen und weltanschaulichen Traditionen. Von den Folgen des deutschen Einigungsprozesses unterschiedlich betroffen, ist uns gemeinsam der Wunsch nach einer offenen, demokratischen Gesellschaft, in der soziale Gerechtigkeit und humanistischer Grundkonsens nicht nur Anspruch, sondern erfahrbare Wirklichkeit sind.

Der Verlauf des deutschen Einigungsprozesses, in den auch viele von uns Hoffnungen auf neue Lebenschancen gesetzt haben, weist jedoch in eine andere Richtung.

Deindustrialisierung, Zerstörung der Landwirtschaft und Natur, Berufsverbote, Massenarbeitslosigkeit, Wohnungsnot, sozial unverträgliche Mietsteigerungen, mindere und ungerechte Bezahlung, Schließung sozialer, wissenschaftlicher, kultureller und sportlicher Einrichtungen, Verschleuderung des ehemaligen "Volksvermögens", juristische Benachteiligung in Eigentumsfragen und die vielfach erfahrenen Demütigungen als "Bürger zweiter Klasse" im Osten sowie das von sozialen, politischen und geistigen Krisen begleitete Ende der Wohlstandsgesellschaft im Westen erzeugen ein sozialpolitisches Klima, infolge dessen Vereinzelung, Polarisierung, Entsolidarisierung, Perspektivlosigkeit, Resignation und eskalierende Gewalt in beiden Teilen Deutschlands zu bestimmenden Erfahrungen des Alltagslebens werden. Das ist der Nährboden, auf dem autoritäre und rassistische Stimmungen gedeihen und rechtsradikale bzw. neofaschistische Gruppen politischen Einfluß gewinnen.

Den größten Teil der Verantwortung für diese beängstigende Entwicklung trägt die derzeitige Bundesregierung, deren von Konzeptionslosigkeit, Brüchen des Grundgesetzes und des Einigungsvertrages, sozialer Kälte und Ignoranz geprägtes Krisenmanagement mehr Probleme verschärft als löst und damit die innere Spaltung Deutschlands vertieft. Die wirkliche Spaltung Deutschlands ist die zwischen Gewinnern und Verlierern der deutschen Einheit. Und nur die Tatsache, daß sich letztere in unverhältnismäßig großer Zahl im Osten Deutschlands konzentrieren, läßt diese neue Form der Zweiklassengesellschaft als innerdeutschen Ost-West-Konflikt erscheinen.

Die "Komitees für Gerechtigkeit" wenden sich an die Benachteiligten in beiden Teilen Deutschlands. Der Schwerpunkt ihres Wirkens liegt im Osten als dem Kulminationspunkt gesamtdeutscher Probleme, wo eine Mehrheit der Bevölkerung in ihrer materiellen Existenz und geistig-kulturellen Identität von den ausgrenzenden Folgen des Einigungsprozesses und der Regierungspolitik betroffen ist. Diese Majorität der Ostdeutschen stellt im gesamtdeutschen Spektrum jedoch eine Minderheit ohne politisch wirkungsvolle Interessenvertretung auf kommunaler, Landes- und Bundesebene dar. Ihre bisherigen Erfahrungen und Leistungen sind einem gnadenlos ignoranten Abwertungs- und Abwicklungsprozeß unterworfen.

Der Verlust an Lebenschancen und die Behandlung als "Bürger zweiter Klasse" bilden die Grundlage gemeinsamer Interessen einer Mehrheit Ost und einer Minderheit West. Diese Situation ist kein Schicksal, das es zu erleiden gilt. Nur wer seine Interessen formuliert, seine Rechte einklagt und gegen Ungerechtigkeiten Widerstand leistet, kann die eigene Situation verbessern.

Die "Komitees für Gerechtigkeit"

- wollen die Selbstorganisation der Bürger als Gegenstück zur um sich greifenden Vereinzelung, Entsolidarisierung und Bürokratisierung,
- treten für diejenigen ein, die ihre Rechte nicht oder nur wenig wirksam selbst vertreten können. Dies gilt auch für die von der Konsum- und Wachstumsgesellschaft bedrohte Natur,

- setzen in ihrem Wirken dort und in den Ebenen an, wo sich die politischen, wirtschaftlichen, sozialen und kulturellen Probleme konkret stellen. Ihr Ausgangspunkt ist die kommunale Ebene,
- wollen den gesellschaftlichen Dialog als Alternative zur täglichen Gewalt, zur Ausgrenzung und rücksichtslosen Durchsetzung von Einzelinteressen,
- [sind] keiner Ideologie oder Weltanschauung verpflichtet und offen für alle Menschen, die für eine offene, humanistische, demokratische und sozial gerechte Gesellschaft eintreten,
- wollen die Zusammenarbeit von sozialen Interessenverbänden, Gruppen und Initiativen befördern, wo inhaltliche und praktische Gemeinsamkeiten existieren oder zu erreichen sind,
- werden nach geeigneten Formen suchen, sich an Wahlen auf kommunaler, Landes- und Bundesebene zu beteiligen.

Dabei werden wir lernen müssen, uns mit unseren inhaltlichen Differenzen und unterschiedlichen Biographien an- und ernstzunehmen. Wir wollen eine differenzierende Vergangenheitsbewältigung in und zwischen Ost und West, die Ehrlichkeit ermöglicht und die Chance zur Gemeinsamkeit erhält und erweitert. Das schließt ein unseren Einsatz gegen jegliche Verletzung der Menschenrechte und gegen ein Wiederaufleben des deutschen Faschismus. Das sind wir unserer gemeinsamen deutschen Geschichte schuldig.

Nur dann, wenn die Menschen im Osten Deutschlands sich in großer Zahl solidarisch, selbstbewußt und selbstbestimmt für ihre Rechte und Interessen einsetzen, werden sie das gegenwärtige Ohnmachtsgefühl überwinden.

Bundesgeschäftstelle der Komitees für Gerechtigkeit

Dokument I / 10

Solidaritätserklärung des 1. Bundeskongresses der Komitees für Gerechtigkeit an die Teilnehmer der Gegenwehr-Demo des DGB in Leipzig vom 24. April 1993

Wir, die Delegierten des 1. Bundeskongresses der Komitees für Gerechtigkeit, erklären uns solidarisch mit den Forderungen der IG Metall auf Einhaltung des Stufentarifvertrages in der metallverarbeitenden Industrie Ost.

Wir verurteilen die rechtswidrige Kündigung des Tarifvertrages durch den Arbeitgeberverband Metall als einen beispiellosen Rechtsbruch und den Versuch, unter offensichtlicher Federführung des Arbeitgeberverbandes Gesamtmetall, das tarifpolitische Kräfteverhältnis über den Umweg Ostdeutschland gesamtdeutsch zu Lasten der Arbeitnehmer neu zu ordnen.

Wir fordern von den verantwortlichen Vertretern der Arbeitgeberverbände die vorbehaltlose Rücknahme der Kündigung des Stufentarifvertrages und die Rückkehr zu rechtsstaatlichen Mitteln der Tarifauseinandersetzung und Einhaltung der Tarifautonomie.

Berlin, den 24.04.1993

Die Delegierten des 1. Bundeskongresses der Komitees für Gerechtigkeit

Bundesgeschäftsstelle der Komitees für Gerechtigkeit

Dokument I / 11

Erklärung des 1. Bundeskongresses der Komitees für Gerechtigkeit zum geplanten Abriß des Palastes der Republik in Berlin vom 24. April 1993*

Wir, die Delegierten des 1. Bundeskongresses der Komitees für Gerechtigkeit - gewählt und legitimiert von allen in der Bundesrepublik existierenden Komitees -, protestieren gegen den geplanten Abriß des Palastes der Republik in Berlin.

Dieses Haus war seit seiner Eröffnung 1976 nicht nur Tagungsort der Volkskammer. Es war auch und besonders Begegnungsort der Berliner Bevölkerung und seiner zahlreichen in- und ausländischen Gäste. 60 Millionen Besucher in 15 Jahren sprechen hier eine beredte Sprache.

Ob in den vier Theatern, den 13 Gaststätten, der Bowlingbahn, dem Jugendtreff oder in den zahlreichen Ausstellungen - der Palast hatte für jeden Geschmack etwas zu bieten.

Uns ist bewußt, daß dem Palast - wie jedem anderen öffentlichen Gebäude - Anerkennung und auch Ablehnung entgegengebracht wurde. Anerkennung wegen der ausgezeichneten kulturellen Angebote und Ablehnung wegen der Steuergelder und Devisen, die für Bau, Unterhaltung und für die Bezahlung ausgesuchter nationaler und internationaler Künstler erforderlich waren.

Jetzt, wo das Staatssäckl leer ist, ist die teuerste Variante - also Asbestentsorgung, Abriß und Neubau - gerade gut genug. Läßt sich dadurch die Sprengung des alten Schlosses rückgängig machen? Oder geht es vielmehr darum, den "Ossis" wieder ein Stück Identität zu nehmen?

Wir bedauern, daß nur wenige Bewohner der alten Bundesländer jemals dieses Haus von innen gesehen haben. Sie würden genau wie wir die Verschleuderung unserer Steuergelder nicht verstehen können und wollen.

Warum gibt es keine Ausschreibung bezüglich der kostengünstigsten Variante der Sanierung? Warum wird undemokratisch die Bevölkerung von einem gefaßten Beschluß informiert?

Wir werden uns das nicht gefallen lassen!

Die Komitees für Gerechtigkeit werden alle Aktivitäten zur Rettung des Palastes unterstützen und sich nach Kräften in die sich bildenden Initiativen einbringen.

* Die Erklärung geht auf einen Antrag des Landesrates Berlin der Komitees für Gerechtigkeit an den 1. Bundeskongreß zurück. Sie wurde einstimmig angenommen.

Bundesgeschäftsstelle der Komitees für Gerechtigkeit

Dokument I / 12

Bundesverband der Komitees für Gerechtigkeit. Erklärung des BundessprecherInnenrates zu den Morden von Solingen vom 5. Juni 1993

Wieder haben uns Trauer und tiefe Erschütterung eingeholt: Nur Tage nachdem in Deutschland de facto das Recht auf Asyl abgeschafft wurde - gegen den erklärten Willen großer Teile der Bevölkerung -, haben Ausländerfeindlichkeit, blinder Haß, rechtsextremistische bzw. neofaschistische Gesinnung fünf Todesopfer gefordert.

Wir trauern um fünf türkische Mitbürgerinnen, die Opfer einer Saat wurden, die nun aufgeht. Wer von Asylbetrügern spricht, wer eine "Das Boot ist voll!"-Stimmung anheizt, darf heute kein Mitgefühl heucheln!

Gestern Hoyerswerda, Hünxe, Rostock und Mölln, heute Solingen! Und morgen ... ?

Wir, die wir in den Komitees für Gerechtigkeit mitarbeiten, werden unseren Einsatz gegen jegliche Verletzung der Menschenrechte und gegen ein Wiederaufleben des deutschen Faschismus als eine unserer wichtigsten Aufgaben betrachten.

Wir fordern eine Politik, die jegliche Propagierung von Rassenhaß, Ausländerfeindlichkeit und faschistischem Gedankengut unter Ausschöpfung aller gesetzlichen Möglichkeiten verfolgt und den Gedanken einer multikulturellen Gesellschaft in Deutschland zur Grundlage einer aktiven Integrationspolitik für bei uns lebende ausländische Bürgerinnen und Bürger erhebt!

Wir fordern die Anerkennung der doppelten Staatsbürgerschaft und das Wahlrecht für unsere ausländischen MitbürgerInnen!

Berlin, 5. Juni 1993

Bundesgeschäftsstelle der Komitees für Gerechtigkeit

Dokument I / 13

Grundsätzliche Positionen des Bundesverbandes der Komitees für Gerechtigkeit in der Bundesrepublik Deutschland zur Situation im dritten Jahr nach der staatlichen Einigung vom 2. Oktober 1993*

Knapp 1100 Tage sind seit dem Beitritt der Deutschen Demokratischen Republik zur Bundesrepublik Deutschland vergangen. Eine historisch kurze Zeit im Fortschreiten Deutschlands zu einer neuen Etappe seiner Geschichte.

Wie jeder gesellschaftliche Prozeß wird auch dieser von der unterschiedlichen Interessenlage der verschiedenen Schichten des Volkes und den sich ändernden Kräfteverhältnissen, vor allem in Wirtschaft und Politik, innerhalb und außerhalb Deutschlands bestimmt.

Die nachfolgende Charakteristik der Situation in Deutschland ist an keine parteipolitischen Absichten und an keine vordergründigen wirtschaftlichen Interessen gebunden. Sie ist nicht irgendeiner religiösen oder weltanschaulichen Voreingenommenheit verpflichtet.

1.

Die Komitees für Gerechtigkeit fordern die Einhaltung des Grundgesetzes der Bundesrepublik Deutschland, in dem es u[nter] a[nderem] auch verpflichtend für die Gestaltung des deutschen Einigungsprozesses heißt: "Niemand darf wegen seines Geschlechtes, seiner Abstammung, seiner Rasse, seiner Sprache, seiner Heimat und Herkunft, seines Glaubens, seiner religiösen oder politischen Anschauungen benachteiligt oder bevorzugt werden" (Art. 3 Abs. 3).

Die Art und Weise der Gestaltung des deutschen Einigungsprozesses verletzt diese und andere Artikel des Grundgesetzes sowie u[nter] a[nderem] auch die von der Bundesrepublik ratifizierten Konventionen zum Schutz der Menschenrechte und Grundfreiheiten vom 4. November 1950 sowie der Vereinten Nationen über die bürgerlichen, politischen, wirtschaftlichen, sozialen und kulturellen Menschenrechte vom 19. Dezember 1966. Die Komitees für Gerechtigkeit werden sich damit nicht abfinden. Sie werden

- von den politischen Parteien und anderen in der Gesellschaft wirkenden politischen Kräften und Persönlichkeiten öffentlich Auskunft verlangen, wodurch und wie sie den grundsätzlichen Interessen der Menschen in ihrer politischen Verantwortung entsprechen bzw. tatsächlich entsprochen haben;
- die Ursachen und Hintergründe der in unserer Zeit wirkenden Interessenkonflikte sowie g[e]g[ebenen]f[alls] auch die Mechanismen zu ihrer Vertuschung oder zur Irreführung der Bevölkerung aufdecken;

- die Menschen ermutigen, ihre existentiellen Interessen mit Sachkunde und Verantwortung stärker selbst zu vertreten und nicht nachzulassen, ihrer Stimme im politischen Leben auf allen Ebenen und in allen Bereichen unseres Landes Gehör zu verschaffen;
- das Suchen nach bislang vertanen Möglichkeiten und Wegen befördern, einer eingetretenen und sich beschleunigenden krisenhaften Entwicklung durch ein solidarisches Miteinander aller Schichten der Bevölkerung begegnen und damit neue Chancen für das friedliche Leben in einem zukunftsorientierten Land im Herzen Europas eröffnen.

2.

Der Prozeß der Vereinigung der ehemals souveränen beiden deutschen Staaten, die als Resultat des II. Weltkrieges im Gefolge der Niederlage des Faschismus unter dem Einfluß der jeweiligen Besatzungsmächte entstanden waren, ist u[nter] a[nderem] als Folge der inneren Konflikte in der DDR und der weltpolitischen Veränderungen mit den Zwei-plus-Vier-Verhandlungen in Gang gesetzt worden. Mit dem Moskauer "Vertrag über die abschließende Regelung in bezug auf Deutschland" vom 12. September 1990 wurde der Weg zum Zusammenwachsen von zwei Staaten unterschiedlicher Gesellschaftsordnungen sanktioniert, die sich über 40 Jahre auseinanderentwickelt hatten.

Das vereinte Deutschland hat "die volle Souveränität über seine inneren und äußeren Angelegenheiten" (Deutschland-Vertrag vom 12. September 1990, Art. 7 Abs. 2). Ein neues Kapitel deutscher Geschichte hätte mit der Herstellung der staatlichen Einheit beginnen können. Nach dem Beitritt der DDR zum Geltungsbereich des Grundgesetzes konnte sich das vereinte Deutschland als "demokratischer und sozialer Bundesstaat" gemäß Art. 20 Abs. 1 des Grundgesetzes entwickeln, verpflichtet dem unumstößlichen Verfassungsgrundsatz: "Alle Staatsgewalt geht vom Volke aus. Sie wird vom Volke in Wahlen und Abstimmungen und durch besondere Organe der Gesetzgebung, der vollziehenden Gewalt und der Rechtsprechung ausgeübt" (Grundgesetz, Art. 20 Abs. 2).

Die Vereinigung der beiden deutschen Staaten bot die historisch einmalige Chance, ein wahrhaft neues Kapitel der deutschen Geschichte zu beginnen. Diese Chance ist weitgehend verspielt worden.

3.

Die realen Prozesse zur Vereinigung, wie sie durch Verantwortliche der Alt-BRD - assistiert von Bürgern der ehemaligen DDR - gestaltet werden, vollziehen sich jedoch in vielem nicht in dem durch das Grundgesetz und den Einigungsvertrag abgesteckten Rahmen; sie entsprechen weder Geist noch Buchstaben dieser Dokumente. Obgleich schon der Einigungsvertrag große Mängel aufwies, wird er bereits wieder in all jenen Punkten korrigiert, wo er der Interessenlage der herrschenden Kräfte der Alt-BRD und internationalen Kapitalinteressen nicht zu genügen scheint.

Das Fazit nach dem dritten Jahr der staatlichen Einigung: Der deutsche Einigungsprozeß ist in eine tiefe Krise geraten. Zu dem unbestreitbaren Gewinn aus der deutschen Vereinigung für die Menschen treten zunehmend dramatischere Belastungen. Diese sind Resultat einer Vereinigungsstrategie der herrschenden Kreise der Alt-BRD, die im Interesse des Kapitals statt auf Ausgleich und Versöhnung, auf totale Vereinnahmung der DDR, ihrer Vermögenswerte und Immobilien sowie die Diffamierung und Diskreditierung der Verhältnisse und der Menschen in der DDR setzt und dies rücksichtslos praktiziert.

4.

Die historisch gegebene und vor allem durch die Bevölkerung im Osten errungene Chance für ein neues Deutschland wurde durch die Ignoranz und Arroganz der Herrschenden im Interesse der von ihnen vertretenen Nutznießer, der Großindustrie und der Hochfinanz, verspielt und dem Großmachtstreben bestimmter Kreise der Alt-BRD geopfert. Mit dem politischen und ökonomischen Anschluß einher ging eine auf die geistig-kulturelle und psychisch-moralische Entmündigung der Menschen Ostdeutschlands zielende Deformationspolitik. Hunderttausende wurden ausgegrenzt. Mit Hilfe einer verzerrenden und entstellenden Medienpolitik wurde die Wirklichkeit im Osten Deutschlands im Sinne des in der Alt-BRD aufgebauten Bildes von der DDR verfälscht. Selbstbewußtsein, Selbstachtung und Wissen um die eigene Leistung, Lebensgefühl und Werte ostdeutscher Bürgerinnen und Bürger sollten damit unterdrückt werden. Nach drei Jahren Einheit ist Deutschland zwar staatlich geeint, aber im Inneren ökonomisch, sozial und geistig tief gespalten. Neue Mauern wurden errichtet, die dem Zusammenwachsen der beiden ehemaligen deutschen Staaten entgegenstehen.

5.

Nach der Euphorie von 1989/90 ist Ernüchterung eingetreten, weil Versprechungen nicht eingehalten wurden oder nicht eingehalten werden konnten. Unruhe und Angst breiten sich zunehmend aus. Verbrechen und organisierte Kriminalität sowie Korruption mehren sich. Über die durch die Massenmedien transportierte Porno-, Sex- und Gewaltwelle als Pseudoausdruck scheinbarer kultureller Freiheit wird ein Deformationsprozeß der menschlichen Werte vollzogen und die historisch gewachsene kulturelle Identität im Osten Deutschlands zerstört. Die Würde von Frauen wird mit Füßen getreten. Neonazismus und Rassismus bewirken eine Welle der Gewalt.

Eine von parteipolitischen Interessen unabhängige objektive Beurteilung der Situation in Deutschland ist unumgänglich. Die entstandenen Probleme sind zu ernst, als daß es einfache Lösungen gäbe, wie sie von rechtsextremen Kreisen den Menschen als Krisenlösungen angeboten werden.

Politik ist ein zu wichtiges Gebiet für das Zusammenleben der Menschen, als daß sie in der heutigen Zeit allein den Politikern mit ihrer spezifischen parteipolitischen Interessenlage überlassen werden darf.

6.

Die Tatsache, daß der eine deutsche Staat - die Bundesrepublik Deutschland - unter dem Wirken zeitweiliger historischer Faktoren seine Überlegenheit nachweisen konnte, wird historisch als Systemüberlegenheit interpretiert. Darauf aufbauend ist eine Siegermentalität gezüchtet worden, die einer in der Zukunft gefährlichen Fehleinschätzung Vorschub leisten könnte.

Natürlich zeichnet sich das gesellschaftliche System der alten Bundesrepublik aus durch höhere wirtschaftliche Effizienz, einen höheren Lebensstandard für beachtliche Teile der Bevölkerung, ein besseres Aussehen der Städte und Dörfer, ein höheres Niveau der Infrastruktur und vieles andere mehr. Aber zugleich wird offensichtlich und für viele Menschen erstmals erlebbar, daß die sogenannte soziale Marktwirtschaft für eine wachsende Zahl von Menschen dramatische soziale und psychische Belastungen mit sich bringt und die Sorge um die materielle Sicherung des Lebens bei steigenden Preisen für Wohnen, Verkehr und anderes für immer mehr Menschen zum Alltag gehört. Eine neue Armut entwickelt sich auch im Osten Deutschlands, der immer mehr Menschen hoffnungslos ausgeliefert sind.

Vor allem aber die für die Industriestaaten typische Strukturkrise mit der bisher unbeeinflußbaren Massenarbeitslosigkeit von Millionen bedeutet eine völlig neue Herausforderung für die Zukunft.

Bisher ist daraus kein Ausweg erkennbar. Die Herrschenden versuchen, diese Probleme mit der auf dem G-7-Gipfel in Tokio international abgestimmten Strategie des Sozialabbaus zu lösen, wodurch die Krise weiter verschärft werden dürfte.

Die Komitees für Gerechtigkeit bleiben angesichts dieser Entwicklung systemkritisch, um die Erarbeitung von Lösungen zu befördern, mit denen drohenden Gefahren unter Wahrung der Grundsätze des Humanismus, der Demokratie, der Toleranz und der Solidarität entgegengewirkt werden kann.

7.

Viele Menschen aus der DDR wissen um die Größe ihrer eigenen Leistungen, die dieser objektiv benachteiligte Staat unter dem Wirken anderer negativer historischer Umstände erbracht hat. Mit der friedlichen Revolution vom Herbst 1989 gewannen sie Weltoffenheit, Pluralität im geistigen und kulturellen Leben, aber sie verloren inzwischen Chancengleichheit im Bildungs- und Gesundheitswesen sowie in der Kultur. Sie erkämpften sich neue Möglichkeiten der Emanzipation und der Verwirklichung der Menschenrechte und müssen nun erleben, wie nach dem Wegfall der Systemauseinandersetzung für die Menschen in den alten wie in den neuen Bundesländern grundlegende Menschenrechte eingeschränkt und Grundrechte aufgehoben werden. Demokratische Rechte, die von den Gewerkschaften in den alten Bundesländern im Kampf errungen wurden, werden angegriffen. Rechte von Frauen und Jugendlichen, die zum Alltag in der DDR gehörten, werden abgeschafft. Der Streit um den § 218 und der Urteilsspruch von Karlsruhe dazu zeigen, welche Geisteshaltung der Emanzipation der Frauen entgegengesetzt wird, die mit der hohen Arbeitslosigkeit von 63 Prozent im Osten in erster Linie mit zu den Verlierern der Einheit werden. Zu dem Gewinn aus der staatlichen Einheit treten zunehmend dramatische Belastungen als Resultat einer einseitig auf Kapitalinteressen und Kapitalverwertung orientierten Vereinigungsstrategie.

8.

Neben der sachlichen Arbeit wird der Prozeß der staatlichen Vereinigung durch bestimmte Kreise der Politik und der Medien hinter einem Tarnvorhang von Verleumdungen, Irreführungen und Fälschungen vollzogen, gewürzt mit Halbwahrheiten, Sensationshascherei und vielerlei anderen Mechanismen, die zum Repertoire des kalten Krieges gehörten. Frömmelnde oder schreiende Politiker im Bundestag, sogenannte Opfer des DDR-Regimes mit kostenfreiem Hochschulabschluß, Doktoren- oder Professorentiteln von Universitäten der DDR geben den Ton an und meinen, mit dem ihnen eigenen Stil der Vergangenheitsbewältigung Deutschland aus der Krise führen zu können.

Demgegenüber steht die Aufgabe, sorgsam zu untersuchen, was die entscheidenden Faktoren dafür waren, daß die DDR mit der ungewöhnlich schlechten Ausgangslage nach 1945 ihre anfängliche Progression später auf vielen Gebieten einbüßte, woraus sich schließlich die Ineffizienz des Systems ergab.

Dies vereinfachend mit 40 Jahren Mißwirtschaft, SED-Terrorregime, Unrechtsstaat oder gar als unmenschliche Gesellschaft abzutun, die dem Faschismus gleich unzählige Menschen terrorisiert und zu Opfern gemacht habe, zu begründen, ist verantwortungslos vor Deutschland und eine Verfälschung der Geschichte, ist historisch nicht aufrechtzuerhalten. Mit solcher Siegermentalität, die ökonomische Ignoranz und politischen Haß verrät, ist der Zugang zur historischen Wirklichkeit in beiden deutschen Staaten, zur Nachkriegsgeschichte auf deutschem Boden für die Zukunft unseres Landes nicht zu finden. Vielmehr verstärkt sich die Gefahr, daß dadurch das vereinte Deutschland in eine ökonomische und politische Entwicklung steuert, aus der für das deutsche Volk, aber auch für die anderen Völker Schaden eintreten könnte.

9.

In zunehmendem Umfang ernüchternd in Ost und West wirkt die Erkenntnis über die Rolle des Geldes, die Funktion von Massenmedien und über die tatsächlichen demokratischen Mitspracherechte der Menschen, die oft aus Angst vor dem Verlust des Arbeitsplatzes nicht wahrgenommen werden. Vor allem in Ostdeutschland sind Illusionen über den Charakter der parlamentarischen Demokratie, die nach dem Grundgesetz vom Volke ausgeht, zerplatzt.

Immer deutlicher wird, daß in den letzten Jahren die im Grundgesetz verankerte repräsentative Demokratie in Gefahr ist, zu einer machtbezogenen Parteiendemokratie zu verkommen, in der parteipolitische Prioritäten über den Mehrheitsinteressen der Menschen stehen. Erscheinungen von Parteienfilz und Kumpanei, undemokratischer Fraktionszwang, der die Gewissensentscheidung von Abgeordneten einschränkt, ja selbst Korruption, unmäßige Bereicherung von Amtsträgern bei gleichzeitiger Mißachtung von Wählerentscheidungen und Arroganz gegenüber dem Anliegen der einfachen Menschen bestimmen nicht selten das Bild der offiziellen Politik. Das Empfinden wächst, daß die Spitzen von etablierten Parteien sich mehr den Aufsichtsräten von Industrie und Hochfinanz verpflichtet fühlen, die über ihre Lobby in den Parlamenten und durch sogenannte Parteienspenden in Millionenhöhe Entscheidungen der Volksvertreter wesentlich bestimmen.

Eine tiefe Parteienverdrossenheit ist die Folge. Auch sie wird genährt von diesem Geschichtsprozeß, der zunehmend von ökonomischen Machtinteressen mit ihren schier unüberschaubaren internationalen Verflechtungen bestimmt wird.

10.

Die ohnehin bereits vor der deutschen Vereinigung übermäßige Staatsverschuldung der Alt-BRD von über einer Billion DM 1990 ist durch unverantwortliche Privatisierungspolitik der Treuhand auf gegenwärtig 1,8 Billionen DM angewachsen und wird 1994 über 2 Billionen betragen. Riesengewinne haben vor allem Hochfinanz und Großindustrie erzielt. Neben unsinnigen Ausgaben des Staates werden Zinsleistungen von mehr als 100 Milliarden DM pro Jahr erbracht, die vom Steuerzahler, zumeist vom arbeitenden Menschen in Industrie, Landwirtschaft, Handwerk und Gewerbe und nunmehr immer stärker auch von den sozial Schwachen in Ost und West getragen werden müssen.

Die materiellen und finanziellen Lasten aus einer Vereinigungsstrategie, hinter einem Rauchvorhang von Irreführung und Verleumdung zur politischen und moralischen Entmündigung vieler Menschen im Osten verborgen und auf die Aneignung der von ihnen in Jahrzehnten erarbeiteten Werte zielend, wurden nunmehr der Mehrheit der Bevölkerung in Ost und West aufgebürdet. Mit dem Wegfall der sogenannten Systemauseinandersetzung zwischen Ost und West beginnt angesichts der Strukturkrise und der daraus folgenden Massenarbeitslosigkeit auch der Abbau von Sozialleistungen in der Alt-BRD. Der sogenannte Umbau des Sozialstaates ist auf die Tagesordnung gesetzt. Zugleich werden auch im Westen Kultur- und Bildungseinrichtungen eliminiert und staatliche Aufgaben privatisiert.

11.

Dieser nunmehr auf ganz Deutschland ausstrahlenden "Parteiendemokratie", die in der Vereinigungsstrategie zutage tritt und zu einem in seinen historischen Dimensionen einmaligen Umverteilungsprozeß von Ost nach West und von unten nach oben führt, muß Einhalt geboten werden. Dies kann auf demokratische Art und Weise nur durch das Votum und das einheitliche Handeln der Mehrheit der Bevölkerung erfolgen. Die Komitees für Gerechtigkeit kämpfen für eine Wende in der Vereinigungspolitik. Sie wenden sich gegen das machtpolitische Konzept der Aneignung der ehemaligen DDR und ihrer von den Menschen erarbeiteten Werte; sie treten ein für ein mehrheitlich getragenes Konzept gleichberechtigten Miteinanders aller Menschen in Deutschland, unabhängig von ihrer regionalen Herkunft.

Die notwendige Grundlage ist eine von parteipolitischen Interessen freie, wissenschaftlich fundierte Beurteilung der Lage, um Wege aus der Krise zu finden, die den inneren Frieden sichern. Das Deutschland-Bild in der Welt muß geprägt werden von dem Bestreben, die unbestreitbar vorhandenen wirtschaftlichen und politischen Kapazitäten zur Lösung der europäischen und globalen Probleme unter Ausschaltung militärischer Mittel einzusetzen. Die kritische Zuspitzung vieler über lange Zeiträume gewachsener Probleme muß als Beweis gewertet werden, daß sie mit dem bisherigen Stil der Parteienpolitik nicht ohne Mitwirkung breiter Bevölkerungskreise gelöst werden können. Demokratie lebt von der Einmischung der Menschen, wenngleich inzwischen viele bürokratische Hürden dies erschweren.

12.

Vernunft ist angezeigt in Deutschland, parteiübergreifende Zusammenarbeit von Menschen, die sich weder durch Haßtiraden gegen politisch Andersdenkende auseinanderdividieren noch durch vordergründige Partei- und Gewinninteressen davon abhalten lassen, gemeinsam nach realistischen Lösungen zu suchen und für Recht und Gesetz im deutschen Einigungsprozeß einzutreten.

Eine vereinte Willensanstrengung vieler Menschen wird gerade im Wahljahr 1993/1994 die politischen Parteien veranlassen können, den Stil ihrer politischen Tätigkeit und ihres Wirkens für die Einigung Deutschlands zu überprüfen und in stärkerem Maße den berechtigten Forderungen der Mehrheit der Menschen zu entsprechen, als das bisher erkennbar ist.

Berlin, 2. Oktober 1993

* Die vorstehenden Positionen wurden in gekürzter Form im November 1993 erneut publik gemacht und waren dann auch Inhalt der Rede des Vorsitzenden des Bundesverbandes der

Komitees für Gerechtigkeit, Prof. Dr. Heinrich Fink, auf dem 1. Ostdeutschen Bundeskongreß der Verbände vom Oktober 1993 (siehe Ostdeutsches Kuratorium der Verbände, Mitteilungen, Hrsg. Pressebüro des 1. Ostdeutschen Bundeskongresses der Verbände, Nr. 1).

Bundesgeschäftsstelle der Komitees für Gerechtigkeit

Dokument I / 14

Ziele und Programmatische Forderungen der Komitees für Gerechtigkeit in der Bundesrepublik Deutschland. Beschluß des 2. Bundeskongresses der Komitees für Gerechtigkeit vom 13. November 1993 in Berlin *

Inhalt

I.
Grundsätzliche Ziele und Forderungen zur Durchsetzung von Demokratie und Rechtsstaatlichkeit im deutschen Einigungsprozeß

Die Vereinigung Deutschlands ist nach drei Jahren staatlicher Einheit noch lange nicht vollzogen. Im Gegenteil: Durch die Vereinigungsstrategie und -praxis der Bonner Regierungskoalition wurden neue Mauern errichtet, die einer harmonischen politischen, wirtschaftlichen, sozialen und geistig-kulturellen Entwicklung im deutschen Einigungsprozeß entgegen- und damit einer friedlichen Zukunft des vereinten Deutschlands in der Gemeinschaft der Völker Europas im Wege stehen. Ein von der Mehrheit der Bevölkerung in Ost und West mitgetragenes Konzept fehlt und ist gegenwärtig weder von der Regierung noch von den etablierten politischen Parteien zu erwarten. Statt dessen häufen sich die Probleme auf nahezu allen Gebieten des Lebens. Sie lassen erkennen, daß die im Einigungsprozeß verursachten Defizite an Recht und Gerechtigkeit zunehmen. All das hat zu einer bedrückenden Situation in den neuen Bundesländern geführt und wirkt sich nunmehr in immer stärkerem Maße auf ganz Deutschland aus.

Dem muß Einhalt geboten werden!

1. Grundsätzliche Ziele der Komitees für Gerechtigkeit

Die Komitees für Gerechtigkeit - ein freiwilliger Zusammenschluß von Einzelpersönlichkeiten und juristischen Personen aus der Bundesrepublik Deutschland - fordern eine Wende in der Vereinigungspolitik der regierenden Kreise in der Bundesrepublik Deutschland.

Die Komitees für Gerechtigkeit wollen durch ihre Tätigkeit dazu beitragen, den deutschen Einigungsprozeß im Interesse der Mehrheit der Menschen in Deutschland auf demokratischem Wege gerecht zu gestalten.

Sie treten dafür ein, daß niemand wegen "seines Geschlechtes, seiner Abstammung, seiner Rasse, seiner Sprache, seiner Heimat und Herkunft, seines Glaubens, seiner religiösen und politischen Anschauungen benachteiligt oder bevorzugt" wird (Art. 3 Abs. 3 Grundgesetz).

Geleitet von dem Bestreben,

- die negativen Folgen der bisher praktizierten Einigungsstrategie einzugrenzen und den daraus entstandenen Schaden für die Menschen in ganz Deutschland zu minimieren,
- die Folgen der Teilung Deutschlands zu überwinden und Ungerechtigkeiten zu beseitigen, die im deutschen Einigungsprozeß entstanden sind oder neu entstehen,

fordern die Komitees für Gerechtigkeit, das Grundgesetz der Bundesrepublik Deutschland in der Fassung vom 3. Oktober 1990 und die von der Bundesrepublik Deutschland ratifizierte Konvention zum Schutz der Menschenrechte und Grundfreiheiten vom 4. November 1950 sowie die Konventionen der Vereinten Nationen über die bürgerlichen, politischen, wirtschaftlichen, sozialen und kulturellen Menschenrechte vom 19. Dezember 1966 uneingeschränkt in ganz Deutschland zu verwirklichen.

Die Komitees, ihre Landesverbände sowie der Bundesverband der Komitees für Gerechtigkeit vertreten kompromißlos die im Artikel 20 des Grundgesetzes bestimmten Verfassungsgrundsätze, in denen es heißt:

"(1) Die Bundesrepublik Deutschland ist ein demokratischer und sozialer Bundesstaat.
(2) Alle Staatsgewalt geht vom Volke aus. Sie wird vom Volke in Wahlen und Abstimmungen und durch besondere Organe der Gesetzgebung, der vollziehenden Gewalt und der Rechtsprechung ausgeübt.
(3) Die Gesetzgebung ist an die verfassungsmäßige Ordnung, die vollziehende Gewalt und die Rechtsprechung sind an Gesetz und Recht gebunden.
(4) Gegen jeden, der es unternimmt, diese Ordnung zu beseitigen, haben alle Deutschen das Recht zum Widerstand, wenn andere Abhilfe nicht möglich ist."

2. Prinzipielle Forderungen zur Gewährleistung der Demokratie

Die Art und Weise der Gestaltung des Einigungsprozesses verletzt diesen und andere Artikel des Grundgesetzes und der Menschenrechtskonventionen.

Die Komitees für Gerechtigkeit werden sich damit nicht abfinden!

Wir wenden uns deshalb gegen den von Politikern der etablierten politischen Parteien erhobenen Ausschließlichkeitsanspruch, mit der von ihnen gesteuerten Bürokratie und Gerichtsbarkeit nach der Interessenlage der von ihnen vertretenen wirtschaftlich mächtigen Kräfte aus Hochfinanz und Großindustrie allein über die Prozesse zur Gestaltung der deutschen Einheit und damit über die Geschicke aller Bevölkerungskreise des deutschen Volkes zu entscheiden.

Wir treten ein für die Achtung der berechtigten Interessen aller Menschen in Deutschland und für ihre reale demokratische Mitsprache bei grundlegenden Entscheidungen, die die Allgemeinheit oder eine große Zahl von Menschen betreffen. Das gilt auch für eine Neufassung des Grundgesetzes gemäß Artikel 146.

Unsere wichtigsten Forderungen auf diesem Gebiet sind:

2.1. Aufnahme und Garantie der Beteiligung der Bürger an der Ausgestaltung der Verfassung und der Grundlagen der Rechtsordnung in Bund, Ländern und Kommunen durch öffentliche Diskussion und Entscheidung der Bevölkerung über diese Grundlagen der Demokratie. Änderung des Artikels 154 des Grundgesetzes, damit eine Direktwahl des Bundespräsidenten durch die wahlberechtigten Bürgerinnen und Bürger möglich wird.

2.2. Durchsetzung neuer und erweiterter Formen und Strukturen der demokratischen Mitsprache- und Kontrollmöglichkeiten der Bürger bei der Gestaltung der Gesellschaft, der Verwirklichung der Verfassungen, von Recht und Gesetz.

2.3. Bildung einer eigenständigen Vertretungskörperschaft der Bürger der neuen Bundesländer, die das Recht hat, an Gesetzgebungsverfahren zur Überwindung der Folgen der Spaltung Deutschlands und zur schrittweisen Annäherung der Lebensverhältnisse mitzuwirken und das Bundesverfassungsgericht anzurufen, wenn es um Rechte und Fragen geht, die die Herstellung der Einheit Deutschlands betreffen.

2.4. Einführung von Volksentscheiden und Volksbegehren für die Bürger Ostdeutschlands über Angelegenheiten, die das Beitrittsgebiet als Ganzes betreffen.

2.5. Geltendmachung von Rechten gemäß Art. 44 des Einigungsvertrages durch die Landesregierungen der neuen Bundesländer.

2.6. Organisation von Runden Tischen zur Interessenanhörung und öffentlichen Meinungsbildung im Prozeß der Entscheidungsvorbereitung auf den einzelnen Verwaltungsebenen in ganz Deutschland.

3. Durchsetzung rechtsstaatlicher Grundsätze im deutschen Einigungsprozeß

Die Komitees für Gerechtigkeit wollen daran mitwirken, daß ausgehend vom Grundgesetz rechtsstaatliche Grundsätze unter Beachtung der aus der DDR nachwirkenden Verhältnisse im deutschen Einigungsprozeß eingehalten und durchgesetzt werden. Gemäß Artikel 3 des Grundgesetzes treten wir dafür ein, daß die derzeitige Mißachtung oder Einschränkung der grundgesetzlich verankerten Rechte für Menschen Ostdeutschlands überwunden wird und diskriminierende Regelungen, die im Zuge des Einigungsprozesses erlassen wurden, geändert oder aufgehoben werden.

Die Komitees mahnen an, daß die rechtsprechende Gewalt, im besonderen das Bundesverfassungsgericht, gemäß Artikel 92 und 93 des Grundgesetzes ihre Aufgaben uneingeschränkt und nicht parteilich ausüben möge.

In Übereinstimmung mit dem Grundgesetz treten wir auf gegen jegliche Diskriminierung und Diffamierung von Bürgern der ehemaligen DDR, die bei strikter Wahrung der Gesetzlichkeit im Interesse der Menschen und ihrer Gesellschaft gearbeitet haben.

Schluß mit der Siegermentalität, die auf dem Weg zur deutschen Einheit neue "Mauern" errichtet!

Unsere wichtigsten Forderungen auf diesem Gebiet sind:

3.1. Aufhebung aller diskriminierenden Sonderregelungen für ehemalige DDR-Bürger (z[um] B[eispiel] Ausschluß aus dem öffentlichen Dienst, Rentenstrafrecht, Rechtsanwaltsüberprüfungen, Abwicklung von Wissenschaftlern und Künstlern aller Disziplinen und Bereiche, Nichtanerkennung von Berufs und Studienabschlüssen), die das Gleichheitsprinzip des Grundgesetzes verletzen und de facto rechtswidrig Bürger der Bundesrepublik aus dem Beitrittsgebiet zu Menschen zweiter Klasse degradieren.

3.2. Beseitigung aller in einseitiger Auslegung des Einigungsvertrages erlassenen Rechtsakte, die die Existenz der ehemaligen DDR mißachten und nachträglich deren staatliche Souveränität bei Entscheidungen für ihre Bürger in Frage stellen. Korrektur aller Entscheidungen und Rechtsakte, die rückwirkend Gesetze der Alt-BRD auf die Beurteilung des mit den Gesetzen der DDR im Einklang stehenden Handelns der Bürger Ostdeutschlands anwenden.

3.3. Aufhebung aller Rechtsvorschriften des Bundes oder der Länder, die den Bürgern der neuen Bundesländer den Zugang zum öffentlichen Dienst grundgesetzwidrig verwehren und Bürger aus der Alt-BRD bevorzugen. Jede Form der Diskriminierung und Ausgrenzung sogenannter staatsnaher Gruppen von Bürgern ist unverzüglich aufzuheben, wenn keine strafbaren Handlungen rechtskräftig festgestellt wurden.

3.4. Gemäß Artikel 36 des Grundgesetzes sind in den obersten Bundesbehörden Bürger aus den neuen Bundesländern in angemessenem Verhältnis zu beschäftigen. In den neuen Bundesländern sollen dementsprechend vor allem Personen eingesetzt werden, die in diesen Ländern vor deren Bildung auch gewohnt haben.

3.5. Gewährleistung und Kontrolle der Festlegungen des Einigungsvertrages über die Unantastbarkeit der Enteignungen von Nazi- und Kriegsverbrechern sowie Großgrundbesitzern und der Bodenreform. Strikte Einhaltung der in den Zwei-plus-Vier-Verhandlungen vertraglich eingegangenen Verpflichtung über die Anerkennung der Grenzen des vereinten Deutschlands, Verbot nazistischer und revanchistischer Verbände oder Organisationen und strafrechtliche Verfolgung von Handlungen, die geeignet sind, das friedliche Zusammenleben der Menschen und der Völker zu stören.

3.6. Überprüfung und Kontrolle der Tätigkeit der Treuhandanstalt; Untersuchung von Handlungen zum Schaden der Bürger der ehemaligen DDR. In die Tätigkeit des durch den Bundestag gemäß Artikel 44 des Grundgesetzes gebildeten unabhängigen Untersuchungsorganes zur Arbeit der Treuhand sind kompetente Vertreter aus den neuen Bundesländern einzubeziehen.

3.7. Errichtung von Kontrollinstanzen bei den gewählten Volksvertretungen, die alle für die jeweilige Verwaltungsebene wesentlichen Verträge über Vermögenswerte überprüfen, nötigenfalls Korrekturen oder Nachbesserungen fordern bzw. rechtswirksame Schritte bei den zuständigen Volksvertretungen, gegebenenfalls den Verwaltungsgerichten, anmahnen. Kein Verbergen hinter sogenannten privatrechtlichen Interessen.

II.
Politische Forderungen zu ausgewählten Schwerpunkten im deutschen Einigungsprozeß

1. Wirtschaftspolitik

Wir treten auf gegen die Politik der Deindustrialisierung Ostdeutschlands und gegen alle offenen oder verdeckten Formen des Raubes und der Verschleuderung der von den Menschen in der DDR erarbeiteten Werte. Wir wenden uns entschieden gegen die Lüge, daß die DDR kaum nennenswertes wirtschaftliches Vermögen, sondern nur einen riesigen Schuldenberg in die Einheit eingebracht habe.

Wir treten ein für das Recht auf Arbeit, die Finanzierung von Arbeit statt Arbeitslosigkeit und für eine an sozialen und ökologischen Zielen orientierte Entwicklung und Modernisierung der ostdeutschen Wirtschaft, die Wahrung der gewerkschaftlichen Rechte sowie die Offenlegung und öffentliche Kontrolle über die Verwendung aller Vermögenswerte Ostdeutschlands.

Unsere wichtigsten Forderungen auf diesem Gebiet sind:

1.1. Erarbeitung und öffentliche Diskussion von Konzeptionen zum Erhalt bzw. zur Modernisierung der Wirtschafts- und Industriestandorte Ostdeutschlands, seiner Länder, Regionen und Kommunen, die eine nachhaltige und progressive wirtschaftliche Entwicklung ermöglichen.

1.2. Entschiedene Maßnahmen gegen die Massen- und Langzeitarbeitslosigkeit, eine aktive staatliche Industrie- und Strukturpolitik, Entwicklung eines öffentlich finanzierten Sektors auf den Gebieten sozialer, ökologischer und kultureller Dienstleistungen.

1.3. Wahrnehmung der wirtschaftspolitischen Verantwortung des Bundes durch Schaffung eines bundesweiten Investitionsfonds zur Strukturanpassung in den produzierenden Bereichen Ostdeutschlands sowie gezielte Marktsicherungsmaßnahmen für die ostdeutsche Wirtschaft. Der Investitionsfonds soll primär für die Strukturanpassung in den produzierenden Bereichen, für Umweltsanierung, Wohnungsbau und -modernisierung eingesetzt werden. Zu dessen Finanzierung sind vor allem Einheitsgewinnler heranzuziehen.

1.4. Förderung des Handwerks, des Gewerbes und der mittelständischen Betriebe durch die öffentliche Hand, von Bürgern und Firmen oder Firmengründern der neuen Bundesländer und Ostberlins bei der Kredit- und Auftragsvergabe sowie gesetzgeberische Maßnahmen über den Abschluß langfristiger Gewerbemietverträge bei Einhaltung verträglicher, festgeschriebener Mietobergrenzen durch die Kommunen.

1.5. Ausarbeitung und Verwirklichung einer Landwirtschaftspolitik, die allen Eigentumsformen gleiche Chancen bietet, die auch gemeinschaftliche Großproduktion fördert, die Ergebnisse der Bodenrefonn respektiert, den Landwirten der neuen Bundesländer den Zugang zum Boden ermöglicht und ökologisches Wirtschaften unter Berücksichtigung der Konkurrenz in der EG gestattet. Dem Nutzer muß der Vorrang beim Landerwerb gegenüber dem Alteigentümer eingeräumt werden.

1.6. Veröffentlichung einer wahrheitsgemäßen Bilanz über das gesamte öffentliche Vermögen der DDR und seine bisherige Verwendung, wobei die von der DDR-Bevölkerung für ganz Deutschland an die Siegermächte geleisteten Reparationen mit zu berücksichtigen sind. Verbriefung eines Anteilrechtes am ehemaligen Volksvermögen für die Bürger der DDR mit Stichtag 3.10.1990.

2. Boden- und Wohnungspolitik

Wir treten auf gegen alle Arten von Boden-, Immobilien- und Mietspekulation mit den durch die Bevölkerung im Osten Deutschlands erarbeiteten und finanzierten Werten.

Wir treten ein für das Recht auf angemessenen Wohnraum und eine die Länder und Kommunen stärkende Boden- und Wohnungspolitik, die es ihnen ermöglicht, im Interesse der Einwohner wirtschafts- und wohnungspolitisch wirksam zu werden.

Unsere wichtigsten Forderungen auf diesem Gebiet sind:

2.1. Rasche gesetzgeberische Schritte und wirksame Maßnahmen zur Verhinderung von Boden- und Immobilienspekulation sowie Mietwucher, Zweckentfremdung und Leerstand von Wohnungen, Überprüfung der bisher abgeschlossenen Verträge unter Verantwortung der Kommunen und Offenlegung in deren Volksvertretungen.

2.2. Kostenlose Übereignung des Grund und Bodens, auf dem die Wohngebäude staatlicher, kommunaler und genossenschaftlicher Wohnungsbauunternehmen der ehemaligen DDR stehen, an diese Unternehmen bzw. an die Kommunen.

2.3. Ersatzlose Streichung der real nicht existierenden sogenannten Altschulden der ostdeutschen Wohnungswirtschaft und der LPG sowie der damit begründeten Zinsleistungen. Aufhebung des sogenannten Altschuldenhilfegesetzes vom 23.6.1993.

2.4. Unverzügliche Ausarbeitung eines Gesetzes, das die Entschädigung, nicht aber die Rückgabe stimuliert, die Übertragung von Rückübertragungsansprüchen an Dritte ausschließt und die Überführung aller Wohn- und Erholungsgrundstücke mit Überlassungsverträgen in das volle Eigentum der Nutzungberechtigten regelt, sowie Ausgleichszahlungen bei dinglichen Nutzungsrechten vorsieht.

2.5. Gesetzliche Festlegung von Mietobergrenzen für Wohnungen; die Wiedereinführung der Mietpreisbindung in Ballungszentren und die Bindung von Mieterhöhungen an die Einkommensentwicklung; eine rasche Steigerung und jährlich nachzuweisender Bau von Sozialwohnungen, mindestens in der Größe von 50 Prozent des Wohnungsbaus der ehemaligen DDR im Jahre 1989; eine kontrollierte Beschränkung der Umwandlung in Eigentumswohnungen, ersatzlose Streichung der sogenannten Stichtagsregelung.

2.6. Gesetzgeberische Schritte zur Erweiterung des Kündigungsschutzes, insbesondere für Rentner, Behinderte und Alleinerziehende sowie Maßnahmen zur Verhinderung und Beseitigung von Obdachlosigkeit; die Begrenzung der Modernisierungskosten in Relation zur Grundmiete und die Beseitigung der Möglichkeit zur Umlegung von Instandsetzungskosten auf die Miete.

3. Sozialpolitik

Wir treten auf gegen alle offenen und versteckten Angriffe gegen den sozialen Bundesstaat und den zunehmenden Sozialabbau in Deutschland, gegen die Benachteiligung von Frauen, Kindern und Jugendlichen, alten und behinderten Menschen sowie die vorprogrammierte dauerhafte soziale Spaltung Deutschlands.

Wir treten ein für den Ausbau des Sozialstaates und für die staatliche Gewährleistung einer sozialen Grundsicherung für alle Menschen in Deutschland.

Unsere wichtigsten Forderungen auf diesem Gebiet sind:

3.1. Entwicklung einer kinderfreundlichen Familienpolitik, die in besonderem Maße die soziale Benachteiligung der Familien mit mehreren Kindern ausgleicht und die Gleichstellung von Mann und Frau in Beruf und Familie verwirklichen hilft.

3.2. Das alleinige Entscheidungsrecht der Frauen zur Schwangerschaft ohne demütigende Antragsprozeduren, die Beseitigung von Benachteiligungen für Alleinerziehende; für ein neues Rentenrecht für Frauen, das die besondere Rolle der Frau als Mutter gesellschaftlich stärker anerkennt.

3.3. Sicherung einer auf die Anforderungen der Zukunft orientierten Berufsausbildung und beruflichen Weiterbildung junger Menschen, die ihre unverzügliche Eingliederung in den Arbeitsprozeß garantiert. Entwicklung bzw. Wiederaufbau von materiellen und personellen Bedingungen für eine sinnvolle Freizeitgestaltung der Jugend durch staatliche, gesellschaftliche sowie private Träger.

3.4. Gewährleistung des durch den Einigungsvertrag zugesicherten Bestands- und Vertrauensschutzes sowie des Grundrechts nach Gleichheit vor dem Gesetz gemäß Artikel 3 des Grundgesetzes für ostdeutsche Rentner. Schaffung neuer gesetzlicher Regelungen bzw. Übergangsregelungen, die im Beitrittsgebiet

- den Antragsstau für Rentenbescheide und -neuberechnung kurzfristig beseitigen,

- rechtsstaatlich erworbene Rentenansprüche und -anwartschaften aus Zusatz- und Sonderversorgungssystemen, aus der Freiwilligen Zusatzrentenversorgung und für Frauen voll anerkennen,
- die Dynamisierung aller Renten und Versorgungsansprüche sowie die Fortführung und Beibehaltung von Sozial- und Rentenzuschlägen gewährleistet.

3.5. Schaffung eines neuen Alterssicherungsrechts für das Beitrittsgebiet, das
- eine akzeptable, verfassungsgerechte Überführung der in der ehemaligen DDR erworbenen Ansprüche in zwei Säulen der Alterssicherung gewährleistet,
- eine echte Angleichung auf das in den alten Bundesländern geltende Recht der Alterssicherung bewirkt,
- allen Bürgern im Beitrittsgebiet die Chance gibt, schrittweise ein angemessenes, ihren Lebensstandard sicherndes Alterseinkommen erreichen zu können, das auf den in Westeuropa üblichen drei Säulen der Alterssicherung - gesetzliche Rente, Zusatzversorgung und private Vorsorge - beruht.

3.6. Aufbau eines gesetzlichen Versicherungssystems, das eine Grundversorgung unabhängig vom sozialen Status der Menschen gewährleistet.

Reform der gesetzlichen Krankenversicherung sowie Gewährleistung einer menschenwürdigen Grundsicherung bei Krankheit, im Alter und im Pflegefall.

3.7. Fördermaßnahmen des Bundes und der Länder zur Anwendung der in Organisationsform, Kosten und Effektivität verallgemeinerungswürdigen Erfahrungen aus der poliklinischen Arbeit in der DDR auf den Gebieten von Prophylaxe, Diagnostik, Therapie und Rehabilitation; Abbau von Bürokratie und Verwaltungsaufwand im Gesundheits- und Versicherungswesen; Beseitigung der Mehrfachbelastung der Versicherten im Krankheitsfall, Abschaffung der Mehrwertsteuer auf ärztlich verordnete Arzneimittel und Hilfsmittel der Krankenbetreuung.

4. Kulturpolitik, Kunst, Wissenschaft und Bildung

Wir wenden uns gegen die aus Arroganz und Profitzwang betriebene Politik des Kahlschlags in Bildung, Wissenschaft, Kunst und Kultur sowie die Diffamierung der Leistungen der Menschen in der ehemaligen DDR und den Versuch der Beseitigung der Identität der Menschen Ostdeutschlands auf diesen Gebieten.

Wir treten ein für Gleichheit bei der Behandlung bildungspolitischer, kultureller, künstlerischer und wissenschaftlicher Ergebnisse und Leistungen in Ost und West sowie eine humanistisch orientierte Förderung des geistig-kulturellen Lebens in ganz Deutschland.

Unsere wichtigsten Forderungen auf diesem Gebiet sind:

4.1. Durchsetzung der im Einigungsvertrag übernommenen Verpflichtungen des Staates gegenüber den gewachsenen kulturellen Strukturen und künstlerischen Leistungen auf allen Ebenen.

4.2. Entwicklung einer Medienkultur, die der Würde des Menschen und den Ansprüchen an eine historisch gewachsene Kulturnation in Europa entspricht.

4.3. Schluß mit der Politik der Ausgrenzung von ostdeutschen Wissenschaftlern und der Reduzierung von Akademikern und wissenschaftlichem Nachwuchs an Hochschulen, Universitäten und wissenschaftlichen Instituten.

4.4. Erarbeitung von staatlichen Konzeptionen für eine zielgerichtete Entwicklung von Wissenschaft und Forschung in zukunftsträchtigen Bereichen von Ökologie und Technologie für die neuen Bundesländer unter Nutzung ihres wissenschaftlichen Potentials zum Wiederaufbau der Industriestandorte in Ostdeutschland.

4.5. Volle Gleichstellung der vor und nach der Vereinigung in den alten und neuen Bundesländern erworbenen Schul-, Berufs- und Studienabschlüsse. Sicherung gleicher Bildungschancen für alle Kinder und Jugendlichen, gegen das Einfrieren des BAFÖG und die Einführung von Studiengebühren an den Universitäten und Hochschulen; Gleichstellung der Pädagogen in Ost und West.

4.6. Gesetzliche Regelungen zur Sicherung von bedarfsgerechten Lehrstellen für alle Schulabsolventen; für den Erhalt und den Ausbau von Kitas, Horten, Klubs sowie schulischen, sportlichen und kulturellen Einrichtungen und die Finanzierung der noch existierenden Jugend-, Freizeit- und Sportstätten mit Hilfe der Kommunen und Freien Träger.

4.7. Stärkere Förderung des Vereins- und Breitensports, gegen ungerechtfertigte Verdächtigungen und die Benachteiligung der Sportler und Trainer sowie Anerkennung der sportlichen Leistungen und Erfolge von Sportlerinnen und Sportlern Ostdeutschlands.

5. Finanz- und Steuerpolitik

Wir treten auf gegen eine unverantwortbare Vergeudung von Finanzmitteln und Steuergeldern in vielen Bereichen in Bund, Ländern und Kommunen.

Wir treten ein für drastische Ausgabensenkungen für die Rüstung und das Militär sowie bei allen Behörden; für eine effektive Zinsbegünstigung niedriger Einkommensgruppen, Handwerker und Gewerbetreibender sowie Kleinsparer und -anleger.

Unsere wichtigsten Forderungen auf diesem Gebiet sind:

5.1. Rigorose Kürzung der Ausgaben, zuerst für Verwaltung und unsinnige Repräsentationen sowie für sogenannte Gefälligkeitsaufträge der öffentlichen Hand, und zwar mit progressiv steigendem Anteil, beginnend bei den Kommunen, über die Landesbehörden bis zu den obersten Bundesbehörden und den ihnen unterstellten Institutionen.

5.2. Einleitung einer umfassenden Verwaltungsreform in ganz Deutschland, Neuordnung des Beamtenrechtes mit dem Ziel, Privilegien für diese Personengruppen und deren Angehörige, insbesondere der Höher- und Besserverdienenden im Vergleich zu anderen Beschäftigten abzubauen. Offenlegung der vorgesehenen Haushaltsplanausgaben auf allen Ebenen für die öffentliche Diskussion und Organisation von Runden Tischen auf den einzelnen Verwaltungsebenen im Prozeß der Entscheidungsvorbereitung durch die jeweils zuständige Volksvertretung.

5.3. Eine konsequente Finanz- und Steuerreform, die eine stärkere Progression der Besitzsteuern, die Einführung einer Öko-Steuer und höherer Grundfreibeträge bei der Einkommensteuer, eine Vermögensabgabe für Besserverdienende, eine höhere Beteiligung der Kommunen an den Gemeinschaftssteuern sowie eine progressive Besteuerung der rasant gestiegenen Zinsgewinne der Geldinstitute beinhaltet.

5.4. Fortführung der Bundeszuweisung an die Kommunen der neuen Bundesländer über das Jahr 1994 hinaus und Wiederauflage der 1991 ausgelaufenen Investitionspauschale zum Aufbau der neuen Bundesländer.

5.5. Rationelle Nutzung der aus der DDR in das Eigentum von Bund, Ländern und Kommunen übernommenen volkseigenen Immobilienfonds. Beachtung der Grundsätze strenger Sparsamkeit bei der Ausgabe von Steuergeldern, vor allem im Zusammenhang mit Maßnahmen zu Verwaltungs- und Gebietsreformen sowie dem Umzug von Parlament und Regierung nach Berlin.

5.6. Umzug von Bundestag und Bundesregierung in die Hauptstadt nach der kostengünstigsten Variante auf der Grundlage eines Stufenplanes bis spätestens 1998. Erarbeitung und Verabschiedung einer Entwicklungskonzeption für Berlin bis zum Jahre 2020, die insbesondere eine neue Arbeitsmarkt- und Strukturpolitik unter Einbeziehung der Umlandregionen in Brandenburg enthält. Schluß mit der Vorbereitung kostspieliger Abrißpläne aus machtpolitischen Erwägungen in Ostberlin und mit der Planung des Neubaus eines gigantischen Regierungsviertels im Zentrum der Hauptstadt.

5.7. Schaffung gesetzlicher Bestimmungen, um die von den Rechnungshöfen bei der Kontrolle der Verwendung von Haushaltmitteln festgestellten Verstöße gegen Grundsätze verantwortungsbewußten Umgangs mit öffentlichen Geldern strafrechtlich zu ahnden und die dafür Verantwortlichen materiell haftbar zu machen.

5.8. Drastische Reduzierung des Einkommensgefälles zwischen alten und neuen Bundesländern, zwischen Ost- und Westberlin. Beibehaltung der Tarifautonomie.

III.
Die Komitees für Gerechtigkeit und ihre Koalition mit allen demokratischen Kräften

Die Komitees für Gerechtigkeit sind ein freiwilliger Zusammenschluß von Einzelpersönlichkeiten und juristischen Personen aus der Bundesrepublik Deutschland. Sie haben sich in Landesverbänden und dem Bundesverband zusammengeschlossen, um in enger Kooperation mit allen demokratischen Kräften in den Kommunen, den Ländern und auf Bundesebene gemeinsam die Interessen der Menschen im deutschen Einigungsprozeß wirksam zu vertreten.

Die Komitees für Gerechtigkeit richten ihre Forderungen an die Träger der Staatsgewalt, insbesondere an die Organe der Gesetzgebung, der vollziehenden Gewalt und der Rechtsprechung.

Sie wenden sich aber ebenso an die Mitglieder der politischen Parteien und deren Repräsentanten auf kommunaler Ebene, auf Landes- und Bundesebene.

1. Zur Arbeitsweise der Komitees für Gerechtigkeit

Die Komitees für Gerechtigkeit, ihre Landesverbände und der Bundesverband konzentrieren sich in ihrer Arbeitsweise in den nächsten Jahren vor allem darauf:

1.1. von den politischen Parteien und anderen in der Gesellschaft wirkenden politischen Kräften und Persönlichkeiten öffentlich Auskunft zu verlangen, wodurch und wie sie den grundsätzlichen Interessen der Menschen in ihrer politischen Verantwortung entsprechen bzw. tatsächlich entsprochen haben,

1.2. die Ursachen und Hintergründe der in unserer Gesellschaft existierenden Interessenkonflikte sowie gegebenenfalls auch die Mechanismen zu ihrer Vertuschung und zur Irreführung der Bevölkerung aufzudecken,

1.3. die Versuche von Rechtsbeugung und Gesetzesverletzung im Vollzug des Einigungsprozesses und die Methoden der Diffamierung von Millionen Ostdeutscher zu benennen und zu dokumentieren sowie die dafür Verantwortlichen namhaft zu machen,

1.4. zu einer fundierten und objektiven Meinungsbildung über alle das Leben der Menschen berührenden Fragen auf den Gebieten der Politik und der Wirtschaft, der Gesetzgebung und des Rechts, der Wissenschaft und der Kultur beizutragen,

1.5. das Suchen nach bislang vertanen Möglichkeiten und Wegen zu befördern, einem sich abzeichnenden und sich beschleunigenden Crash-Kurs durch ein solidarisches Miteinander aller Schichten der Bevölkerung zu begegnen und damit neue Chancen für das friedliche Leben in einem zukunftsorientierten Land zu eröffnen,

1.6. die Menschen zu ermutigen, ihre existentiellen Interessen mit Sachkunde und Verantwortung stärker selbst zu vertreten und nicht nachzulassen, ihrer

Stimme im politischen Leben auf allen Ebenen und in allen Bereichen unserer Gesellschaft Geltung zu verschaffen,

1.7. solche Aktivitäten, Proteste und friedliche Aktionen der Menschen zu fördern und zu koordinieren, zu unterstützen und zu organisieren, die geeignet sind, den Zielen und Programmatischen Forderungen der Komitees für Gerechtigkeit öffentlichkeitswirksam Ausdruck zu verleihen und ihnen in der gesellschaftlichen Praxis zum Durchbruch zu verhelfen,

1.8. die internationale Öffentlichkeit verantwortungsbewußt über die Vorgänge im deutschen Einigungsprozeß zu unterrichten und mit internationalen Organisationen und Gremien zusammenzuarbeiten, die für die originären Ziele der Vereinten Nationen wirken.

2. Für eine Koalition der Vernunft im deutschen Einigungsprozeß

Die Komitees für Gerechtigkeit treten ein für eine Koalition der Vernunft. Sie wollen parteiübergreifend mit anderen Menschen zusammenarbeiten, die bereit sind, für Gerechtigkeit, Recht und Gesetz im deutschen Einigungsprozeß einzutreten. Die Komitees unterstützen die Forderung ostdeutscher Politiker nach einer Aussöhnung zwischen den ehemals politischen Gegnern in den beiden deutschen Staaten.

Die Komitees für Gerechtigkeit sind dabei unverzichtbaren Grundhaltungen verpflichtet. Sie unterstützen mit dem Ringen um die Verwirklichung ihrer Ziele und Programmatischen Forderungen all jene Menschen im In- und Ausland, die für ein solidarisches Deutschland eintreten und sich gegen Neonazismus, Revanchismus und Ausländerfeindlichkeit, gegen immer stärker werdende Erscheinungen auf den Gebieten von Politik, Wirtschaft, Verwaltung, Justiz und Kultur wenden, die das größer gewordene Deutschland in eine unheilvolle Entwicklung treiben könnten.

Insbesondere treten wir auf:

- gegen alle Formen und Mechanismen politischer, ökonomischer, sozialer, kultureller und religiöser Diskriminierung von Menschen, gegen Extremismus und Gewalt als Mittel zur Lösung gesellschaftlicher Konflikte, für sichere und geordnete Verhältnisse, für das friedliche Zusammenleben der Menschen und den Dialog über strittige Fragen,
- gegen die Aushöhlung des Grundgesetzes durch die neue Asylgesetzgebung; für ein gleichberechtigtes Zusammenleben von Ausländerinnen und Ausländern mit Deutschen in einer multikulturellen Gesellschaft,
- gegen eine die Umwelt und die natürlichen Lebensgrundlagen weiter zerstörende Wirtschafts- und Verkehrspolitik, für eine ökologieorientierte Politik und die verfassungsmäßige Verankerung des Umweltschutzes ohne Gesetzesvorbehalt,

- gegen eine von Deutschtümelei und Großmachtstreben getragene Europapolitik gegenüber den Nachbarn Deutschlands und den Völkern in Ost- und Südeuropa, für eine demokratische Europa- und konsequente Friedens- und Abrüstungspolitik, für die Deutschland ein gutes Beispiel geben sollte,
- gegen die weitere Ausplünderung der Völker in den Ländern der Dritten Welt und die Duldung der versteckten Formen des Neokolonialismus im Interesse von Finanz- und Wirtschaftskreisen der Industrieländer, für die Herausbildung gleichberechtigter Wirtschafts-, Finanz- und Handelsbeziehungen zwischen den Staaten, die die Lebens- und Entwicklungsinteressen aller Partner gleichberechtigt achten und die eigenständige sozialökonomische Entwicklung der Länder zum Nutzen der Menschen fördern.

Die im Bundesverband zusammengeschlossenen Komitees für Gerechtigkeit appellieren an die Frauen und Männer, vor allem die jungen Menschen, an alle demokratischen Kräfte, Persönlichkeiten aus Politik, Wirtschaft, Wissenschaft, Kunst und Kultur, aus der Verwaltung, an die Bürger in Parteien, Verbänden, Organisationen oder Initiativgruppen, an die Kirchen, Religions- und Weltanschauungsgemeinschaften in ganz Deutschland, die unserem Grundanliegen und den wesentlichen Inhalten unserer Ziele und Programmatischen Forderungen beipflichten,

- sich in Komitees für Gerechtigkeit in allen Territorien und auf allen Ebenen, in Kommunen, Kreisen und Ländern zusammenzufinden, in den dort bestehenden Komitees mitzuarbeiten bzw. mit ihnen zusammenzuarbeiten oder
- deren Tätigkeit durch Sachleistungen und Spenden zu unterstützen.

Nur eine vereinte Willensanstrengung vieler Menschen wird die in der Verantwortung für die Menschen und die Zukunft Deutschlands stehenden Politiker veranlassen können, den Stil ihrer politischen Tätigkeit und ihres Wirkens für die Einigung Deutschlands zu überprüfen und in stärkerem Maße den berechtigten Forderungen der Mehrheit der Menschen zu entsprechen, als das bisher erkennbar ist.

* Das Dokument wurde auch in Fassungen herausgegeben, die nur die Hauptaussagen wiedergeben.

Herausgegeben vom Bundesvorstand der Komitees für Gerechtigkeit e.V. (i.G.) [Berlin 1993]

Dokument I / 15

Aufruf der Gesellschaft zum Schutz von Bürgerrecht und Menschenwürde und des Bundesverbandes der Komitees für Gerechtigkeit: Verhindert die Wahl Heitmanns zum Bundespräsidenten! Vom 13. November 1993

Die Sonntagsreden zum Tag der deutschen Einheit sind verklungen, die Probleme geblieben, der Alltag hat uns wieder. Vom Tag der Einheit blieb uns der Vorschlag von Bundeskanzler Kohl, mit Steffen Heitmann einen Ostdeutschen zum Bundespräsidenten zu wählen. Kohl bietet in Rückerinnerung an vergangene erfolgreiche Wahlkämpfe die Losung "Heitmann statt Versöhnung" an.

Kein Wunder, daß Politik- und Parteiverdrossenheit um sich greifen und die einzige Partei, die einen massenhaften Zulauf hat, derzeit die Partei der Nichtwähler ist. Diese wird sich noch vergrößern, wenn Steffen Heitmann zum Bundespräsidenten gewählt wird. Verhindern wir das gemeinsam!

Wer Holocaust und von Deutschen entfachten Weltkrieg einfach "in die Geschichte einordnen" will, hat nichts von Schuld und Verantwortung begriffen, der toleriert Unmenschlichkeit.

Wer erklärt, daß wir "in Deutschland keine Versöhnungsinitiativen und Amnestiegesetze zum Wachsen der inneren Einheit" brauchen, steht für fortdauernde Ausgrenzung Hunderttausender, insbesondere in den neuen Bundesländern.

Wer mit einem patriachalischen Frauenbild eine "Schutz- und Sicherheitsgemeinschaft" schaffen will, die Ausländer möglichst aussperren soll, darf nicht Bundespräsident werden. Eine solche Geisteshaltung darf nicht "den Osten" repräsentieren!

Heitmann ist das Programm für einen unverhohlenen Rechtsruck!

Verhindert Heitmann!

Appelliert an die Bundesversammlung, Heitmann nicht zu wählen! Sammeln Sie Unterschriften gegen dessen Kandidatur!

Schicken Sie Ihren Protest an folgende Kontaktadressen:

Gesellschaft zum Schutz von Menschenrecht und Menschenwürde, Karl-Lade-Straße 26, 10369 Berlin oder Bundesverband der Komitees für Gerechtigkeit, Weydingerstr[aße] 14-16, 10178 Berlin

Bundesgeschäftsstelle der Komitees für Gerechtigkeit

Dokument I / 16

Beschluß des 2. Bundeskongresses der Komitees für Gerechtigkeit vom 13. November 1993

Im Hinblick auf das Wahljahr 1994 beauftragt der 2. Bundeskongreß den Geschäftsführenden Bundesvorstand:

1. Auf der Grundlage der "Ziele und Programmatischen Forderungen der Komitees für Gerechtigkeit ... " aktiv an der Erarbeitung von Wahlprüfsteinen im "Ostdeutschen Kuratorium der Verbände" mitzuarbeiten.

   Die Wahlprüfsteine sind den Landesverbänden und den Komitees für Gerechtigkeit sofort nach Fertigstellung für die politische Arbeit zu übergeben.
2. Auf Grundlage der "Ziele und Programmatischen Forderungen der Komitees für Gerechtigkeit ... " inhaltliche Orientierungen für das Wirken der Komitees für Gerechtigkeit im Wahljahr 1994 zu erarbeiten. Diese sind einer erweiterten Sprecherratssitzung, an der Kandidatinnen und Kandidaten der Komitees zu den Wahlen der verschiedenen Ebenen teilnehmen, im Januar 1994 zur Beschlußfassung zu unterbreiten und danach unmittelbar allen Landesverbänden und Komitees für Gerechtigkeit zu übermitteln.
3. Die demokratischen Parteien, insbesondere die großen Volksparteien, aufzufordern, ihre Listen auch den Kandidatinnen und Kandidaten der Komitees für Gerechtigkeit zu öffnen.

Dabei strebt der Bundesvorstand die Zusammenarbeit vor allem mit jenen Parteien und Persönlichkeiten an, die am konsequentesten die Interessen der ostdeutschen Bürgerinnen und Bürger vertreten.

Bundesgeschäftsstelle der Komitees für Gerechtigkeit

Dokument I / 17

Erklärung des 2. Bundeskongresses der Komitees für Gerechtigkeit zur Einweihung einer "Zentralen Gedenkstätte der Bundesrepublik Deutschland" vom 13. November 1993

Am 14. November 1993 soll der Wille des Einheitskanzlers Kohl in Berlin vollstreckt und eine "Zentrale Gedenkstätte der Bundesrepublik Deutschland" übergeben werden.

Der Bundeskongreß der Komitees für Gerechtigkeit nimmt mit Empörung zur Kenntnis, daß zuvor die Inschrift "Den Opfern von Faschismus und Militarismus" ausgelöscht wurde. Kohl und Gefolge wollen den "Opfern von Krieg und Gewaltherrschaft" ihre Ehrerbietung bezeugen.

Wir wenden uns entschieden dagegen, daß Opfer und Täter gleichgesetzt werden! Geschichtsentsorgung à la Kohl verhöhnt den KZ-Häftling wie den Gefallenen der Alliierten. Wir sind es den Völkern der Welt schuldig, zwischen den Opfern und den Tätern zu unterscheiden. Wer Völkermord und Holocaust betrieben hat, darf nicht nachträglich Rehabilitierung und Ehrung erfahren!

Wir empfinden es als Ungeheuerlichkeit, den Sinn dieser Gedenkstätte so zu entstellen, und protestieren entschieden dagegen!

Berlin, 13. November 1993

Bundesgeschäftsstelle der Komitees für Gerechtigkeit

Dokument I / 18
Bundesvorstand der Komitees für Gerechtigkeit: Bischofferode lebt! Vom 2. Dezember 1993

Der entschlossene, nunmehr schon monatelange Arbeitskampf der Kalikumpel gegen die Schließung ihres Werkes lehrte den Regierenden das Fürchten und rang der nationalen und internationalen Öffentlichkeit Hochachtung ab.

Gleichzeitig wurde er zum Symbol vieler Kämpfe gegen Arbeitsplatzvernichtung und Betriebsstillegung; gab anderen Menschen Mut, Kraft, Zuversicht und Hoffnung. Eine Welle von Sympathie und Solidarität aus allen Kreisen der Bevölkerung in Ost und West erreichte Bischofferode. Viele Menschen, darunter auch die Mitglieder der Komitees für Gerechtigkeit, beteiligten sich mit Hungerstreiks und Geldspenden am Widerstand der Kalikumpel.

In einem beispiellosen Akt der Angst vor den Bischofferödern hat der Aufsichtsrat der Mitteldeutschen Kali AG, der an seiner Schließungsabsicht öffentlich nie einen Zweifel aufkommen ließ, nunmehr auch formal die Stillegung des Kaliwerkes beschlossen. Offensichtlich ist beabsichtigt, mit diesem demonstrativen Entschluß der Öffentlichkeit zu signalisieren, daß man unter allen Umständen gewillt ist, ab 1. Januar 1994 in Bischofferode kein Kali mehr zu produzieren. Bischofferode soll der Fusion geopfert und als Konkurrenz auf dem Kalimarkt ausgeschaltet werden.

Die Kumpel aus Bischofferode aber haben wissen lassen, daß die Stillegung ihres Werkes nicht stattfinden wird. Sie können, wollen und werden sie verhindern. Denn die Schließung des Kaliwerkes wäre auch die Schließung von Bischofferode.

Die 7000 Mitglieder der Komitees für Gerechtigkeit lassen ihrerseits wissen, daß sich die Kumpel in Bischofferode auf sie verlassen können.

Wir haben ihren Widerstand in der Vergangenheit unterstützt und wir werden dies auch zukünftig tun.

Bischofferode geht uns alle an!

Berlin, 2. Dezember 1993
Bundesvorstand der Komitees für Gerechtigkeit

Bundesgeschäftsstelle der Komitees für Gerechtigkeit

Dokument I / 19

Position des Bundesverbandes der Komitees für Gerechtigkeit zu den Wahlen in der Bundesrepublik Deutschland 1994 (Entwurf) von Anfang 1994*

Die Komitees für Gerechtigkeit sehen in der Vorbereitung und der Mitwirkung an demokratischen Wahlen eine wichtige Etappe zur Verwirklichung der "Ziele und Programmatischen Forderungen..." für die gerechte Gestaltung des deutschen Einigungsprozesses.

Die Komitees für Gerechtigkeit lassen sich dabei von folgendem leiten:

1.

Die Menschen gewinnen, ihre Interessen selbst wahrzunehmen

Es liegt im ureigensten Interesse aller wahlberechtigten Bürgerinnen und Bürger, sich direkt und unmittelbar in den Wahlkampf einzuschalten und insbesondere

1.1 von den demokratischen Parteien, anderen politischen Kräften und Abgeordneten bzw. KandidatInnen öffentlich Auskunft zu verlangen, wie und wodurch sie den grundsätzlichen Interessen der Bürgerinnen und Bürger in ihrer politischen Verantwortung entsprechen bzw. tatsächlich entsprochen haben,

1.2 integere Persönlichkeiten aus allen gesellschaftlichen Bereichen zu ermutigen, sich als Volksvertreter zur Verfügung zu stellen und zu Kommunal-, Landtags- oder Bundestagswahlen zu kandidieren,

1.3 die demokratischen Parteien, die mit ihren Mitgliedern nicht einmal vier Prozent der mündigen Bürgerinnen und Bürger unseres Landes repräsentieren, zu veranlassen, ihre Listen zu den Wahlen auch geeigneten Persönlichkeiten aus demokratischen Vereinigungen - darunter die Komitees für Gerechtigkeit - zu öffnen, die das Vertrauen der Bürgerinnen und Bürger genießen, und diese Kandidatinnen und Kandidaten nicht dem Fraktionszwang zu unterwerfen.

2.
Für demokratische Mitwirkung

Der deutsche Einigungsprozeß, der mit Sozialabbau und der mangelnden Fähigkeit von Politikern der etablierten Parteien einhergeht, die Interessen des Volkes in den Mittelpunkt aller ihrer politischen Überlegungen und Handlungen zu stellen, hat zu einer Parteien- und Politikerverdrossenheit geführt.

2.1 Demokratische Mitwirkung verlangt auch die Wahrnehmung des Wahlrechts. Freiwilliger Verzicht auf die Wahlteilnahme schränkt die demokratische Einmischung ein.

2.2 Sogenannte Protestwähler stärken vor allem rechtsextreme Kräfte, deren "einfachen Lösungen" keines der zu bewältigenden Probleme, die im Prozeß der deutschen Vereinigung entstanden sind bzw. künftig anstehen, löst.

2.3 Die Komitees für Gerechtigkeit sehen ihren Beitrag im Wahljahr 1994 vor allem darin, die Ursachen und Hintergründe der in unserer Gesellschaft wirkenden Interessenkonflikte aufzudecken, zu einer objektiven Meinungsbildung über den tatsächlichen Verlauf des Vereinigungsprozesses beizutragen, die Einhaltung des Einigungsvertrages zu fordern und die Bürgerinnen und Bürger zu ermutigen, ihre existentiellen Interessen mit Sachkunde und Verantwortung selbstbewußt wahrzunehmen und sich im politischen Leben stärker Gehör zu verschaffen.

2.4 Der Prozeß der Vorbereitung der Wahlen ist eine wichtige Gelegenheit die "Ziele und Programmatischen Forderungen der Komitees für Gerechtigkeit in der BRD" und die Wahlprüfsteine bekannt zu machen, sich für ihre Verwirklichung einzusetzen und insbesondere eine Umkehr in der verhängnisvollen Gestaltung des Einigungsprozesses einzufordern.

3.
Die Teilnahme der Komitees für Gerechtigkeit an den Wahlen

3.1 Alle Komitees für Gerechtigkeit sollten Wahlveranstaltungen durchführen, zu denen sie ihre eigenen Kandidatinnen und Kandidaten vorstellen, aber auch die anderer demokratischer Parteien einladen. Mit Hilfe von Wahlprüfsteinen, die in den Komitees selbst entstanden oder durch das Ostdeutsche Kuratorium beraten worden sind, sollten die Wahlaussagen geprüft und nur die Wahl derjenigen Kandidatinnen und Kandidaten unterstützt werden, die am konsequentesten die Interessen der Komitees für Gerechtigkeit vertreten.

3.2 Die Mitglieder der Komitees für Gerechtigkeit sollten an den Wahlveranstaltungen der demokratischen Parteien aktiv teilnehmen, dort die "Ziele und Forderungen ..." vertreten und mit Hilfe von Wahlprüfsteinen die Positionen von Kandidatinnen und Kandidaten erfragen und sie zur Grundlage einer Wahlempfehlung machen.

3.3 In Abhängigkeit von den konkreten Bedingungen sollten sich Komiteemitglieder und Erstunterzeichner entsprechend des Beschlusses des 2. Bundeskongresses als Kandidatinnen und Kandidaten selbst zur Wahl stellen bzw. auf Listen von demokratischen Parteien ohne Fraktionszwang kandidieren. Dabei sind die "Ziele und Programmatischen Forderungen ..." ihr Wahlprogramm. Sollten Kandidatinnen und Kandidaten der Komitees für Gerechtigkeit Listenplätze demokratischer Parteien erhalten, ist deren fachliche Unterstützung sowohl im Wahlkampf als auch im Falle der Wahl zu organisieren.

3.4 Der Bundesverband der Komitees für Gerechtigkeit wird alle demokratischen Parteien auffordern, ihre Listen auch Kandidatinnen und Kandidaten der Komitees zu öffnen. Dabei strebt der Bundesverband die Zusammenarbeit vor allem mit jenen Parteien an, die am konsequentesten die Interessen der ostdeutschen Bürgerinnen und Bürger vertreten. Die Reaktionen der Parteien werden in geeigneter Form bekanntgemacht.

3.5 Die Komitees für Gerechtigkeit setzen sich für einen fairen Wahlkampf ein, der sachbezogen die Probleme der Bürgerinnen und Bürger in den Mittelpunkt stellt.

3.6 Die Komitees für Gerechtigkeit sollten entsprechend ihrer konkreten Situation detaillierte Pläne erarbeiten, in denen sie die inhaltlichen Schwerpunkte festlegen, bestimmen, wann sie mit wem Wahlveranstaltungen durchführen, welche Materialien sie erarbeiten wollen und wie Öffentlichkeit erreicht wird. Besonders wichtig ist es, die Bereitschaft von Komiteemitgliedern einzuholen, für die Komitees zu kandidieren.

* Unverändert auf der Bundessprecherratssitzung am 12. Februar 1994 beschlossen.

Bundesgeschäftsstelle der Komitees für Gerechtigkeit

Dokument I / 20

Wahlprüfsteine des Bundesverbandes der Komitees für Gerechtigkeit vom 12. Februar 1994

Entsprechend des Beschlusses des 2. Bundeskongresses hat sich der Geschäftsführende Bundesvorstand aktiv an der Erarbeitung und Diskussion von Wahlprüfsteinen von Verbänden, Vereinen und Organisationen beteiligt, die sich im Ostdeutschen Kuratorium der Verbände zusammengeschlossen haben. Diese Wahlprüfsteine werden allen Komitees und Landesverbänden nach ihrer Fertigstellung zur Verfügung gestellt.

Auf der Grundlage der "Ziele und Programmatischen Forderungen der Komitees für Gerechtigkeit in der Bundesrepublik Deutschland" übergibt der Bundessprecherrat eigene Wahlprüfsteine zu grundsätzlichen Zielen und Forderungen zur

Durchsetzung von Demokratie und Rechtsstaatlichkeit im deutschen Einigungsprozeß.

Der Bundessprecherrat ruft alle Komitees und ihre Landesverbände auf, selbst Wahlprüfsteine entsprechend der konkreten Situation in den Kommunen und Ländern zu erarbeiten.

*

Der Zustand der Politik in der Bundesrepublik ist verheerend. Anspruch und Wirklichkeit klaffen weit auseinander. Politik- und Politikerverdrossenheit muß aufgebrochen werden. Entscheidungen der Politik greifen in das persönliche Leben von uns allen ein, bestimmen das Wohl und Wehe von Millionen Menschen. Die Politik ist uns zu schade, als sie allein den Berufspolitikern zu überlassen. Mischen wir uns ein! Machen wir Gebrauch von unserem demokratischen Mitspracherecht!

Wir fragen:

1. Sind Sie für die eine direkte Beteiligung der Bürger an der Ausgestaltung der Verfassungen und der Rechtsordnung in Bund, Ländern und Kommunen durch öffentliche Diskussion und Entscheidung der Bevölkerung über diese Grundlagen der Demokratie?
2. Treten Sie für eine Direktwahl des Bundespräsidenten durch alle wahlberechtigten Bürgerinnen und Bürger ein?
3. Unterstützen Sie eine eigenständige Vertretungskörperschaft der Bürgerinnen und Bürger der neuen Bundesländer, die das Recht hat, an Gesetzgebungsverfahren zur Überwindung der Folgen der Spaltung Deutschlands und zur schrittweisen Annäherung der Lebensverhältnisse mitzuwirken und das Bundesverfassungsgericht anzurufen, wenn es um Grundrechte geht, die die Herstellung der Einheit Deutschlands betreffen?
4. Was tun Sie für die Durchsetzung der demokratischen Mitsprache- und Kontrollmöglichkeiten der Bürgerinnen und Bürger bei der Gestaltung der Gesellschaft, der Verwirklichung der Verfassungen, der Durchsetzung von Recht und Gesetz?
5. Befürworten Sie die Einführung von Volksentscheiden und Volksbegehren für die Bürgerinnen und Bürger Ostdeutschlands über Angelegenheiten, die das Beitrittsgebiet als Ganzes betreffen?
6. Setzen Sie sich für "Runde Tische" zur Interessenanhörung und öffentlichen Meinungsbildung im Prozeß der Entscheidungsvorbereitung in ganz Deutschland ein?
7. Fordern Sie die Aufhebung aller diskriminierenden Sonderregelungen für ehemalige DDR-Bürger, die das Gleichheitsprinzip des Grundgesetzes verletzen und de facto Ostdeutsche zu Menschen zweiter Klasse degradieren?

8. Unterstützen Sie die Forderung nach der Errichtung von Kontrollinstanzen bei den gewählten Volksvertretungen, die alle für die jeweilige Verwaltungsebene wesentlichen Verträge über Vermögenswerte überprüfen und nötigenfalls rechtswirksame Schritte anmahnen können?
9. Fordern Sie die öffentliche Kontrolle der Tätigkeit der Treuhandanstalt bzw. ihrer Nachfolgeeinrichtungen? Treten Sie für die Umkehrung des Prinzips "Rückgabe vor Entschädigung" ein?
10. Sind Sie bereit, in öffentlicher Verantwortung organisierte Verschwendung aufzugeben und statt dessen die eingesparten Gelder für soziale Zwecke zu verwenden?
11. Sind Sie gegen die Selbstbedienungsmentalität von Abgeordneten, die sich Diäten bewilligen, die in keiner vernünftigen Relation zur Einkommensentwicklung der Bürgerinnen und Bürger stehen?
12. Setzen Sie sich für die Einhaltung der Festlegungen des Einigungsvertrages über die Unantastbarkeit der Bodenreform sowie der Enteignung der Nazi- und Kriegsverbrecher und Großgrundbesitzer ein?
13. Für welche gesetzgeberischen Schritte und/oder weitere wirksame Maßnahmen zur Verhinderung von Boden- und Immobilienspekulation und von Mietwucher, Zweckentfremdung und Leerstand von Wohnungen treten Sie ein?
14. Sind Sie für eine gesetzliche Festlegung von Mietobergrenzen auch bei Gewerbemieten und für eine Bindung von Mieterhöhungen an die Einkommensentwicklung?
15. Unterstützen Sie die Forderung nach einer ersatzlosen Streichung der sogenannten Altschulden der ostdeutschen Wohnungswirtschaft und der LPG sowie der damit begründeten Zinsleistungen?
16. Treten Sie für die Erarbeitung und öffentliche Diskussion von Konzeptionen zum Erhalt bzw. zur Modernisierung von Wirtschafts- und Industriestandorten Ostdeutschlands ein?
17. Welche wirksamen Maßnahmen zur Bekämpfung der Massen- und Langzeitarbeitslosigkeit schlagen Sie vor?
18. Sind Sie für eine Landwirtschaftspolitik, die allen Formen des Eigentums gleiche Chancen einräumt und damit auch gemeinschaftliche Produktion fördert?
19. Treten Sie für die Abschaffung des Rentenstrafrechtes gegenüber ehemaligen DDR-Bürgern ein und sind Sie für die Beibehaltung aller Ansprüche und Anwartschaften auf Altersversorgung, die in der DDR rechtsstaatlich erworben wurden?
20. Wie stellen Sie sich konkrete Maßnahmen zur Verhinderung eines weiteren Sozialabbaus und zur besonderen Unterstützung der sozial Schwachen vor?
21. Sind Sie für das alleinige Entscheidungsrecht der Frauen zur Schwangerschaft ohne demütigende Antragsprozeduren bei einem Schwangerschaftsabbruch?

22. Was tun Sie für die strikte Einhaltung der in den Zwei-plus-Vier-Verhandlungen eingegangenen Verpflichtung über die Anerkennung der Grenzen des vereinten Deutschlands?
23. Setzen Sie sich für die Verhinderung von grundgesetzwidrigen Einsätzen der Bundeswehr im Ausland ein?
24. Was unternehmen Sie gegen die zunehmenden nazistischen und rassistischen Gewalttaten? Treten Sie für ein Verbot nazistischer und revanchistischer Organisationen ein?
25. Was halten Sie vom Wahlrecht für Ausländer? Unterstützen Sie die doppelte Staatsbürgerschaft?
26. Wie wollen Sie deutsche Geschichte aufarbeiten, solange nur Archive der DDR-Geheimdienste geöffnet sind, Unterlagen von Verfassungsschutz, BND und aus der NS-Vergangenheit (Document-Center) dagegen verschlossen bleiben?
27. Sind Sie für den Umzug von Bundestag und Bundesregierung in die Hauptstadt Berlin nach der kostengünstigsten Variante noch vor dem Jahr 2000?

Bundesgeschäftsstelle der Komitees für Gerechtigkeit

II. Pressemitteilungen des Koordinierungsbüros der "Komitees für Gerechtigkeit"

Dokument II / 1

Pressebulletin der Koordinierungsstelle Komitees für Gerechtigkeit. Pressemitteilung vom 17. Juli 1992

Nach einer Woche Tätigkeit des Koordinierungsbüros können aus der Bunsenstr[aße] 2 folgende statistische Informationen mitgeteilt werden:

- aus den 5 neuen Bundesländern meldeten sich aus 62 Städten und Gemeinden,
- aus den alten Bundesländern aus 24 Städten und Gemeinden,
- und aus allen Berliner Stadtbezirken Interessenten.
- Mehr als 1000 Personen stellten ihre Adressen und ihr Telefon zur Kontaktaufnahme zur Verfügung.
- Neben Privatpersonen haben zahlreiche Vereine ihre Unterstützung bekundet, z[um] B[eispiel]
  - Frauen für Frauen
  - regionale Arbeitslosenverbände
  - Gleichstellungsverbände gegen soziale Benachteiligung und andere Bürgerinitiativen.
- Weiterhin bieten auch Firmen ihre Dienstleistungen z[um] T[eil] kostenlos oder zu Minimalkosten an:
  - Buchdruckereien
  - Computerfirmen
  - PR-Agenturen
  - künstlerische Institutionen.
- Einige Bürger spendeten bei Besuchen in der Koordinierungsstelle spontan. Täglich gehen Spenden auf das dafür eingerichtete Konto ein.

Um nicht in die Arbeit der sich gründenden Komitees einzugreifen, gibt das Koordinierungsbüro keine inhaltlichen Richtlinien vor.

In Briefen und Telefonaten werden u[nter] a[nderem] folgende Probleme angesprochen:

- Arbeitslosigkeit
- soziale Verelendung immer breiterer Schichten

- zu hohe Mieten und Lebenshaltungskosten im Vergleich zu den gezahlten Löhnen, Gehältern und Unterstützungen
- Parteiverdrossenheit
- Identitätsverlust bei den BürgerInnen und fehlendes demokratisches Mitspracherecht gegenüber den etablierten Institutionen.

Neben der Koordinierungsstelle Berlin hat sich ein weiteres Kontaktbüro im Land Sachsen-Anhalt gebildet. ... *

* Es folgen Anschriften.

Bundesgeschäftsstelle der Komitees für Gerechtigkeit

Dokument II / 2

Koordinierungsstelle Komitees für Gerechtigkeit. Presseerklärung vom 20. Juli 1992

Die Koordinierungsstelle der Komitees für Gerechtigkeit in Berlin, Bunsenstraße 2, erklärt nachdrücklich und in Absprache mit den Initiatoren, daß die Komitees für Gerechtigkeit ihre Ziele als Bürgerbewegung erreichen wollen und eine Parteigründung in absehbarer Zeit nicht geplant ist.

Bundesgeschäftsstelle der Komitees für Gerechtigkeit

Dokument II / 3

Koordinierungsstelle Komitees für Gerechtigkeit. Presseinformation vom 22. Juli 1992: Beratung mit Vertretern von Gründungsinitiativen in Berlin vom 21. Juli 1992

Mit ihrer Mitarbeit in den örtlichen Komitees für Gerechtigkeit will eine zunehmende Zahl engagierter Bürger aus den neuen und den alten Bundesländern in die Politik eingreifen. Darauf verwiesen Vertreter lokaler Gründungsinitiativen am Dienstag bei einem Treffen in der Berliner Koordinierungsstelle der neuen Bürgerbewegung.

In Dresden und Jena werden demnach in den nächsten Tagen die zur Erörterung bestimmter Problemkreise gebildeten Arbeitsausschüsse schrittweise wirksam werden. In der sächsischen Landeshauptstadt beispielsweise wurden im Rahmen der örtlichen Komiteegründung auf Wunsch der Teilnehmer 12 solcher Gremien formiert, die sofort die Arbeit aufgenommen haben. Entgegen bestehender Meinungen habe sich gezeigt, daß sich die Treffen nicht als Prominentenveranstaltungen erweisen, sondern sich vielmehr Betroffene zu Wort melden, erklärte die Vertreterin der Dresdner Gründungsinitiative.

In Jena werden sich in nächster Zeit spezielle Arbeitsgruppen der dortigen Gründungsinitiative u[nter] a[nderem] mit den Themenkomplexen Wirtschaft, Landwirtschaft, Ökologie, Mieten und Wohnen, Ordnung und Sicherheit, Stadtentwicklung und Asylantenfragen befassen.

Die Vertreterin der Bremer Gründungsinitiative betonte, daß das Motiv für ein Bürger-Engagement in den Komitees für Gerechtigkeit in Ost und West ist: Die Komitees für Gerechtigkeit seien nicht zuletzt auch eine Sache für die Bürger in den alten Bundesländern, da ebenso wie im Osten auch hier ein Abbau demokratischer und sozialer Rechte drohe.

Zu einer möglichen Struktur der Bürgerbewegung äußerten sich die anwesenden Vertreter von Komitees und Gründungsinitiativen dahingehend, daß die Form örtlich eingetragener Vereine bis jetzt am häufigsten angestrebt wird. Es wurde die Notwendigkeit betont, an dieser Stelle die Arbeit in Themengruppen zu konkreten Problemen zu betreiben. Um die Komitees in ihrer Arbeit u[nter] a[nderem] auch finanziell zu unterstützen, sei die Gründung von Fördervereinen von Vorteil und bereits für die bundesweite Arbeit in Berlin sowie für das Land Sachsen-Anhalt in Magdeburg in Vorbereitung. Als erstes Land hat Sachsen-Anhalt ein Kontaktbüro eingerichtet, das zugleich als landeseigene Koordinierungsstelle fungiert.

Auf dem Treffen wurde der Wunsch nach laufenden aktuellen Informationen über die Komitees geäußert. Dazu gibt es erste Überlegungen, eine Zeitung herauszugeben. Das Blatt könnte 14tägig erscheinen und neben einem Terminkalender und möglichen Ansprechpartnern Informationen geben, die den Kontakt zwischen den einzelnen regionalen Komitees ermöglichen.

Darüber hinaus erwarten die regionalen Komitees von der Koordinierungsstelle in der Berliner Bunsenstraße 2 vor allem deshalb landesweite Informationen über bereits gegründete oder in Gründung befindliche Komitees, damit sie über den eigenen regionalen Horizont hinaus die anstehenden, bundesweiten Probleme in Angriff nehmen können. Auch ist für die örtlichen Komitees die Hilfe bei der Medienarbeit von großem Nutzen.

Bundesgeschäftsstelle der Komitees für Gerechtigkeit

Dokument II / 4

Koordinierungsstelle Komitees für Gerechtigkeit. Pressemitteilung vom 24. Juli 1992

Die Einschätzung der Komitees für Gerechtigkeit durch das Bundesamt für Verfassungsschutz in Köln (laut Artikel der Frankfurter Rundschau vom 24. Juli 1992) hat offensichtlich das Ziel, die Bürger von der Mitarbeit in den Komitees für

Gerechtigkeit abzuschrecken. Leider sind die Versuche der Kriminalisierung außerparlamentarischer Opposition in den alten wie in den neuen Bundesländern nicht neu.

Die Vermutungen über die Vereinnahmung der Komitees für Gerechtigkeit durch bestimmte politische Parteien entbehren jeder Grundlage. Die ersten Komiteegründungen beweisen ihre politische Unabhängigkeit und ihr breites politisches Spektrum.

Bundesgeschäftsstelle der Komitees für Gerechtigkeit

Dokument II / 5

Koordinierungsstelle Komitees für Gerechtigkeit. Pressemitteilung zur Report-Sendung der ARD am 17. August 1992

In den neuen Bundesländern werden Millionen Menschen aus der Gesellschaft ausgegrenzt, in die Arbeitslosigkeit entlassen und in ihren Lebensleistungen mißachtet. Gegen eben diese Politik wenden sich unsere Komitees für Gerechtigkeit. Wir sind für eine breite Einbeziehung aller interessierten Bürger in die politische Entscheidungsfindung über bestehende Parteiengrenzen hinaus. Eine derartige Versachlichung der Politik wird nur über eine starke und kreative Bürgerbewegung möglich sein. Lebendige Demokratie braucht effektive Einflußmöglichkeiten der Bürger.

Und eben diese scheut man! Der ARD-Report sieht eine "Gefahr für die demokratische Grundorientierung" des Staates. Da erhebt sich jedoch die Frage, wie demokratisch ein Staat ist, der sich vor den berechtigten Forderungen unserer gerade erst gebildeten Komitees bereits jetzt so fürchtet. Der bayerische Verfassungsschutz und ein wissender französischer "Extremismusforscher" signalisieren klar, wie der Kampf um eine bessere ostdeutsche Interessenvertretung, um soziale und politische Gerechtigkeit eingestuft wird. Die lächerlich diffuse, falsche und klischeehafte Argumentation im Report-Beitrag steht genau für die Situation, die es zu beseitigen gilt: Verleumdung statt sachlicher Diskussion, nicht mehr hinterfragte Selbstbestätigung statt Nachdenklichkeit. Mit dieser politischen Unkultur wird es in Deutschland zur Lösung keines einzigen Problems kommen.

Bundesgeschäftsstelle der Komitees für Gerechtigkeit

Dokument II / 6

Koordinierungsstelle Komitees für Gerechtigkeit. Presseerklärung vom 30. August 1992

Am 30.8.[19]92* trafen sich die Unterzeichnerinnen und Unterzeichner des Appells zur Gründung von Komitees für Gerechtigkeit.

Im Anschluß an das Treffen wurde ein Verein der Freunde und Förderer der Komitees für Gerechtigkeit gegründet. Auf dem Gründungstreffen wurde festgestellt, daß der Appell große Aufmerksamkeit fand und findet. Bisher wurden 35 Komitees bzw. Initiativgruppen gegründet. Weitere Gründungen stehen bevor. Die Komitees können selbständig über ihre Strukturen entscheiden.

Die Gründungsmitglieder begrüßen, daß in den Komitees kommunale Probleme aufgelistet werden und versucht wird, sie unter Einbeziehung der Bürgermeisterinnen und Bürgermeister und anderer Kommunalpolitikerinnen und Kommunalpolitiker zu lösen. Sie empfehlen, gleichzeitig überregionale Fachgruppen zu bilden, die sich z[um] B[eispiel] mit folgenden Problemen beschäftigen könnten:

- Aufarbeitung der DDR-Vergangenheit
- Wirtschaft
- Kunst/Kultur
- Frauen
- Bildung/Wissenschaft
- Gesundheitswesen
- Kinder/Jugend
- Außenpolitik - insbes[ondere] europäischer Einigungsprozeß
- Treuhand
- Soziale Fragen (Arbeitslosigkeit/Miet- und Wohnrecht)
- Demokratie und Recht
- Menschen mit Behinderung

Die Gründungsmitglieder begrüßen die Durchführung von Alternativveranstaltungen zum Tag der deutschen Einheit am 3.10.[19]92 in Schwerin, auf denen die Probleme der Vereinigung benannt und Vorschläge zur Lösung unterbreitet werden sollen.

Sie unterstützen alle Initiativen, die u[nter] a[nderem] auf Miet- und Wohngerechtigkeit, auf den Schutz des Eigentums und der Rechte der Bürgerinnen und Bürger der neuen Bundesländer, auf die Sicherung der Tarifautonomie und auf die Sicherung und Schaffung von Arbeitsplätzen gerichtet sind.

Sie wenden sich entschieden gegen jede Form von Rassismus als eine Form von Menschenfeindlichkeit und den Versuch, soziale und andere Probleme auf Kosten der Schwächsten lösen zu können.

Die Mitglieder fordern erneut, daß der Bundestag Voraussetzungen zur Bildung einer eigenständigen Körperschaft der Ostdeutschen schafft, die deren Interessenvertretung im Vereinigungsprozeß und aus dem Einigungsvertrag wahrnimmt.

* Das Treffen fand am 29.8.1992 statt.

Bundesgeschäftsstelle der Komitees für Gerechtigkeit

Dokument II / 7

Komitees für Gerechtigkeit - Koordinierungsstelle. Pressemitteilung vom Oktober 1992

Das Nachrichtenmagazin "Der Spiegel" schätzte in seiner Ausgabe 41/92 vom 5. Oktober 1992 unter der Überschrift "Der Kern schmilzt" ein: "Die Komitees für Gerechtigkeit sind ein Flop."

Dazu erklärt die Koordinierungsstelle der Komitees für Gerechtigkeit folgendes:

1. Die Bewegung der Komitees für Gerechtigkeit ist gerade einmal 2 Monate alt. Unter Verwendung von aus dem Zusammenhang gerissenen Zitaten aus einem Diskussionspapier der Koordinierungsstelle und einzelner Mitarbeiter jetzt bereits von einem Flop zu reden, läßt eine gewisse politische Interessiertheit nicht verleugnen.

   Nach einer regelrechten Gründungseuphorie, mit Gründungsversammlungen, deren Zulauf die Erwartungen der EinladerInnen um ein Vielfaches überstieg, existieren jetzt über 40 Komitees und diverse Initiativgruppen.
2. Wie in der zentralen Koordinierungsstelle in Berlin verfügen auch die örtlichen Komitees weder über einen bezahlten Apparat, noch über ausreichend Geld, einen solchen aufzubauen. Die Komiteebewegung ist voll und ganz auf ehrenamtliche Mitarbeit angewiesen. Diese "mangelnde Professionalität" schränkt natürlich das Spektrum der bearbeitbaren Probleme und den medialen Wirkungskreis maßgeblich ein. Der durch die Treuhand erzwungene zweimalige Umzug der Koordinierungsstelle innerhalb von vier Wochen tat da ein Übriges.
3. Nach der Gründungseuphorie, den damit verbundenen Diskussionen um Strukturen und Arbeitsschwerpunkte, kommt es nun auf eine kontinuierliche Arbeit vor Ort an. Viele der Komitees befinden sich noch in der Klärungsphase, welches der drängenden Probleme vorrangig bearbeitet werden muß.

Auf einem Arbeitstreffen von KomiteevertreterInnen einigte man sich darauf, Problemkataloge vor Ort zu erstellen und die Bereiche Mieten und Eigentumsfragen sowie antirassistische Aufklärungsarbeit zusammen mit Flüchtlingen und AusländerInnen zum Schwerpunkt zu machen.

Sicher mag es Komiteemitglieder geben, die von den ErstunterzeichnerInnen des Appells zur Gründung von Komitees für Gerechtigkeit mehr Initiative erwartet haben. Unsere Erwartungen an die ErstunterzeichnerInnen wurden und werden bei weitem übertroffen. Anders als bei anderen Unterschriftensammlungen beobachtet und diskutiert ein Großteil der ErstunterzeichnerInnen die Entwicklung der Komitees sehr genau, gründete einen Förderverein und beteiligt sich an Veranstaltungen und Aktionen, wie zuletzt auch an der Kundgebung der Komitees für Gerechtigkeit am 3. Oktober in Schwerin. Als weiterer Beleg für dieses Engagement mag der beiliegende Brief von ErstunterzeichnerInnen an die Komitees gelten.

Nach der Gründungseuphorie liegen nun vor uns die "Mühen der Ebene". Das Nachdenken über Mängel, Diskussionen über Verbesserungen unserer Arbeit sind Voraussetzungen dafür, nicht als Komitees für Selbstgerechtigkeit zu enden, keinesfalls aber Ausdruck eines Flops.

Bundesgeschäftsstelle der Komitees für Gerechtigkeit

Dokument II / 8

Komitees für Gerechtigkeit - Koordinierungsstelle: Die CDU hat für Gerechtigkeit nichts übrig. Pressemitteilung von Ende Oktober 1992

Wie uns aus Pressemitteilungen bekannt geworden ist, hat der Bundesparteitag der CDU* die Unvereinbarkeit von CDU-Mitgliedschaft und Mitarbeit in den Komitees für Gerechtigkeit beschlossen. Aber ist die CDU denn **für** die Deindustrialisierung der neuen Bundesländer, **für** die rechtswidrige Ausgrenzung hunderttausender Bürger aus der Gesellschaft, **für** wiederholte Verletzungen des Einheitsvertrages und vieles andere mehr, das zu verhindern, die Komitees sich als Ziel Stellen?

Auch scheint es uns ein merkwürdiges demokratisches Selbstverständnis der CDU zu sein, wenn sie ihren Mitgliedern die Mitarbeit in einer auf Ausgleich und Achtung der Würde der Menschen bedachten Bürgerbewegung verbieten will.

Außerdem: Wie wenig erfolgreich Reglementierung statt inhaltlicher Auseinandersetzung ist, wissen die Bürger der neuen Bundesländer spätestens seit dem Verbot des Neuen Forums durch die SED.

Wir sind davon überzeugt, daß die bis jetzt entstandenen 64 Komitees (übrigens eine der wenigen kontinuierlich wachsenden politischen Kräfte in Deutschland) auch weiterhin an ihrem Grundsatz festhalten werden, parteiübergreifend wirken zu wollen und offen zu sein für alle Menschen - auch für CDU-Mitglieder.

Koordinierungsstelle der Komitees für Gerechtigkeit

* Der Bundesparteitag der CDU fand vom 26. bis 28. Oktober 1992 in Düsseldorf statt.
Bundesgeschäftsstelle der Komitees für Gerechtigkeit

Dokument II / 9

Komitees für Gerechtigkeit - Koordinierungsstelle. Pressemitteilung vom 24. November 1992

Die Ereignisse der letzten Tage rufen in uns die Erinnerung an schlimmste Zeiten deutscher Vergangenheit hervor. Wenn Anfeindungen gegen Andersdenkende und Andersaussehende zu versuchtem Mord bzw. Totschlag führen, steht der Erhalt der Demokratie auf des Messers Schneide.

Diese Art von Gewalttätigkeit kann auch nicht mit einem übergroßen Problemdruck im Osten Deutschlands gerechtfertigt werden.

Andersaussehenden wird das Haus angezündet (siehe Mölln).

Andersdenkende werden erstochen (siehe Berlin).

Vergleiche mit der Vergangenheit scheinen sich doch zu bestätigen. Brachte doch die angenommene jüdische Herkunft einem 53jährigen den Tod (siehe Wuppertal).

Wir verurteilen jede Art von Gewalt - egal von welcher Seite - und werden auch weiterhin gegen jede Art von Intoleranz auftreten. Von den Verantwortlichen in Staat und Regierung verlangen wir, die Asyldebatte, die die Stimmung immer mehr anheizt, zu beenden und endlich entschieden mit den schon zur Verfügung stehenden gesetzlichen Mitteln zu arbeiten.

Es braucht keiner neuen Gesetze, sondern einer konsequenten Durchsetzung der schon vorhandenen.

Bundesgeschäftsstelle der Komitees für Gerechtigkeit

Dokument II / 10

Komitees für Gerechtigkeit - Koordinierungsstelle: Pressemitteilung vom 5. Dezember 1992

Die Teilnehmer des 3. bundesweiten Koordinierungstreffens der Komitees für Gerechtigkeit erklärten mit großer Mehrheit:

Die Ereignisse von Mölln rufen in uns Trauer und Wut hervor. Trauer mit den Angehörigen und Wut über Rechtsradikale und die Reaktionen der Politiker und den Großteil der Medien. Trotz der nicht abreißenden Kette rechtsradikaler Angriffe und Mordversuche gegen Menschen anderer Hautfarbe und Religion wird die aktuelle Asyldebatte weitergeführt und [werden] rassistische Ressentiments befördert. Die Ereignisse von Mölln sind hier von besonderer Bedeutung, wird hier auf tragische Weise deutlich, daß rassistische Gewalt nicht nur Flüchtlinge, sondern auch langjährig in Deutschland wohnende Emigranten trifft.

Tätliche Angriffe auf Menschen sind unentschuldbar und entsprechend den gesetzlichen Vorschriften zu ahnden. Wer verbreitet, daß Menschen Gründe zu töten haben, braucht sich nicht wundern, wenn Menschen Gründe finden zu morden.

Wir fordern von Staat und Politikern, endlich den vorhandenen gesetzlichen Rahmen konsequent zur Verfolgung rassistischer bzw. faschistischer Gewalt auszunutzen, anstatt über neue Gesetze nachzudenken.

Wir werden uns gemeinsam mit antifaschistischen und antirassistischen Initiativen und Organisationen sowie allen couragierten Menschen, denen die Menschenwürde noch etwas bedeutet, wehrhaft gegen die zunehmende rechte Gewalt stellen.

Wir wollen den Dialog mit Flüchtlingen und Emigranten aufnehmen, mit ihnen gemeinsam antirassistische Aufklärung und Schutz organisieren. Wir dürfen nicht wegsehen, sondern brauchen Zivilcourage und müssen uns einmischen, wenn sich das schlimmste Kapitel deutscher Geschichte nicht wiederholen soll.

Bundesgeschäftsstelle der Komitees für Gerechtigkeit

Dokument II / 11

Komitees für Gerechtigkeit - Geschäftsführender Bundesvorstand. Presseerklärung vom 31. Mai 1993: "Komitee für Gerechtigkeit für Jens Reich als Bundespräsidenten!"

Wahrscheinlich war Bundeskanzler Kohl selbst überrascht, daß so zügig auf seinen Vorschlag, einen Ostdeutschen zum Bundespräsidenten zu wählen, reagiert wurde. Und zwar mit einem Mann, den er ganz bestimmt nicht im Sinn hatte: Jens Reich, Bürgerrechtler und Wissenschaftler.

Der Geschäftsführende Vorstand der Komitees für Gerechtigkeit unterstützt vorbehaltlos diese Kandidatur.

Jens Reich verkörpert Glaub- und Vertrauenswürdigkeit, er ist frei von Ost-West-Vorurteilen, er wirkt integrierend und ausgleichend. Seinem persönlichen Credo an Politik: "Durchsichtigkeit in politischen Entscheidungen, wohldefinierte staatliche Liberalität, Schutz und Rechte für Minderheiten", fühlen auch wir uns verpflichtet.

Mit Jens Reich wäre gewährleistet, daß eine ostdeutsche Kandidatur nicht in ein Trostpflästerchen an die neuen Bundesbürger abgleitet, eine Absicht, die bei Kohls Vorstoß allzu populistisch deutlich wurde.

Prof. Dr. sc. Heinrich Fink
Vorsitzender

Bundesgeschäftsstelle der Komitees für Gerechtigkeit

Dokument II / 12

Bundesverband der Komitees für Gerechtigkeit - Bundesgeschäftsstelle. Presseinformation vom 23. Juli 1993

Der Bundesverband der Komitees für Gerechtigkeit unterstützt die Protestaktionen der Kali-Beschäftigten von Bischofferode.

Der Bundesvorstand der Komitees für Gerechtigkeit hat den Appell des Betriebsrates des Kali-Werkes "Thomas Müntzer" in Bischofferode und der ostdeutschen Betriebsräteinitiative aufgegriffen, jetzt sichtbare Solidaritätssignale durch Hungerstreiks in Betrieben, Gewerkschaftshäusern und anderen öffentlichen Stellen zu setzen. Die örtlichen Komitees sind zu vielfältigen Aktionen aufgerufen.

Die Komitees für Gerechtigkeit werden die internationale Kundgebung der Kali-Kumpel am 1. August in Bischofferode unterstützen und in den ostdeutschen Bundesländern für eine massenhafte Teilnahme werben.

gez. Volker Steinke

Bundesvorstand der Komitees für Gerechtigkeit

Berlin, 23. Juli 1993

Bundesgeschäftsstelle der Komitees für Gerechtigkeit

Dokument II / 13

Bundessprecherrat der Komitees für Gerechtigkeit. Presseerklärung vom 12. Februar 1994: Offene Listen der Parteien - Schritte gegen Politikerverdrossenheit

Am 6. Februar 1994 haben u.a. die Erstunterzeichner des Appells zur Gründung von Komitees für Gerechtigkeit Stefan Heym, Dr. Günter Maleuda und Manfred Müller der Öffentlichkeit ihre Absicht vorgestellt, als unabhängige Kandidaten auf den Offenen Listen der PDS zum Deutschen Bundestag zu kandidieren. Dies war ihre individuelle Entscheidung.

Die Komitees für Gerechtigkeit hatten sich entschieden, Bürgerbewegung bleiben zu wollen und deshalb nicht als Partei zu Wahlen anzutreten, sondern spezifische Formen zu suchen, in die Wahlkämpfe einzugreifen. Eine Möglichkeit sehen die Komitees für Gerechtigkeit darin, die demokratischen Parteien aufzufordern, ihre Listen für nicht parteigebundene Kandidatinnen und Kandidaten zu öffnen und in dieser Logik auf Fraktionszwang solchen Bewerbern gegenüber zu verzichten. Dies könnte ein Schritt in Richtung von mehr Bürgernähe und Problembewußtsein und ein Mittel gegen die wachsende Politikverdrossenheit sein.

Die PDS hat mit ihrer Entscheidung für Offene Listen ein Signal gesetzt, das hoffentlich nicht nur auf die Bundestagswahl und nicht nur auf diese Partei begrenzt bleibt.

Die Komitees für Gerechtigkeit erwarten, daß möglichst viele Kandidatinnen und Kandidaten sich in den Wahlkämpfen und darüber hinaus sich den durch die Ergebnisse der deutschen Einheit verursachten Defiziten an Recht und Gerechtigkeit annehmen. Sie sind sich sicher, daß Kandidatinnen und Kandidaten, die aus der Komiteebewegung kommen, dies in besonderem Maße leisten werden. Wir erwarten von ihnen, daß sie die "Ziele und Programmatischen Forderungen der Komitees für Gerechtigkeit in der Bundesrepublik Deutschland" zum Bestandteil ihrer Wahlaussagen machen.

Berlin, 12. Februar 1994

Bundessprecherrat der Komitees für Gerechtigkeit

Bundesgeschäftsstelle der Komitees für Gerechtigkeit

Dokument II / 14

Bundesverband der Komitees für Gerechtigkeit. Presseerklärung vom 7. Mai 1994

Am 7. Mai 1994 fand in Berlin ein Treffen von Unterzeichnern des Appells zur Gründung von Komitees für Gerechtigkeit mit dem Bundessprecherrat dieser Bürgerbewegung statt. Die Teilnehmer gaben folgende Erklärung ab:

Als im Sommer 1992 die Komitees für Gerechtigkeit gegründet wurden, ging ein Aufschrei durch die politische Landschaft der Bundesrepublik Deutschland. Medienrummel und Verleumdungen der etablierten Politiker haben sich gelegt. Sich den Alltagsproblemen der Bürgerinnen und Bürger zuzuwenden, eignet sich nur wenig für spektakuläre Meldungen, ist aber für betroffene Menschen um so wichtiger. Die mehr als 60 Komitees für Gerechtigkeit mit ihren über 7000 Mitgliedern haben sich den Sorgen und Nöten angenommen, die durch die mißlungene Politik der Gestaltung der deutschen Einheit insbesondere die Menschen in den neuen Bundesländern trifft, aber nicht nur sie.

Die Volksinitiative in Sachsen-Anhalt für sozialverträgliche Mieten mit 46.000 Unterschriften, der Bürgerentscheid "Mietstop" in Dresden mit 40.000 teilgenommenen Bürgern, Initiativen gegen Obdachlosigkeit in Berlin, die Aktion "Mein Hort muß bleiben" in Halle und Magdeburg, das "Aktionsbündnis gegen Staustufen in Elbe und Saale", das Vorgehen gegen die "Schwarzen Listen" in Sachsen und gegen Berufsverbote überhaupt, die vielfältigen Protestaktionen gegen das BVG-Urteil zu § 218, Aktionen zum Erhalt von Einkaufsmöglichkeiten in kleinen Städten Mecklenburg-Vorpommerns, die Einrichtung einer Wohnungstauschzentrale, das Eintreten für das Bleiberecht der Flüchtlinge, das Mitinitiieren von Lichterketten gegen die de facto-Aufhebung des Grundrechts auf politisches Asyl nach Artikel 16 des Grundgesetzes und Demonstrationen gegen Rechtsextremismus in zahlreichen Städten, der Volksantrag für ein Landeswohngeld in Sachsen, der Widerstand gegen das Rentenstrafrecht sowie die vielfältigen Benachteiligungen von Frauen und Jugendlichen, die Mitgestaltung der Solidaritätsaktionen für den Erhalt der Kaligrube in Bischofferode, die Proteste für den Erhalt des Palastes der Republik in Berlin, die Zusammenarbeit mit anderen Vereinen in- und außerhalb des "Kuratoriums ostdeutscher Verbände" und viele weitere Aktivitäten zeugen davon, daß die Komitees ihren Platz im öffentlichen Leben nicht nur schlechthin beanspruchen, sondern von einem beachtlichen Teil der Bevölkerung anerkannt und angenommen werden.

Solche Politik kommt bei den etablierten Parteien nur in Sonntagsreden vor!

Im Gegenteil, die entsolidarisierende und ungerechte Politik der Bundesregierung bestätigt die Richtigkeit der Gründung von Komitees für Gerechtigkeit um so mehr!

Vertreter von Komitees sind inzwischen in Kommunalparlamente im Land Brandenburg gewählt worden, sie kandidieren auf den Listen unterschiedlicher Parteien in Kommunen, für Landtage, den Bundestag und das Europaparlament.

Das alles belegt die Aktualität des Gründungsappells und erfordert weitere vielfältige Aktivitäten, um endlich soziale Gerechtigkeit im deutschen Einigungsprozeß zu erreichen.

Bundesgeschäftsstelle der Komitees für Gerechtigkeit

III. Zuschriften von Bürgerinnen und Bürgern - eine Auswahl

(zusammengestellt von *Peter Sarg*)

Aus nahezu 800 Briefen, die von Juli bis September 1992 in der damaligen Koordinierungsstelle der Komitees für Gerechtigkeit eingingen, wurden die nachstehenden 13 unter dem Gesichtspunkt ausgewählt, die Unterschiedlichkeit der Inhalte und der Absender repräsentativ wiederzugeben.

*

Dokument III / 1

Ein Lehrer aus Oranienburg (Brandenburg), vom 6. Juli 1992

Sehr geehrter Herr Dr. Diestel,
mit großem Interesse verfolge ich Ihre Bemühungen um die Gründung einer ostdeutschen Sammlungsbewegung zur Interessenvertretung der ostdeutschen Bevölkerung. Ich würde mich gerne in diese Bewegung einbringen und bei der Konstituierung und Arbeit mittun.

Ich halte die augenblickliche Situation der ostdeutschen Bevölkerung für schlimm. Durch das Überstülpen eines anderen gewachsenen gesellschaftlich-politischen Systems können sich die Interessen der ostdeutschen Bevölkerung nur schwerlich artikulieren.

Zumal vor dem Hintergrund des gescheiterten sogenannten real existierenden Sozialismus scheint sich eine westdeutsche Befindlichkeit auszubreiten, die uns in die Ecken drückt und wenig Chancen läßt. Das läßt sich ja an vielen Beispielen erkennen.

Ich habe meine Zweifel, ob die etablierten westdeutschen Parteien mit dieser Verantwortung richtig umgehen können. Darin sehe ich u[nter] a[nderem] den wachsenden Schwund an Akzeptanz dieser Parteien in den neuen Ländern. Darüber hinaus kann ich diese Fragen nicht der PDS überlassen, die ja eine Restauration erlebt und erleben wird, die ich nicht möchte, die ich für gefährlich halte.

Ich war bis zum September 1990 Mitglied der CDU, bin dann aber aus verschiedenen Gründen ausgetreten, die vor allem auf kommunaler Ebene liegen. Zu Zeiten der DDR habe ich mich mit der einen oder anderen Frage engagiert, was mir nicht unbedingt Freunde einbrachte, weder in der CDU noch bei meinen Vorgesetzten. Jetzt würde ich gerne wieder mitmachen und mich einbringen.

Ich würde mich freuen, von Ihnen zu hören. Wohin kann ich mich wenden, was kann ich tun, kann ich schon evtl. vor einem Aufruf zur Gründung etwas tun?

Mit freundlichen Grüßen

Bundesgeschäftsstelle der Komitees für Gerechtigkeit

Dokument III / 2

Ein Rentner aus dem Kreis Bitterfeld, Sachsen-Anhalt, vom 13. Juli 1992

Sehr geehrter Herr Diestel!

Hoffentlich gelangt mein Brief auch in Ihre Hände. Mit Freude und Genugtuung habe ich von der Gründung des Komitees für Gerechtigkeit erfahren. Endlich reichen sich Politiker der CDU und der PDS die Hände. Laßt uns doch einfach Menschen sein. Uns vereinen humanistische Grundgedanken und es wird höchste Zeit, daß wir organisatorisch dieser Einheit entsprechen.

Seit Jahren träume ich von einer Organisation, einer Vereinigung deutscher Humanisten, die als Prüfstein der Politik der Parteien die besten Kräfte des deutschen Volkes vereinigt und unabhängig von der Weltanschauung einen aktiven Humanismus praktiziert. Eine solche Organisation könnte zur wirklichen Heimstatt vieler Menschen werden, könnte zu einer solchen Kraft sich entwickeln, deren beste Kräfte die Regierung bilden, könnte über Ländergrenzen wachsen und zum politischen Fundament eines "Europäischen Hauses" und einer zukünftigen Weltgemeinschaft werden.

Das "Komitee für Gerechtigkeit" könnte der Keim einer solchen Entwicklung sein. Ich kann Ihnen versichern, daß viele Menschen hinter einer solchen Organisation stehen würden.

Richtig angepackt, wäre das eine echte Alternative schon bis zur nächsten Bundestagswahl und würde die Masse der Wähler gewinnen, die an der Politik der heutigen Parteien zweifeln und verzweifeln.

Sie würden selbstverständlich mit Ihrer Partei ständig in Konflikt geraten. Haben Sie den Mut, sich von einer Partei zu lösen, die Ihre Arbeit und Ehrlichkeit nicht zu schätzen weiß, stellen Sie sich an die Spitze einer Bewegung, für die es sich lohnt zu leben.

Ich weiß, daß dies große Worte sind, aber man muß erst an das Große glauben, um in der täglichen Arbeit dies mit praktischen Schritten untersetzen zu können.

Mit freundlichen Grüßen!

Bundesgeschäftsstelle der Komitees für Gerechtigkeit

Dokument III / 3

Hilfeersuchen einer Familie aus Bad Bramstedt (Schleswig-Holstein), vom 28. September 1992

Liebe Freunde und liebe Freundinnen!

Zur Zeit wohnen wir in 36 qm mit fünf Personen und in nächster Zeit erwarten wir Nachwuchs. Wir alle leiden gesundheitlich sehr unter diesen katastrophalen Wohnverhältnissen.

Mit unserem heutigem Schreiben bitten wir Euch um solidarische und kameradschaftliche Unterstützung in unserer prekären Wohnungssituation. Wie aus dem letztem Schreiben von unserem Rechtsanwalt zu entnehmen ist, wurde einer fristlosen Kündigung vom Landesgericht Kiel stattgegeben.

Da es in der heutigen Zeit sehr "schlecht bestellt" ist mit dem sozialen Wohnungsbau, haben wir auf Grund dieser Sachlage eine Bürgerinitiative "Für den Bau mietgünstiger Sozialwohnungen" gegründet. Hier in Bad Bramstedt und Umgebung haben wir alles Erdenkliche in Bewegung gesetzt, um für unsere Kinder ein neues "Zu Hause" zu erhalten, aber leider stießen wir nur auf Ablehnung. Deshalb wenden wir uns an Euch, ob Ihr nicht noch irgendeinen Ausweg seht oder uns eventuell auf irgendeine Art und Weise helfen könnt.

Wir wären Euch sehr dankbar, wenn Ihr uns auf unser Schreiben hin ein positives Ergebnis mitteilen könntet.

Mit freundlichen Grüßen!

Bundesgeschäftsstelle der Komitees für Gerechtigkeit

Dokument III / 4

Ein Wissenschaftler aus Potsdam (Brandenburg), vom 15. Juli 1992

Sehr geehrter Herr Diestel!

Hiermit muß ich leider von meinem an Sie gerichteten Solidarisierungsschreiben (undatiert) für die Ostdeutsche Sammlungsbewegung Abstand nehmen. Das gebildete "Komitee für Gerechtigkeit" ist für mich persönlich zu links stehend. Es ist für mich zu sehr kommunistisch und linkssozialistisch unterwandert gemäß der alten traditionellen prokommunistischen Volksfronttaktik. Eine Unterstützung dieser Art Ostdeutscher Sammlungsbewegung kommt für mich daher nicht in Frage.

Mit freundlichen Grüßen

Bundesgeschäftsstelle der Komitees für Gerechtigkeit

Dokument III / 5

Ein Arzt aus Bad Nauheim (Hessen), vom 15. Juli 1992

Sehr geehrter Herr Gysi, sehr geehrter Herr Diestel!

Mit großem Interesse habe ich die Entstehung des "Komitees für Gerechtigkeit" verfolgt. Um meine Absicht, dem Komitee eventuell beizutreten, endgültig in die Tat umsetzen zu können, möchte ich Sie herzlich bitten, mir weitere, über die Mitteilungen aus der Presse hinausgehende Informationen zu Zielen und Aufgaben sowie zum Programm des Komitees zu übersenden.

Ich habe bis 1986 in Schwerin gelebt und wohne jetzt seit einigen Jahren hier in Bad Nauheim, nahe Frankfurt a[m] Main. Die Entwicklung zur und nach der "Wende" ist natürlich auch für mich ein wichtiges Thema. Durch Besuche bei Freunden und Verwandten in Mecklenburg bemühe ich mich, möglichst viel über das Leben in den neuen Bundesländern zu erfahren. Es versteht sich von selbst, daß man mit vielem nicht einverstanden sein kann. Darum überlege ich nun, wie ich mich nützlich machen könnte.

Über eine baldige Nachricht würde ich mich sehr freuen.

Bis dahin verbleibe ich mit freundlichen Grüßen

Bundesgeschäftsstelle der Komitees für Gerechtigkeit

Dokument III / 6

Ein ehemaliger Übersiedler aus Dresden (Sachsen), vom 23. Juli 1992

Wertes Komitee, werte Unterzeichner!

Ihre Gründung hat nicht nur die Politiker aus Bonn und den Ländern, sondern auch mich erschreckt, nur mit dem kleinen Unterschied, daß bei mir ausschließlich positive Gefühle hochstiegen. Erschrocken deshalb, da bei mir eine Lethargie ohnegleichen nach der Übersiedlung von Dresden nach dem damals "kleinerem Übel Deutschland" eingetreten ist. Ich war die letzten Monate vor dem Mauerfall im Gefängnis und hatte einfach Angst bekommen um meine Familie und mich, deshalb bin ich nach der Amnestie und fehlender Rehabilitation gen Westen abgewandert. Dies nur zur kurzen Information, denn mein Oppositionsbestreben in der DDR war all die Jahre ein rein intellektuelles, weniger wirtschaftliches, und deshalb kam eine Ausreise normalerweise nie in Frage.

Es hatte aber wahrscheinlich den Vorteil, daß ich mich von einem Tag zum anderen in dieses System gestürzt habe. Es muß viel schrecklicher empfunden werden, wenn man langsam zusieht, wie etwas ganz Liebes, Sensibles von Arroganz und

Intoleranz zugedeckt wird. Deshalb ist gerade jetzt die Gründung eines solchen Gremiums sehr, sehr wichtig. So sind auch bei mir wieder Gefühle der Hoffnung erweckt, nicht zuletzt deswegen, weil zu den Unterzeichnern viele Leute gehören, die mir schon zu DDR-Zeiten dieselben Gefühle so toll unterstützten. Es vermittelt ein wunderbares Zusammengehörigkeitsgefühl, "fast wie in alten Zeiten....."

Hiermit biete ich meine volle Unterstützung für das Komitee an. Sollten professionelle Entwürfe von Artikeln bzw. Zeitschriften oder andere Dinge, die einen hochleistungsfähigen Computer benötigen, gefordert sein, so würde ich dies "als Heimarbeit" gerne erledigen.

Mit freundlichen Grüßen

Bundesgeschäftsstelle der Komitees für Gerechtigkeit

Dokument III / 7

Ein Bürger aus Erkenschwick (Nordrhein-Westfalen), vom 17. Juli 1992

Sehr geehrter Herr Dr. Diestel,

nachdem sich nun Ihr Dementi, bezüglich der Zusammenarbeit mit dem PDS-Vorsitzenden Gregor Gysi, in dem gebildeten Komitee als Lüge und Täuschung erwiesen hat, bin ich nun keinesfalls bereit, in irgendeiner Form mit Ihnen und Herrn Gysi zusammenzuarbeiten.

Hätten Sie meinen Vorschlag, eine Partei der Ost- und Westdeutschen, genauer gesagt, der "Mitteldeutschen" und der in Westdeutschland lebenden Heimatvertriebenen aus "Ostdeutschland" angenommen und verwirklicht, so hätte diese Partei mit einem großen Zulauf auch aus den alten Bundesländern rechnen können. So aber, sehr geehrter Herr Dr. Diestel, sind Sie ohne Wenn und Aber bereit, mit der Nachfolgepartei der SED zusammenzuarbeiten, die sowohl für den heruntergewirtschafteten "Saustall" der ehemaligen DDR, wie auch für die Untaten der Stasi voll verantwortlich ist.

Und das, verehrter Herr Dr. Diestel, kann hier wohl kaum jemand begreifen!

Trotz gespielter Euphorie in Ihrem neuem "Verein" glaube ich kaum, daß er eine gute Zukunft und überhaupt Bestand haben wird, zumal er sich als ein erfolgreicher "Spaltpilz" für ganz Deutschland erweisen wird.

Auf gut deutsch heißt das, daß dieses "Komitee" die Hauptschuld daran tragen wird, daß an Stelle von Mauer und Stacheldraht nun eine ideologische Mauer zwischen Mittel- und Westdeutschland errichtet wird. Ob Sie diesen Zustand dann als einen politischen Erfolg werden verbuchen können, wage ich zu bezweifeln.

Es wird und kann lediglich nur dazu führen, daß Sie und die anderen Unterzeichner dieses Komitees erreichen werden, die PDS wieder "salonfähig" und für die Wähler wieder wählbar zu machen.

Und das, sehr geehrter Herr Dr. Diestel, stößt auf meinen Widerstand!

In diesem Sinne verbleibe ich mit freundlichem Gruß!

Bundesgeschäftsstelle der Komitees für Gerechtigkeit

Dokument III / 8

Ein Student aus Klostermansfeld (Sachsen-Anhalt), vom 15. Juli 1992

An das
"Komitee für Gerechtigkeit"
Bunsenstraße 2
O-1080 Berlin

Mit wachsendem Interesse verfolge ich Eure Bemühungen, auf die ostdeutschen Probleme und die immer größer werdende Unfähigkeit der regierenden Politiker, damit umzugehen, verstärkt hinzuweisen. Obwohl ich zugeben muß, daß ich die vor Wochen aufgekommene Diskussion um eine "Ost-Partei" eher skeptisch aufnahm, hat mich die Pressekonferenz vom Samstag mit Peter-Michael Diestel, Gregor Gysi, Prof. Dr. Fink, Tamara Danz, Barbara Thalheim u[nter] a[nderem] doch von der Richtigkeit und auch Notwendigkeit einer solchen Bewegung überzeugt.

Wir Ostdeutschen müssen endlich Schluß machen mit dem Gejammer über Ungerechtigkeit, dem Selbstmitleid und der Selbstaufgabe. Es ist nötig, die vorhandenen Probleme in ganz Deutschland gemeinsam zu lösen; nicht nur für die Ostdeutschen, nicht nur gegen die Alt-Bundesbürger, sondern für alle, durch alle!

Da ich als Student gerade Semesterferien habe, möchte ich gern einen Teil meiner Zeit dazu nutzen, Euch irgendwie zu unterstützen. Dazu müßte ich allerdings mehr von/über Euch erfahren, als das, was der Presse und dem Fernsehen zu entnehmen ist. Leider hat sich in den bisherigen Gesprächen mit Freunden und Bekannten keine große Begeisterung für Eure (unsere) Sache breitgemacht. Die Verdrossenheit und Skepsis sind noch zu groß. So bin ich also hier vorerst noch auf mich allein gestellt. Ich hoffe, das bleibt nicht so.

Bundesgeschäftsstelle der Komitees für Gerechtigkeit

Dokument III / 9

Ein Sportlehrer aus Berlin, vom 25. Juli 1992

Werter Herr Dr. Diestel!

Ich bin 51 Jahre alt, von Beruf Sportlehrer/Trainer und habe in diesem Beruf mehr als 20 Jahre beim Kreisvorstand Rügen des DTSB der DDR gearbeitet - überwiegend im Nachwuchsleistungssportbereich, aber auch im Breitensportbereich.

Selbst bin ich noch aktiver Sportler. Ich trainiere aktiv Kraftsportdreikampf und Gewichtheben und nehme in beiden Disziplinen an Wettkämpfen, Meisterschaften und Turnieren teil.

Vergangenen Sonnabend war ich bei den Deutschen Mannschaftsmeisterschaften im Bankdrücken in Lauchhammer eingesetzt, wo ich Sie auch ansprach.

Ich bin daran interessiert, Mitglied der von Ihnen initiierten Vereinigung Ostdeutschlands zu werden.

Ich möchte aktiv an einer positiven Veränderung in der ehemaligen DDR - den nunmehrigen fünf neuen Bundesländern - mitwirken. Möglicherweise auf dem Gebiet von Körperkultur und Sport.

Ich bin mir keiner Schuld bewußt, in irgendeiner Weise an Verbrechen der Stasi mitgewirkt zu haben oder ein sogenannter IM gewesen zu sein. Von 1964 bis 1970 war ich Mitglied der SED und wurde aus dieser ausgeschlossen, da ich gegen deren Statut und Richtlinien verstoßen hatte, da ich eine zu kritische Haltung an den Tag gelegt hatte.

Folge war, daß ich schon 1970 drei Monate in der DDR arbeitslos war, ohne daß ich auch nur den Schimmer einer Chance hatte, eine Arbeit zu bekommen. Erst nach langen Verhandlungen und dem persönlichen Engagement einzelner Sportfreunde gelang es mir, Arbeit zu bekommen. Im nachhinein war das aber alles nichts gegen das, was ich jetzt erleben mußte und muß.

Seit dem 16.11.90 bin ich arbeitslos. Sportlehrer/Trainer werden nicht mehr gebraucht.

Mit 51 Jahren ist man den Behörden und Institutionen zu alt und gilt demzufolge als schwer vermittelbar, obwohl ich auf Grund meiner Physis in der Lage bin, jedem Jüngeren etwas vorzumachen.

Derzeit habe ich eine ABM-Stelle in einer Westberliner Institution in der Buchhaltung als Projektabrechner, die bis 30.6.93 befristet ist. Wenn ich nicht übernommen werde, beginnt der Ärger und Verdruß erneut - nur, daß ich da schon wieder 2 Jahre älter bin und noch schwerer vermittelbar.

All das überzeugt mich, mich aktiv in der von Ihnen in Aussicht gestellten Vereinigung zu organisieren und mitzuhelfen, unsere ehemalige DDR-Vergangenheit zu bewältigen und unsere Identität zu behalten.

Bundesgeschäftsstelle der Komitees für Gerechtigkeit

Dokument III / 10
Ein Bürger aus Mössingen-Belsen (Niedersachsen), vom 20. Juli 1992

Guten Tag, sehr geehrte Damen und Herren,

herzlichen Glückwunsch zur Gründung dieses Komitees.

Jedoch ist mir der Sinn und der Inhalt dieses Komitees nicht klar geworden.

Für wen wollen Sie Gerechtigkeit? Für den "Wessi", der seit der Wiedervereinigung 500 Milliarden - 1/2 Billion - in den Osten gepumpt hat? Der Wessi hätte es wirklich verdient, daß es gerechter zugeht.

Leistungsgerechte Löhne können nur bezahlt werden, wenn auch die entsprechende Leistung dahinter steht. Und das, was an Produktivität herauskommt, läßt ja nun wirklich mehr als zu wünschen übrig.

Jetzt kann man darüber nachdenken, ob die "Ossis" alles Faulenzer sind, die durch die sozialistische Marktwirtschaft einfach keine Leistung gewöhnt sind, oder ob es die Umstände waren, die die Industrie herabgewirtschaftet haben.

Egal, was es ist, wir - die "Wessis" - sind doch nicht schuld daran, wenn die "Ossis" noch nicht den Standard haben wie die Leute im Westen.

Sollen 40 und mehr Jahre schwerer Arbeit der "Wessis" umsonst gewesen sein?

Wollen Sie heute wirklich erwarten, daß wir einen Teil unseres Wohlstandes aufgeben für Leute, die einen nun wirklich äußerst herablassend, uneinsehbar durch den Schalter in der Friedrichstraße, in die "Deutsche Demokratische Republik" gnädigst hereingelassen haben?

Wollen Sie wirklich Verständnis erwarten von Leuten, die von der "Vopo" in herausfordernder, überheblicher Art und Weise behandelt wurden?

Ist der Westen Deutschlands daran schuld, wenn die Wirtschaft des Ostens heruntergewirtschaftet wurde?

Lassen Sie mich eine Tatsache schildern, die ein Arbeitskollege von mir erzählt:

"Mein Bruder wohnt im Hause eines Schlachthofes in der DDR. Jedes Mal, wenn ich diesen besucht habe, habe ich diesen gebeten, das Balkongitter zu streichen und ich habe ihm angeboten, Farbe mitzubringen - aus dem Westen -, damit das Balkongitter, im 1. Stock gelegen, nicht zusammenfällt."

Der im Osten wohnende Bruder hat einfach das Balkongitter nicht streichen wollen, obwohl er die Farbe von seinem Bruder aus dem Westen geschenkt bekommen hätte.

"Das muß der Schlachthof machen", war ständig die Antwort des Bruders aus dem Osten, wenn er bei Besuchen auf den Verfall des Balkongitters aufmerksam machte.

Der Bruder aus dem Westen kam eines Tages wieder zu Besuch und fand die Balkontüre kreuzweise mit Brettern vernagelt.

Auf die Frage des westlichen Bruders: "Wer hat das gemacht", kam die Antwort: "Der Schlachthof".

Diese wahre Begebenheit, für die ich mich verbürge und Zeugen habe, spiegelt doch die gesamte Kalamität und Einstellung - na ja, sagen wir mal vieler - der Ossis wider.

Verantwortlich waren und sind immer die Anderen. Und dies sind jetzt einfach die "Wessis". Stimmen die Renten nicht, wird geschrien, werden die Mieten erhöht, wird geschrien, kommt die Wirtschaft nicht in Schwung, wird geschrien.

Mir stinkt es, für diese Leute zu zahlen, die scheinbar nichts anderes im Sinn haben, als uns auszunehmen.

ABM-Maßnahmen - Arbeiten bis Mittag - wird dies hier im Westen genannt, sind natürlich in der ehemaligen DDR hoch willkommen. Nein, so geht es nicht.

Es ist geradezu erhebend, wenn der - weiß Gott heute u[nter] a[nderem] durch den Kauf der Villa umstrittene - Herr Diestel großzügigerweiser 2 Monatsmieten bezahlt und wir müssen alleine den Solidaritätszuschlag über 12 Monate bezahlen. Ist dies der Sinn des Komitees für Gerechtigkeit?

Ganz prima, wie sich dieser Mann verkauft. Aber ist er glaubhaft? War er nicht schon im alten Regime eine maßgebliche Figur? Ist dies nicht vielleicht auch einer der "Wendehälse"? Ein "Wolf im Schafspelz"? Ein "Rattenfänger zu Hameln"?

Bei aller Euphorie: Verständnis werdet Ihr so im Westen kaum finden. Die Fronten werden sich - und sie sind weiß Gott hart - weiter verhärten.

Nachdem Sie - einer Pressenotiz zufolge - bisher nur "Zuspruch hören", dachte ich mir, ich muß Ihnen mal schreiben, was - aus Gesprächen resultierend - viele "Wessis" denken.

Merke: Wer am Tropf hängt, sollte bescheiden auf die Genesung warten.

Mit freundlichem Gruß

Bundesgeschäftsstelle der Komitees für Gerechtigkeit

Dokument III / 11

Eine Bürgerin aus Frankfurt am Main (Hessen), vom 23. Juli 1992

Liebe Freunde und (Mit-)Streiter für Gerechtigkeit!

Als "Wessi" kenne ich die kritikwürdigen Seiten unserer Gesellschaft (um nur einige zu nennen: Arbeitslosigkeit, unbezahlbare Mieten in den "Ballungsgebieten",

Vernachlässigung aller Sozialeinrichtungen, Egoismus als weithin akzeptierter "Wert", Sich-Verkaufen-Müssen, Unterdrückung unerwünschter politischer Vorstellungen..., Ausbeutung der "Dritten Welt" u[nd] v[ieles] a[ndere] m[ehr] und beteilige mich etwa seit 1968 an verschiedenen Initiativen zur Veränderung.

Bei der "Vereinigung" war ich sehr erstaunt, daß sich die Mehrheit der DDR-Bürger dem westlich-kapitalistischen Wirtschafts- und Gesellschaftssystem so blindlings und überstürzt in die Arme geworfen hat, und anscheinend erst hinterher die Konsequenzen realisiert hat. Die Gründung der "Komitees für Gerechtigkeit" begrüße ich sehr als eine Möglichkeit, Kritik und eigene Interessen zu artikulieren, anstatt sich ständig unterbuttern zu lassen und in Depression oder rechtsextreme Gewalttätigkeit zu verfallen.

Ich empfinde das, was ich in der Diskussionsplattform (abgedruckt in der "Frankfurter Rundschau") gelesen habe, keineswegs als Aufruf zur Spaltung oder gar zu Haß; im Gegenteil finde ich positiv, daß zum Beispiel Wohnungsnot, Konkurrenz zwischen Arbeitnehmern und Angewiesensein auf Sozialhilfe klar als Probleme in beiden Teilen beschrieben werden.

Ich würde gerne über das "Diskussionsangebot" hinaus mehr erfahren (es war in den Zeitungen noch von einem Appell/Gründungsaufruf und Adressen für Interessierte die Rede) - auch darüber, wie man sich im Westen beteiligen kann.

Wenn später evtl. weitere Informationen verschickt werden, möchte ich in die Adressatenkartei aufgenommen werden (trotz "Verfassungsschutz"). Anbei ein Beitrag zu den Fotokopier- und Portokosten.

Mit guten Wünschen für die Arbeit und herzlichen Grüßen

PS. Wie die Reaktionen auf die Gründung der Komitees zeigen, müßte ein Aspekt in Texten wie dem "Diskussionsangebot" künftig deutlicher benannt werden: die Abwehr politisch Andersdenkender in der BRD. Es gab nicht nur d[ie] Stasi - es gibt auch den "Verfassungsschutz", es gibt Pressekampagnen und Diffamierungen durch bestimmte Politiker, die dann zu Gewaltakten wie gegen Stefan Heym führen...

Bundesgeschäftsstelle der Komitees für Gerechtigkeit

Dokument III / 12

Eine junge Christin aus Potsdam (Brandenburg), vom 21. Juli 1992

Liebe Mitglieder!

Mit Interesse haben mein Freund und ich in den Medien die Vorbereitung zur Gründung des "Komitees für Gerechtigkeit" verfolgt und freuen uns nun, den in der "Jungen Welt" abgedruckten Aufruf lesen zu können. Er gibt mir einen kleinen

Lichtblick in der zur Zeit bedauerlichen politischen Entwicklung. Oppositionelle Parteien sind leider im Stillschweigen und in der politischen Routine versunken.

Ein interessiertes norwegisches Mädchen fragte mich, was sich seit der Einheit verändert hat. Ich sagte ihr, daß ich glücklich war über die gewonnene Freiheit nach dem Mauersturz und daß es mir jetzt besser geht.

Ich schilderte ihr aber auch enttäuscht mit einigen Beispielen den allmählichen Abbau des Sozialsystems, das extreme Zunehmen von Rechtsradikalismus und Kriminalität, daß die Menschen im Osten bei den niedrigen Gehältern in vielen Fällen kaum noch ihre Mieten bezahlen können, daß Arbeitslosigkeit und Armut zugenommen haben, auch bei Leuten, die vorher fest auf beiden Beinen standen. Verärgert erzählte ich ihr auch von den Erhöhungen der Gehälter und Diäten im Regierungsbereich und den Kürzungen der Gelder im Gesundheitswesen.

Daraufhin fragte sie mich, ob ich Kommunist sei. Ich gab ihr zur Antwort, daß ich Christ bin mit einem noch gesunden Empfinden für soziale Gerechtigkeit.

Mein Freund und ich interessieren uns sehr für die Arbeit des Komitees und hätten gerne Informationen darüber, ob sich eine lokale Gruppe in Potsdam schon formiert hat.

Mit solidarischem Gruß!

Bundesgeschäftsstelle der Komitees für Gerechtigkeit

Dokument III / 13

Ein Bürger aus Erfurt (Thüringen), vom 15. Juli 1992

Werte Damen und Herren,

Ihr Diskussionsangebot habe ich sehr aufmerksam studiert und bin mit der Mehrzahl der dargestellten Fakten einverstanden. Zweifel bestehen jedoch zu dem Passus des Rentenrechtes im letzten Drittel des Abschnittes IV. Meiner Auffassung nach müßte hier mehr differenziert werden.

Es gab in der Tat Bereiche bzw. Personenkreise mit einer hervorragenden Altersversorgung und einer sehr guten Versorgung im Krankheitsfall, im Gegensatz zu Berufsgruppen, die materielle Werte schufen bei hohem Schichtanteil und körperlich schwerer Arbeit. Hier erfolgten sogar Rückführungen sozialer Vorteile auf das allgemeine Netz der Sozialleistungen mit dem Ergebnis, daß in diesen Bereichen mit Schichtdienst (ausgenommen Bergbau) die Arbeitskräftelage sich mehr und mehr zuspitzte und damit zu Verlusten in der Leistungsfähigkeit und Werterhaltung bzw. Werterneuerung führte.

Als Beispiel sei hier nur die Eisenbahn genannt. Sie wurde seit dem Beginn der 80er Jahre immer stärker in der Leistung gefordert, aber die sozialen Vergünstigungen wurden immer geringer, da zu anderen Industriezweigen Angleichungen erfolgten und damit wurde der Status des sehr schichtintensiven Betriebes DR mehr und mehr abgebaut. Im Gegensatz dazu erhielten Werktätige in Betrieben, die zum Schichtdienst übergingen, mehr und mehr Vergünstigungen. Das Ergebnis dieser Verkehrspolitik ist ja wohl jedem sichtbar, wenn man den Vergleich zum europäischen Standard anstellt.

Wer ist daran Schuld?

Diejenigen, die diese Politik bestimmt haben und die entsprechenden Beschlüsse faßten, diejenigen, die diese Beschlüsse wissenschaftlich vorbereitet und in der Öffentlichkeit verteidigt haben, und diejenigen, die diese Beschlüsse verwirklichten, die nichts taten, um die Entwicklung in die Katastrophe zu verhindern, obwohl sie die Probleme kannten.

Deshalb ist mein Standpunkt, daß man diesen Leuten nicht noch jetzt Vergünstigungen verschaffen muß, die sie verspielt haben.

Bundesgeschäftsstelle der Komitees für Gerechtigkeit

Dritter Teil

Erinnerungen und Standpunkte von Erstunterzeichnern des "Appells zur Gründung von Komitees für Gerechtigkeit“

Dr. Peter-Michael Diestel

Zwei Jahre sind seit dem Tag vergangen, an dem ich mit einer großen Anzahl von Prominenten aus Ost und West zur Gründung von Komitees für Gerechtigkeit aufrief. Die Pressekonferenz im Berliner Kongreßzentrum fand ein Medieninteresse, wie man es in Ostberlin lange nicht mehr erlebt hatte.

Die folgenden Wochen waren bestimmt von dem großen Zulauf, den die Komitees zunächst hatten, aber auch von einem Feldzug, vor allem der noch immer rein westdeutsch dominierten Medien, von beispielloser Erbarmungslosigkeit.

Menschen, die sich in den Komitees für mehr Gerechtigkeit im Umgang mit der DDR-Geschichte und mit den eigenen Biographien einsetzen wollten, wurden als "Spalter" diffamiert. Menschen, die nun Möglichkeiten sahen, sich gegen einigungsbedingte wirtschaftliche und soziale Härten, wie das neu entstehende Rentenrecht, zur Wehr zu setzen, wurden pauschal der PDS-Nähe verdächtigt.

Vielen Wissenschaftlern, die sich gegen die Abwicklung auflehnten, wurde noch verschärfter ihre Systemnähe vorgeworfen.

Seit dem Beginn der Anti-Atomkraft-Bewegung ist in der Bundesrepublik wohl keine Bürgerinitiative so rücksichtslos bekämpft worden. Gerade das zeigt mir, wie richtig und wichtig unser Schritt in die Öffentlichkeit gewesen ist. Unser Aufruf war das zwangsläufige Ergebnis einer Entwicklung, die so durch den Einigungsvertrag nicht vorgesehen war.

Natürlich waren die Partner der Wiedervereinigung nicht gleichstark, sie sollten aber nach dem 3. Oktober 1990 gleichberechtigt am neuen Gemeinwesen teilnehmen dürfen. Tatsächlich haben wir erlebt, wie die alte Bundesrepublik sich bedenkenlos und ohne Korrektur des eigenen Selbstverständnisses auf die neuen Länder ausgedehnt hat, und die DDR auf die Vokabel "Unrechtsstaat" reduziert wurde. Durch die undifferenzierte Diskussion über Staatssicherheit, Systemnähe und Vergangenheit wurden die in der DDR erbrachten Lebensleistungen abgewertet und der größte Teil wirklicher Leistungsträger aus der öffentlichen Wirksamkeit verbannt. Wachsende Teile der ehemaligen DDR-Bevölkerung fanden sich in dem Staat, in dem sie nun lebten, nicht wieder, sahen sich gebrandmarkt, ausgenutzt und oft auch durch Arbeitslosigkeit und Vorruhestand in das soziale Aus gedrängt.

Vor allem diesen Menschen wollten wir eine Möglichkeit eröffnen, die eigenen Interessen und Rechte durchzusetzen und für die neu entstehenden Probleme in ganz Deutschland Aufmerksamkeit zu erzeugen.

Selbstverständlich kann man über Erfolg und Mißerfolg der ganzen Aktion geteilter Meinung sein.

Wichtigstes Hindernis ist zweifellos die mangelnde Bereitschaft, vor allem in Westdeutschland, gewesen, sich auf neue politische Vorstellungen überhaupt einzulassen.

Das von den Parteien geprägte und okkupierte System der alten Bundesrepublik glaubt sich als Sieger der Geschichte und hat noch immer nicht verstanden, daß sich Deutschland als ganzes ändert.

Die Unfähigkeit zur Integration ist nun letztlich die Ursache für die selbstgewählte Isolation und Opposition von inzwischen 20 Prozent der ehemaligen DDR-Bürger, die durch ihre Wahlentscheidung für die PDS ihre Distanz zum Staat deutlich machen.

Diese Entwicklung hätte ich gerne vermieden.

August 1994

Prof. Dr. Heinrich Fink

Frage:

Herr Professor, Sie gehören zu den Erstunterzeichnern des Appells zur Gründung von Komitees für Gerechtigkeit. Wie kam es dazu, daß Sie diesen Appell unterzeichnet haben?

Antwort:

Das lag in der politischen Luft. Aus Diskussionen mit Gregor Gysi und Stefan Heym, daß die Einheit Deutschlands, so wie sie bisher gelaufen ist, nicht gelungen ist, und was zu tun wäre, dieser Einheit zu einem Erfolg zu verhelfen für beide Teile, und nicht nur zu einem Anschluß von Ostdeutschland an Westdeutschland, was es praktisch in der Zwischenzeit geworden war. Gregor Gysi hatte damals die Idee der zweiten Kammer, die notwendig wäre, um auch die Interessen ostdeutscher Bürger im Bundestag oder überhaupt in Gesamtdeutschland zu vertreten. Die Idee leuchtete mir sehr ein. Dem Gelingen der Einheit zu Gerechtigkeit für alle war der Grund, daß ich den Appell, der ja hier in dem Buch vorliegt, mit unterzeichnet habe, ihn auch damit unterstützen wollte.

Frage:

Herr Professor, wie entstand der Appell?

Antwort:

Ich kann natürlich nicht über die Ursprünge des Appells, also die schriftliche Genesis Auskunft geben. Ich wurde durch Gregor Gysi eingeladen, über den vorhandenen Entwurf nachzudenken. Dann rief mich Stefan Heym an, der mir auch den Entwurf ans Herz gelegt hat, und von daher habe ich den Eindruck, daß dieser Appell in einem Prozeß gemeinsamer Überlegungen und nach Diskussionen dann am 11. Juli verabschiedet wurde.

Frage:

Sie kennen also nur die dann veröffentlichte Fassung?

Antwort:

Es gab, soweit ich mich erinnere, zwei Fassungen. Eine, wenn ich richtig informiert bin, ist durch Stefan Heym überarbeitet worden. Ich habe noch eine geringfügige Korrektur angebracht und dann mit unterschrieben.

Frage:

Der Appell, Herr Professor, rief heftige Reaktionen in der Öffentlichkeit hervor, fast alle Parteien und Bewegungen, insbesondere die Medien, lehnten den Appell ab. Wie erklären Sie sich diese ablehnende Reaktion?

Antwort:

Die Reaktion der Öffentlichkeit, auch von Freunden von mir, von Universitätskollegen, war, daß man befürchtete, es würde eine Ostpartei geben, und die Argumente waren dann auch immer dahin gerichtet, daß diese Ostpartei die augenblickliche politische Landschaft spalten würde, und damit kontraproduktiv zur Einheit wäre. Also, es gab eine Entspannung in dem Augenblick, als die Medien erfuhren, daß es Komitees für Gerechtigkeit wären und keine Ostpartei. Die Diskussion um die Ostpartei dauerte ziemlich lange an. Ich hätte den Appell nicht unterschrieben, wenn es ein Appell für eine Ostpartei gewesen wäre. Und daher bin ich auch sehr froh, daß sich die Diskussion mehr und mehr auf eine Bewegung hin orientierte. Nach meiner Meinung ist die Arbeit der Komitees dann intensiver geworden, daß sie keine Partei wurden, sondern eine Basisbewegung. Deswegen lege ich auch immer Wert darauf, daß es "Komitees" heißt und nicht "Komitee" für Gerechtigkeit, daß diese Komitees auch autonome Strukturen, jeweils an dem Ort, entwickelt haben und die Probleme, die die Bürger an diesen Orten haben, dann auch miteinander diskutieren und zu einer Lösung bringen. Ich habe den Eindruck, daß die Effektivität der Komitees für Gerechtigkeit dadurch intensiviert ist, daß die Mitglieder der Komitees in persönliche kritische Verantwortung genommen werden, und die Komitees so gut und so schlecht sind, wie die entsprechenden Mitarbeiter, die in den Komitees arbeiten.

Frage:

Herr Professor, wie erklären Sie sich, daß die Komitees, die arbeiten, kaum von der Öffentlichkeit wahrgenommen werden?

Antwort:

Das würde ich bestreiten. Die Öffentlichkeit nimmt natürlich nur immer das war, was ihr nutzt. Die Komitees stören die Öffentlichkeit, und von daher ist man interessiert, die Komitees in der Öffentlichkeit, jedenfalls in den konservativen Medien, nicht zu nennen, es sei denn gelegentlich negativ. Aber auch diese negative Reaktion zeigt, daß sie vorhanden sind. Von daher sind die Komitees auf sich selbst, auf ihre eigenen Aktivitäten angewiesen, und sie existieren natürlich durch das, was sie arbeiten, und nicht durch eine öffentliche Meinung. Es hat sich bei der letzten Bundestagswahl gezeigt, daß sieben Mitglieder der Komitees für den Bundestag kandidiert haben, parteilose Mitglieder. Von daher haben die Komitees, glaube ich, mehr Wirkung gehabt, als traditionelle Bürgerbewegungen überhaupt.

Frage:

Wie beurteilen Sie heute, mit zweijährigem Abstand, die Gründung der Komitees für Gerechtigkeit? Haben sie ihren politischen Zweck erfüllt? Haben sie eine Zukunft?

Antwort:

Es wäre vermessen zu sagen, die Komitees für Gerechtigkeit haben ihren Zweck erfüllt. Dann hätten sie sich ja inzwischen auflösen können. Dadurch, daß sie sich nicht aufgelöst haben, haben sie nach wie vor eine politische Verantwortung. In einem ganz breiten Spektrum von sozialen Problemen, wie sie von einem Komitee in Friedrichshain wahrgenommen werden: Sorge für Obdachlose, Sorge für sozial Gestrauchelte. Sie haben entsprechend auch Öffentlichkeitsprobleme wahrgenommen, wie z. B. den Erhalt des "Palastes der Republik". Nur durch die Komitees in der Verbindung mit der "Spreeinselinitiative" ist bisher die Diskussion um den "Palast der Republik" überhaupt offengehalten worden, und ich hoffe, die Diskussion bleibt so lange offen, bis der Palast wieder geöffnet wird. Die Komitees haben ihren politischen Zweck erst dann erfüllt, wenn es eine gemeinsame gerechte Entwicklung von Ost und West gibt, und die DDR-Bürger nicht weiterhin durch ihre politische Vergangenheit benachteiligt werden: im Rentenstrafrecht, in der Abwicklung von Kultur und Wissenschaft, in persönlicher Diffamierung von Bürgern, die in staatlichen Ämtern waren oder als Professoren etc. tätig waren. Die Komitees haben eine Zukunft. **Leider**, muß man sagen! Ich wäre viel positiver erfüllt, wenn sie keine Zukunft mehr hätten. Dann hätten wir nämlich eine bürgernahe Politik. Da die herrschende Politik sich nicht als bürgernah herausstellt, werden die Komitees eine weitere Zukunft haben.

Interview vom 2. November 1994
Die Fragen stellte Volker Steinke

Dr. Klaus Grehn

Frage:

Herr Dr. Grehn, Sie gehören zu den Erstunterzeichnern des Appells zur Gründung von Komitees für Gerechtigkeit. Wie kam es dazu, daß Sie diesen Appell unterzeichneten?

Antwort:

Relativ früh mit dem Problem der Arbeitslosigkeit befaßt, war es recht einfach, die weitere quantitative und qualitative Entwicklung dieses Phänomens in der DDR und dann in den neuen Bundesländern vorauszusehen. Erkennbar war, daß die Gesellschaft sich immer mehr zu spalten drohte - eine Spaltung zwischen oben und unten, zwischen Menschen, die Arbeit haben und solchen, für die die Gesellschaft unter den Bedingungen des praktizierten Gesellschaftsmodells keine Erwerbsarbeit hat, zwischen arm und reich als einer Folge dieser Entwicklung am Arbeitsmarkt, zwischen Menschen, denen die Teilhabe an der Gesellschaft ermöglicht wird und der immer größeren Zahl der Ausgegrenzten. Ich hielt und halte eine solche Entwicklung für eine gravierende Mißachtung der unteilbaren Menschenrechte, für eine Gefährdung des sozialen Friedens und der Demokratie, die man nicht zulassen darf, und gegen die man etwas unternehmen muß. Sehend, daß dieses Problem, so wie es behandelt wird, nicht gelöst werden wird, weil man es mit ungeeigneten, der Situation überhaupt nicht Rechnung tragenden Mitteln und Methoden versucht, ging es mir darum, einerseits Gleichgesinnte zu suchen und andererseits die Möglichkeit zu nutzen, um Betroffene, Gefährdete und Interessierte mit dem Ziel zusammenzuführen, mögliche Gegenmaßnahmen zu finden und durchzusetzen.

Ich dachte, daß die Vielzahl der Menschen auf die Politik Druck ausüben kann, Druck, auf den die Politik bekanntlich in aller Regel empfindlich reagiert. Mir schwebte vor, durch und mit den Komitees den Anteil der aktiv handelnden Menschen zu vergrößern, mehr Menschen zu motivieren, um der voraussehbaren Entwicklung entgegenzusteuern. So ein bißchen hatte ich wohl den Wilhelm Tell im Auge: "Vereint sind auch die Schwachen mächtig" oder die bekannte Metapher von den fünf Fingern, die eine Faust bilden. Die gravierenden Folgen der Veränderungen für die Menschen aus der DDR (wie für die anderen sich im Transformationsprozeß befindlichen ehemals sozialistischen Länder auch) und ihre Biographie ließen mich an diese Möglichkeit und ihren Erfolg glauben. Das hat nicht ganz so funktioniert. Die Entwicklung der Komitees unterscheidet sich, wenn auch aus völlig anderen Gründen, nicht wesentlich von der Entwicklung der allgemeinen

Situation in diesem Land, die mehr durch Hilf- und Konzeptionslosigkeit, durch panikartigen Reaktionen der Politik als durch sachliche, problemlösende Aktivität gekennzeichnet ist. Deshalb waren und sind von ihnen auch keine Wunder zu erwarten.

Wenn ich trotz der Erkenntnis, daß der Spaltungsprozeß in Deutschland weniger zwischen Ost und West verläuft als zwischen oben und unten, einer stark auf die neuen Länder orientierte Organisationsstruktur meine Zustimmung gab, dann auch deshalb, weil darauf aufmerksam zu machen war, daß hier eine neue Form von Problemlagen heranwächst, die offensichtlich die Politikklasse aus den alten Bundesländern nicht erkennt, nicht erkennen kann oder nicht erkennen will.

Ich glaubte, eine Möglichkeit zu sehen, Kräfte zusammenzuführen, die, was mir persönlich vorschwebt, einem neuen Gesellschaftsvertrag zum Durchbruch verhelfen. Aus etwa den gleichen Gründen beteiligte ich mich an der Bewegung der ostdeutschen Betriebs- und Personalräte und dem Kuratorium ostdeutscher Verbände.

Ich halte es für wichtig festzustellen, daß den überwiegenden Teil der Betroffenen nicht überkommene politische Anschauungen, rückwärtsgerichtetes Denken, 'Klassenkampfbewußtsein" oder gar politisch links- oder rechtslastig einzuordnende Motive bewegten und bewegen. Solche Auffassungen entspringen eher einer tendenziösen Sichtweite politischen Klassenkampfdenkens. Es ging und geht um nicht mehr und nicht weniger, einen Sachbeitrag zur Lösung der gravierenden Probleme, zur sozial verträglichen Gestaltung des Einigungsprozesses, zur Wahrung der Menschenrechte und der Achtung der Menschenwürde zu leisten und den betroffenen Menschen zu helfen. Um auch hier eine Metapher anzufügen: Hilf dir selbst, dann hilft dir die Politik. So könnte das Motto unter anderem heißen.

Zur Unterzeichnung des Appells durch mich kam es, nachdem ich mich in einem persönlichen Gespräch über den Sachinhalt und die Ziele einschließlich perspektivischer Vorstellungen informiert hatte. Das Gespräch wurde unter anderem durch Herrn Gregor Gysi mit mir geführt. Ich habe mich mit dem Vorstand des Arbeitslosenverbandes daraufhin beraten, und wir haben entschieden, daß ich den Appell als Einzelperson unterzeichne, um Optionen offen zu halten und die Unabhängigkeit des Verbandes zu wahren. Diese Entscheidung hängt auch damit zusammen, daß vieles, was sich der Kontrolle vorhandener politischer Strukturen entzieht, allzuschnell mit dem Stichwort Vergangenheit verteufelt wird. Damit wird es aber für die Zukunft nicht handhabbar.

Der Appell wurde von mir unterzeichnet, weil wir die Mitwirkung in jedem Gremium, das sich hehre Ziele stellt, das sich der Bewältigung der wahren Probleme stellt, für das Normalste in dieser Welt halten.

Ein weiterer Grund: Eine meiner Philosophien besteht darin, daß ich der Auffassung bin, daß sich die Situation in der Welt seit dem ökonomisch begründeten Niedergang des Sozialismus so verändert hat, daß diese Veränderungen politisch vom gegenwärtigen Parteiensystem nicht mehr zu bewältigen sind. Wer Dauerwahlkämpfer ist, hat offensichtlich zu wenig Zeit und Kraft, um die Sachfragen zu lösen, verbaut sich die Sicht für Sachfragen, ist geradezu durch den zum Teil nahe oder unterhalb der Gürtellinie geführten Dauerwahlkampf dauerblockiert für sachbezogene, übergreifende Facharbeit. Statt des Parteiensystems müssen neue Formen gefunden werden. Vielleicht waren die "Runden Tische" ein Schritt in diese Richtung. Ich sage dies nicht etwa aus Parteienverdrossenheit, die übrigens mittels mehr Bürgernähe und Bürgerbeteiligung gemildert werden könnte, sondern weil ich der Überzeugung bin, daß jede Partei, die Willens wäre, andere Wege zu gehen, als es gegenwärtig die etablierten Parteien tun, diese nicht gehen könnte. Die Ursache dafür liegt unter anderem darin, daß einerseits in einem Wahlzeitabschnitt von vier Jahren die Probleme nicht lösbar sind. Andererseits sind die Probleme derart gravierend, daß sie kaum ohne Einschnitte für Teile des Parteienklientels lösbar sind. Diese Wähler aber würden mit Sicherheit zu einem beträchtlichen Teil die Partei nicht wiederwählen. Keine Wiederwahl dieser Partei bedeutet aber ebenso sicher das Sterben ihres Programms. Dieser Sichtweise zustimmen bedeutet zu erkennen, daß das Parteiensystem nur bedingt, eher aber nicht geeignet ist, die vor der Welt stehenden Aufgaben aus dem Transformationsprozeß, aus der Verschärfung der globalen Probleme - sei es Umwelt, sei es Armut, sei es Hunger, sei es Ausgrenzung - zu lösen. Wir brauchen ein Gesellschaftsmodell, in dem es möglich ist, sich, statt auf dem Feld "brotloser" politischer Parteienauseinandersetzung zu bewegen, mit Sachfragen zu beschäftigen. Bürger- und Sachverstand in diese Denkstrukturen zu bringen, zugleich Selbstsucht, Parteien- und persönlichen Egoismus überwinden, wäre ein Schritt zu einem solchen Gesellschaftsmodell.

Um zu den Komitees zurückzukehren: Ich wäre nicht Mitunterzeichner des Appells geworden, wenn es sich um den erkennbaren Versuch einer Parteiengründung gehandelt hätte. Die Gründe habe ich versucht zu nennen. Das Problem der Erwerbsarbeit kann nach meiner Auffassung weder durch die eine, noch durch die andere Partei gelöst werden. Es ist derart ernst, daß es einer konzertierten Aktion bedarf, um auch nur annähernd etwas zu bewegen. Politische Querelen oder Ausgrenzungen kann man sich da nicht leisten - vorausgesetzt, man meint es mit seinem Lösungsversuch ernst. In allen Diskussionen um Parteineugründungen, die um mich auch keinen Bogen gemacht haben, habe ich immer diesen Standpunkt hervorgehoben. Insofern war der Appell kein Aufruf zur Parteigründung, sondern zielte auf eine demokratische Bürgerbewegung. Das aber war hinreichend Grund, da mitzumachen.

Frage:

Setzte das, was Sie dargelegt haben, nicht voraus, daß die Komitees für Gerechtigkeit sich zwar durchaus dem Arbeitslosenproblem zuwenden und auf der lokalen Ebene hierfür auch Lösungsangebote suchen konnten, aber zugleich deutlich machen mußten, daß das Arbeitslosenproblem über das Lokale hinausgreift, sozusagen ein gesellschaftliches Problem ist, also, wenn wir einmal so formulieren dürfen, die große Politik angeht? Nun zeigt aber die Wirklichkeit, daß es so nicht war. Die Komitees lösten sich von diesem gesamtgesellschaftlichen Anspruch, den sie vertreten wollten, und sind in die lokalen Mühen hinabgestiegen, bewegten sicher hier und da etwas, aber ihre erklärte Rolle, gesamtgesellschaftlich zu wirken, geriet, so scheint es, ein bißchen aus dem Blick. Woran könnte das gelegen haben?

Antwort:

Die Antwort auf diese Frage scheint mir kompliziert. Zunächst orientierte der Appell auf eine gesamtgesellschaftliche Aufgabenstellung. Das war von der Problemlage durchaus richtig und vernünftig. Vielfach aber ist der Appell mit seinem Aufruf zur Gründung von Komitees falsch verstanden und/oder interpretiert worden. Die Aufrufer selbst bildeten ja kein "Oberkomitee", waren selbst nicht Mitglied eines solchen und hatten nie die eigentliche Vorstandsrolle auf Bundesebene. Aus vielen Komitees wurden allerdings Erwartungen bekannt, die Aufrufer mögen doch nun Aufgaben und Arbeitsweise der örtlichen Komitees näher beschreiben. Die entsprechenden Detailaufgaben lagen aber nicht vor. So mußte jedes Komitee seinen eigenen Weg suchen. Es ist sehr natürlich, daß sich dieser auf den lokalen Bereich bezog. Es ist das Paradoxon der Bildung dieser Komitees, daß der Aufruf einer für eine gesamtgesellschaftliche Wirksamkeit notwendigen zentralistischen Handlung gleichkam, das entsprechende zentralistische Organ aber nicht als Korpus vorhanden war. Damit gab es kein Organ, das die gesamtgesellschaftlichen Aufgaben und Ziele zusammentrug und die damit gewonnenen Erkenntnisse in Aufgabenstellungen für eine Gesamtorganisation ummünzte. Anders ausgedrückt: In einer zentralistischen Gesellschaft gegründet, wurde es verabsäumt, das eigene notwendige Quentchen Zentralismus in die Gründung und Gestaltung der Komitees einzubringen. Sicher spielte dabei auch eine Rolle, daß die DDR als zentralistischer Staat im negativen Sinne in der politischen Diskussion eine wichtige Rolle spielte und deshalb Befürchtungen vor diesbezüglichen Angriffen zu Hemmschwellen wurden, obwohl völlig klar ist, daß jede Organisation einer Portion Zentralismus bedarf, wenn sie denn eine Organisation sein oder bleiben will.

Als weiteren Grund vermeinte ich, punktuell feststellen zu müssen, daß nicht genügend Sicherungen zur Vermeidung von Profilierungssucht und Hang zum Idealismus eingebaut waren. Eine solche Entwicklung aber führt dazu, eigene Wege zu gehen und den Gesamtzusammenhang aus den Augen zu verlieren.

Schließlich ist nicht unwesentlich, daß die materielle Basis für die praktische Verwirklichung eines gesamtgesellschaftlichen Ansatzes nie gegeben war. Damit wurden die Komitees auf Landesebene aber auch gar nicht oder nur wenig handlungsfähig. Es ist dies das uralte Problem: Demokratie muß man sich leisten können. Mit der Verweigerung einer Finanzierung kann ein großer Teil der Demokratie tot gemacht werden. Wir wissen ja, selbst Parteien werden mit sehr hohen Summen finanziert. Wo wären sie ohne diese Mittel? Wer keinen Raum, kein Telefon, kein Porto, keine Reisekosten usw. bezahlen kann, für dessen Existenz reicht die materielle Basis kaum aus, schon gar nicht, um auf Bundesebene zu agieren. Das ist für die Politik von Vorteil, weil sie auf diese Weise vor diesen Organisationen weitgehend geschützt ist. Insofern ist die Frage sicher berechtigt - auch das gehört zu einem neuen Gesellschaftsvertrag -, auf welche Weise neue praktische Voraussetzungen für Demokratie zu schaffen sind. Gleiches gilt für das Rechtssystem. Ein Staat ist für mich dann auf dem Wege zum Rechtsstaat, wenn sich die Bürger das Recht auch leisten können. Wer aber die Gerichts- und Anwaltskosten hochschraubt und selbst für Beschwerden bei dem Bundesverfassungsgericht Gebühren einführt, dem muß bewußt sein, daß große Teile der Bevölkerung - vor allem die Armen und die Ausgegrenzten - von der Teilhabe am Rechtsstaat abgekoppelt werden. Auf diese Weise wird ein Weg beschritten, auf dem gilt: Weil du arm bist, mußt du früher sterben, und weil du arm bist, kannst du dir dein Recht nicht holen.

Es wäre durchaus denkbar gewesen, daß die Komitees einen anderen Weg gegangen wären, indem sie beispielsweise Kandidaten für offene Listen der Parteien gestellt und sich über diesen Weg eine Lobby geschaffen hätten. Eine solche Entwicklung käme der Öffnung der Parteien für Bürgerverstand sehr nahe, würde die Sach- und Fachkompetenz von Parteien anheben und so eine Möglichkeit sein, Politik- und Parteienverdrossenheit zurückzudrängen. Statt dessen wurden die Komitees von Anbeginn an angegriffen, diffamiert und ihnen die Arbeit schwer gemacht. Um so mehr ist zu achten, daß die Komitees örtlich eine Reihe von Erfolgen erzielt haben und immer noch existieren.

Frage:

Wir wissen durch Studien, daß es im ersten Halbjahr 1992 in fast allen etablierten Parteien - bei deren Vordenkern oder Strategiebildnern - Überlegungen, zumindest aber Wahrnehmungen darüber gegeben hat, daß sich hier im Osten Deutschlands gewaltige Konflikte zusammenballen, die man nicht ignorieren kann, worauf man reagieren muß, und es gab nach unseren Erkenntnissen hier und da durchaus auch Versuche, dem konzeptionell Lösungswege zu weisen. Von daher mußte man doch eigentlich annehmen, daß die Komitees ihnen einen geeigneten Boden bieten würden, ihre wahrgenommenen Konflikte bewältigen zu helfen. Warum dann diese - Sie haben eben darauf hingewiesen - sehr prononcierte Gegnerschaft noch bevor die Komitees überhaupt gegründet wurden, bevor Sie als Erstunterzeichner ihre Unterschrift unter den Appell setzten?

Antwort:

Das, glaube ich, hatte nicht nur etwas zu tun mit den Komitees. Bei jeder anderen Organisation, die sich außerhalb vorhandener etablierter Organisationen bewegt, die nicht unter deren Kontrolle steht, wäre das auch so gewesen. Würden Sie beispielsweise innerhalb einer Partei eine solche Organisation bilden, würden Sie von dieser Partei Unterstützung bekommen. Aber für Organisationen, von denen man nicht genau weiß, wo sie hinmarschieren, und bei denen dann auch noch Leute dabei sind, gegen die man, aus welchen Gründen auch immer, Vorbehalte hat, ist es besonders problematisch, Unterstützung zu erhalten. Und da es sich um eine Aktion handelte, die offensichtlich auf Ostdeutschland begrenzt war, wo es sehr große Probleme gab und gibt, hatte man natürlich Befürchtungen, daß hier etwas heranwächst, was man ja tunlichst vermeiden wollte. Man wollte sich nicht in einen Prozeß einbringen, den man offiziell als Spaltung bezeichnete, ohne zu erkennen, daß die Spaltung auf ganz anderer Ebene sich vollzieht. Ich glaube, das ist der eigentliche Grund. Man war sich der Leute nicht sicher und registrierte, es könnte etwas entstehen, was nicht der eigenen politischen Anschauung entspricht. Ich meine, das ist das eigentliche Problem. Es ist also diese Arroganz der Macht, den Anspruch für sich zu haben, alle Probleme vertreten zu können. Für mich ein Phänomen. Ich muß sagen, daß manch einer allerdings auch befürchtete, sein Brot bei der Auseinandersetzung mit der Vergangenheit von Einzelpersonen zu verlieren. Also das war sicherlich der Grund, warum man so scharf reagiert hat.

Frage:

Wir haben in unserer Arbeit sehr umfangreich die überregionale und regionale Presse ausgewertet. Es waren ca. 110 Zeitungen und Zeitschriften, und da ist uns aufgefallen, daß schon vor der Gründung von Komitees für Gerechtigkeit - etwa seit Mai 1992 - eine heftige Reaktion in den Printmedien, auch im Fernsehen und Rundfunk, zu verzeichnen war. Das verstärkte sich dann nach der Veröffentlichung des Appells und hielt etwa bis Oktober 1992 an und hatte dann abrupt ein Ende. Danach finden Sie in den Printmedien fast keine Information mehr, wenn man von zwei bis drei linken oder linksorientierten Zeitungen und von einer gelegentlichen Information absieht, wenn zum Beispiel der Bundeskongreß der Komitees für Gerechtigkeit tagte. Aber die Auseinandersetzung über die Komitees war schlagartig beendet. Können Sie uns sagen, woran das gelegen hat, womit das zusammenhängt, wie man das erklären kann?

Antwort:

Diesen Sachverhalt kann man vielleicht so erklären: Erstens ist es das Geschrei vorher, um möglichst zu verhindern, daß es dazu kommt bzw., um Leute abzuschrecken, daß sie sich beteiligen. Es wurden schon vorher die Weichen gestellt; es wurden Einschätzungen gegeben, bevor der Appell da war. Wir wußten noch gar nicht, was im Appell steht, und schon wurde er diffamiert. Also ging es nicht um inhaltliche Fragen; es ging eigentlich um das Prinzip Diffamierung von Leuten, die sich da irgendwo außerhalb der eigenen Kreise bewegten. Es ist sicher nicht falsch anzunehmen, daß auch die Sorge um das Konfliktfeld Ostdeutschland und um den offenen Ausbruch des Konflikts eine wichtige Rolle spielte.

Das Zweite ist: nach der Gründung von Komitees war völlig klar, daß nun der Kampf gegen das Bestehen, gegen die bestehenden Komitees geführt werden mußte, um kein Wachstum zuzulassen, mit welchem Mittel auch immer deutlich zu machen, das wird sowieso nichts, das geht in eine bestimmte politische Richtung, und damit war klar, daß sich ein Teil der Menschen zumindest zurückhielt, weil es sich um eine unbeliebte politische Richtung, um ein unbeliebtes Kind handelte, mit dem man eben nicht spielt. Dann wurde es ruhiger, als klar war, es wird nicht der Tiger, den man fürchten muß. Dann konnte man das auch gelassener sehen. Es ist dies eine Reaktion oder ein Zeichen dafür, daß man sich der Situation nicht so recht sicher war. Es gibt eine zweite Sicht: Die Medien arbeiten nach dem Prinzip der Kurzlebigkeit, nach dem Prinzip des Verkaufens. Es verkauft sich nur, was Sensation verheißt. Sensation verheißt, was in der Vorbereitungsphase ist, da kann man gut mit hantieren, dann noch unmittelbar nach der Gründung. Hinterher ist es nicht mehr neu, hat den Neuheitswert nicht. Das erleichtert das Totschweigen - eine beliebte Methode. Das ist sicher eine Sache, die aus den Marktgebahren herauswächst. Ich vermag nicht zu sagen, inwieweit es auch einen Steuerungsmechanismus gab, der irgendwo politisch kultiviert wurde. Ich stelle das ja bei uns genauso fest. Arbeitslosigkeit spielt einmal im Monat eine Rolle, nämlich immer dann, wenn das Ritual der Verkündung der Arbeitsmarktzahlen abläuft. Arbeitslosigkeit wird so behandelt, als wenn es eben nur mal so eine Eintagsfliege wäre, obwohl sie der eigentliche Grundskandal der Gesellschaft ist. Das ist, wie gesagt, eine Sache, die in den Medien wahrscheinlich eigenen Entwicklungsgesetzen, den Verkaufsprinzipien, unterliegt. Sensation und Diskussion waren weitgehend vorbei, Erwartungen hinsichtlich Aktionen waren begraben, man konnte sich wieder dem Tagesgeschehen zuwenden.

Frage:

Wir möchten noch einmal zurückkommen auf eine Bemerkung, die Sie gemacht haben. Sie sagten, nachdem klar war, daß die Komitees nicht der Tiger sind oder werden würden, konnte man die Sache gelassener und ruhiger angehen. Auch unsere Beobachtungen ergaben, daß die Komitees aus verschiedenen Gründen tatsächlich nicht zum Tiger geworden sind. Sie haben vorhin sehr ausführlich auf die finanzielle Seite, eine sehr wichtige, unter Umständen sogar eine entscheidende Frage, hingewiesen. Aber wir glauben, es gab auch innerhalb der Komitees einen Veränderungsprozeß. Der Appell und auch die ersten Bekundungen der Komitees für Gerechtigkeit deuten darauf hin, daß die Komitees Wortsprecher der Ostdeutschen sein wollten, die, wie sich gezeigt hatte, das Nachsehen hatten. Eine Vereinigung hatte bis dahin nicht stattgefunden, sondern ein Anschluß mit all dem, was an negativen Erfahrungen mittlerweile weltbekannt ist. Also, die Komitees waren als Vertreter der Ostdeutschen angetreten und hatten ja auch zunächst eine große Resonanz unter den Ostdeutschen und natürlich auch auf westlicher Seite. Es gab dann innerhalb der Komitees eine große Diskussion einerseits über die Frage, Partei oder nicht, und andererseits, wo liegt unser eigentliches Wirkungsfeld. Zu letzterem lautete die Entscheidung: wir wirken vor Ort, in den Kommunen, in den

Gemeinden, wir kümmern uns um die kleinen Dinge, die kleinen Fragen, die die Menschen täglich berühren. Und dann stellt man fest: 16 Monate nach Veröffentlichung des Appells, nämlich auf dem zweiten Bundeskongreß am 13. November 1993, werden die "Ziele und programmatischen Forderungen der Komitees für Gerechtigkeit in der Bundesrepublik Deutschland" angenommen. Wenn man sich dieses Programm der Komitees anschaut, dann ist wieder, wie im Gründungsappell, der Gedanke in den Vordergrund gerückt, Vertreter der ostdeutschen Interessen in dem schiefgelaufenen Einigungsprozeß zu sein und eine Wende in der Vereinigungsfrage auf demokratischem Wege unter Beteiligung der Ost- und Westdeutschen herbeizuführen. Das heißt: Die Komiteebewegung orientierte sich wieder auf die Bewältigung eines gesamtgesellschaftlichen Konflikts. Wie kann man das scheinbare Hin-und-Her erklären?

Antwort:

Es ist richtig, daß es nach einer Politik des "ein Schritt vor, zwei Schritte zurück" aussieht. Ich verweise bei dieser Frage auch auf die Antwort zur zweiten Frage. Man kann davon ausgehen, daß auf dem zweiten Bundeskongreß versucht wurde, das ursprüngliche Gedankengut der Komiteegründung wieder aufzugreifen, indem der gesamtgesellschaftliche Ansatz erneut betont wurde. Unzweifelhaft war das ein notwendiger Schritt aus der Sicht, in welcher Weise sich die praktische Gestaltung des Einigungsprozesses nach der Gründung der Komitees weiter vollzogen hatte. In dieser Zeit war immer deutlicher geworden, daß der Einigungsprozeß an den Menschen der neuen Bundesländer vorbeiläuft, daß sich in geradezu drastischer Weise das Fehlen des zweiten Vertragspartners des Einigungsvertrages zeigte, daß die Menschen die Gefahr des Auseinanderwachsens immer deutlicher spürten und zwar in Ost und West, daß ein großer Teil der importierten Politiker, aber auch der Bundespolitiker und eine beträchtliche Anzahl der Vertreter der Wirtschaft u.a. - sicher wegen fehlender eigener "Osterfahrung" - an den Menschen und den Problemen der neuen Bundesländer vorbei hantierten. Schließlich zeigte sich genauso deutlich, daß die paar Ostdeutschen im Bundestag in jeder Hinsicht eher auf verlorenem Posten standen, sofern sie die Auffassungen der altbundesdeutschen Mehrheit nicht teilten oder weil sie dem Fraktionszwang oder einer Parteidisziplin unterlagen.

Ich bezweifle allerdings, daß sich zum Zeitpunkt des zweiten Bundeskongresses der Komitees deren objektive Möglichkeiten für eine an der Bewältigung gesamtgesellschaftlicher Konflikte orientierte Politik und Tätigkeit grundlegend verbessert hatten. Das Ausbleiben von ansprechenden Erfolgen in dieser Richtung bestätigt diese Auffassung.

Für richtig halte ich es, daß versucht wurde, der Entwicklung der Komitees einen neuen Impuls zu geben und daß dieser auf der Analyse der realen Situation fußte. Immerhin hatten die existierenden lokalen Komitees eine Reihe von örtlichen Erfolgen zu verzeichnen. Außerdem hatte sich ein Prozeß vollzogen, in dem der mancherorts im Gründungszeitraum zu registrierende Hang zur Verselbständigung mit der Gründung von Landesvereinigungen weitgehend überwunden war.

So bestechend der Gedanke ist, Vertreter der ostdeutschen Interessen in dem schiefgelaufenen Einigungsprozeß zu sein, für völlig falsch halte ich es, die marginalisierten Gruppen aus den alten Bundesländern nicht in den angestrebten Prozeß einzubeziehen. Auch wenn die Menschen in den neuen Bundesländern in besonderer Weise den Ausgrenzungsmechanismen in den verschiedenen Lebensbereichen unterworfen sind, gerade in letzter Zeit wird deutlich, daß es nunmehr um einen Generalangriff auf soziale, rechtliche, kulturelle, materielle, politische und geistige Standards auch in den alten Bundesländern geht. Das macht es deutlich, daß es um weit mehr geht, als um die Bewältigung eines Ost-West-Konfliktes oder um die Einhaltung des Einigungsvertrages. Es geht in der Tat um die Bewältigung eines gesamtgesellschaftlichen Konfliktes.

Frage:

Ist Ihnen bekannt, wer den Appell zur Gründung von Komitees für Gerechtigkeit ausgearbeitet hat?

Antwort:

Ich habe den Appell als Entwurf zur Kenntnis genommen. Seine inhaltlichen Orientierungen waren bereits Gegenstand bei den Vorgesprächen, in denen es um die Frage ging, ob ich einen solchen Appell unterzeichnen würde. Der schriftliche Entwurf wurde meines Wissens von einer Gruppe erarbeitet, die auch die Gründungs-, oder wenn Sie wollen, die "Verkündungsversammlung" als die von der Presse zum spektakulären Teil hochstilisierte Veröffentlichungskonferenz vorbereitete.

Im übrigen hat doch jede Einzelperson, die den Appell unterzeichnet hat, diesen vorher gelesen und mit seiner Unterschrift gut geheißen.

Frage:

Sie meinen mit "Gruppe" die Herren Diestel, Gysi, Heym?

Antwort:

Das waren sicher die 'Promis", um die sich alle Spekulationen, alle Diskussionen, alle Angriffe, ohne daß man wußte, worum es eigentlich ging, rankten. Um diese Personen gruppierte sich so etwas, daß ich Initiativgruppe nennen möchte. Diese war unverzichtbar. Man kann nicht mit 60 Menschen ein Grundlagenpapier vorbereiten, weil eine solch große Gruppe kaum arbeitsfähig ist. Aber alle wußten, worum es geht und man konnte sich in die Diskussion einbringen. Ich persönlich empfand den ganzen Vorgang als völlig normal und hatte hinsichtlich der anschließenden Kommentare allzu häufig den Eindruck, daß manch einer gar nicht genau wußte, über was er eigentlich berichtete.

Frage:

Wer waren die eigentlichen Initiatoren des Appells, das heißt, von wem ging die Idee aus, Komitees für Gerechtigkeit zu gründen?

Antwort:

Ich habe mich nie darum gesorgt, wie denn die Details der Entstehung waren. Mich interessierten die Inhalte und die Frage, ob sie sinnvoll sind und mitgetragen werden können. Aus meiner Sicht gehörten natürlich diejenigen, die mit mir gesprochen haben, zu den Initiatoren. An einem größeren Kreis habe ich erstmals am Tag der Veröffentlichung des Appells teilgenommen. In diesem Rahmen wurde nochmals das Procedere durchgesprochen.

Frage:

Das war am 11. Juli 1992?

Antwort:

Diese Veranstaltung fand am 11. Juli 1992, dem Tag der Pressekonferenz, statt.

Frage:

Waren da schon alle Erstunterzeichner dabei?

Antwort:

Nein, es waren nicht alle Erstunterzeichner dabei, sondern nur jener Teil, der an der Pressekonferenz teilnahm. Sicher wäre es auch problematisch gewesen, zu der Pressekonferenz mit allen mehr als 60 Unterzeichnern anzutreten.

Frage:

Da hatten Sie schon mit dem Entwurf des Gründungsappells Bekanntschaft gemacht?

Antwort:

Wie ich bereits feststellte, hatte ich bereits im Vorgespräch, als es um die Frage ging, ob ich überhaupt bereit bin zu unterzeichnen, das Gerüst des Appells zur Kenntnis genommen und akzeptiert. Ich wiederhole: Im Allgemeinen ist es doch wohl so, daß man das, was man unterschreibt, vorher liest. Ob es einen solchen Vorfall gegeben hat, wie er in manch einem Bonmont über Unterschriftsleistungen der Politik zum Ausdruck kommt, ist mir nicht bekannt. Mir scheint, die Namen der Unterzeichner garantieren eher dafür, daß sie vor der Unterschrift auch zur Kenntnis genommen haben, was sie mittragen.

Frage:

Der Entwurf des Gründungsappells ist noch einmal überarbeitet worden?

Antwort:

Es gab, wenn ich mich richtig entsinne, keine so großen Ansprüche zur Veränderung, daß er hätte neu geschrieben werden müssen. Das war nicht so. Das hängt auch sicher damit zusammen, daß die Interessenlage der Leute, die Erstunterzeichner waren, sehr unterschiedlich war. Ich persönlich habe wiederholt beklagt, daß es zu viele, viel zu viele gab, die Erstunterzeichner waren, die dann aber der Verantwortung, die daraus erwachsen ist, nicht so sehr gefolgt sind. Ich mag die Gründe dafür nicht untersuchen, kann dies auch nicht. Wenn wir später als Erstunterzeichner zusammenkamen, da wurde der Kreis immer kleiner. Und wenn ich daran denke, wer alles bei der Komiteegründung dabei war oder mitgemacht hat, da muß ich sagen: es haben sich sehr, sehr viele sofort verabschiedet. Das ist kein Vorwurf, denn alle Erstunterzeichner sind ja in den Medien nie richtig dargestellt worden; sie waren ja keine Mitglieder eines Komitees. Ich bin nie in ein Komitee eingetreten. Ich war zwar für ein Komitee, aber ich war nur ein Aufrufer, habe also mit aufgerufen, daß die Bevölkerung der neuen Länder aktiv wird. Deshalb habe ich die Einladungen zu vielen Gründungsveranstaltungen auch stets angenommen. Das ist eines der größten Probleme, daß wir zu viele Leute haben, die mittlerweile in Lethargie verfallen sind, weil sie merkten: früher durfte ich nichts sagen, da hat man mich irgendwo zur Rechenschaft gezogen, in welcher Form auch immer, sicher beileibe nicht so schlimm, wie es manchmal ausgemalt wird, und heute kann ich alles sagen, was ich will, und da passiert auch nichts anderes, da ändert sich nicht viel. Ja, die Hebung der Aktivität bei der Bevölkerung ist, denke ich, eine sehr dankenswerte Aufgabe und ich verstehe manche Partei, die Politik insgesamt, die Politikklasse nicht, daß sie Aktivitäten zur Multiplizierung, Aktivierung der Bürger in den neuen Ländern nicht mehr unterstützen. Das hätte den Parteien etwas einbringen können. Dann hätte vielleicht auch der Appell einen anderen Inhalt gehabt. Wir haben ja diese Geschichte schon 1990 am "Runden Tisch Arbeitslosigkeit" praktiziert, wo wir zum Sachproblem Arbeitslosigkeit zwischen den Parteien einen Konsens fanden. Das war schwierig, aber wir haben Konsens gefunden. An Erklärungen, die wir verabschiedet haben, wurde solange herumgefeilt, bis wir damit leben konnten. Und da waren schon sehr konkrete Dinge dabei. Das ist von den Parteien heute nicht gemacht worden. Sie wissen ja, wie schwer sich etwas Neues überhaupt durchsetzt.

Frage:

Es gab in der Presse immer wieder den Vorwurf oder die Feststellung, daß die Komitees gewissermaßen zu Transmissionsriemen der PDS wurden oder von vornherein so angelegt waren. Deshalb wäre man gezwungen gewesen, gegen die Komitees Stellung zu nehmen, da man gegen die PDS sei. Ist an diesem Vorwurf etwas dran?

Antwort:

Ich halte dagegen, daß eigentlich nichts dran ist, jedenfalls habe ich es nie erlebt. Es waren ja zuerst Leute aus verschiedenen Parteien dabei. Es hatte jeder die Möglichkeit, daran teilzunehmen. Man mußte jedem Bürger die Möglichkeit geben, sich zu betätigen, in welcher Form er es auch wünschte. Da kann man nicht sagen, daß die Komitees PDS-lastig sind. Dieser Vorwurf ist eher aus der politischen Kampfposition gegen die Gründung der Komitees erwachsen. Sie können nichts so schnell kaputt machen wie mit dem Argument, es wäre PDS-lastig. Ich möchte Ihnen ein Beispiel aus unserem Verband geben. Wir hatten eine Einladung zu einer Anhörung vor dem Europaparlament. Daraufhin hat eine bestimmte Partei ihr Veto eingelegt, ist vorstellig geworden und hat gesagt, die nicht, das sind Uraltkommunisten, die sind linkslastig und betreiben linkslastige Politik und sind PDS-unterwandert und weiß der Teufel, was noch. Jedenfalls mußten wir uns gegenüber Brüssel erklären, was an diesen Behauptungen dran ist. Ich habe da sehr deutlich machen können, daß bei uns niemand gefragt wird, in welcher Partei er ist. Ich weiß zufällig, daß wir aus der CDU, FDP, SPD, von den Grauen, aus Bündnis 90/Grüne und aus der PDS Mitglieder haben, aber der überwiegende Anteil ist parteilos. Nun möge man das doch zur Kenntnis nehmen, bevor man versucht, uns in eine bestimmte Ecke zu drängen. Inzwischen hat diese Partei ihre Ansicht weitgehend geändert. Auch den "Ostdeutschen Verbänden" wird PDS-Lastigkeit vorgeworfen, von der PDS dominiert oder von der PDS gegründet zu sein. Ich halte das, wie gesagt, mehr für politische Kampfpositionen, die etwas kaputtmachen sollen, was man nicht wünscht, wo man selber nicht beteiligt ist, von dem man vielleicht glaubt, daß es überflüssig ist oder die eigenen Kreise stört. Das scheint mir eher der Hintergrund zu sein. Der Name Gregor Gysi sollte für PDS-Lastigkeit stehen. Ich wußte, daß er in der PDS ist, und ich wußte, daß Diestel in der CDU ist. Das hat mich aber überhaupt nicht interessiert. Ich wußte auch, nur rein zufällig, weil ich vorher mit den Leuten Kontakt hatte, daß ein FDP-Mann dabei ist und auch mindestens ein SPD-Mitglied unterzeichnet hat. Anstatt die Parteidominanz welcher Partei auch immer zu durchbrechen, indem man sich selbst um die inhaltliche und von mir aus auch personelle Dominanz bemüht, um so konstruktiv zu sein, werden verbale Gefechte in völlig unakzeptabler Qualität geführt. Ich wiederhole mich sehr bewußt: Die Situation ist so ernst, so kompliziert, daß mehr denn je die Kraftanstrengung aller Bürger, aller Organisationen notwendig ist. In diesem Sinn brauchen wir eine konzertierte Aktion. Es stände dabei jenen, die dem christlichen Ethos folgen, sehr gut zu Gesicht, wenn sie dabei eine andere

Figur machten, als es gegenwärtig der Fall ist. Ich sage das deshalb, weil ich meine, daß der Aufruf gesellschaftlich wichtige und notwendige Probleme aufgreift. Deren Lösung sollte eigentlich zu einem Zeitpunkt, da die christlichen Parteien die Richtung und Inhalte der Politik bestimmen und zumindest in den neuen Bundesländern mehr Pfarrer als je sich auf dem Feld politischer Machtpositionen bewegen, weitestgehend möglich sein. Niemand mußte wegen der PDS gegen die Komitees Stellung beziehen. Ich denke, hinsichtlich der Komitees war dies Donquichoterie. Hinsichtlich der PDS war es sicher eine bewußte Strategie. Ich kann weit und breit nichts sehen, daß man zu einem derartigen Vorgehen "gezwungen" war. Es ist ein trauriges Kapitel deutscher Geschichte, daß immer jemand verfolgt wurde und sich immer auch Verfolger fanden. Vielleicht - dies als mehr philosophischen Einwurf - ist eine wesentliche Quelle von "unerwünschtem Radikalismus" der radikale Umgang mit politisch Andersdenkenden.

Frage:

Sie erwähnten vorhin, daß es nun auch ein Ostdeutsches Kuratorium von Verbänden gibt. Die Komitees für Gerechtigkeit sind unseres Wissens aktive Glieder des Kuratoriums, ohne ihre Selbständigkeit aufzugeben. Deutet das darauf hin, daß, sagen wir, die historische Aufgabe der Komitees erschöpft und es nunmehr zweckmäßig ist, sich in einem größeren Dachverband einzubringen?

Antwort:

Ich meinte eher, daß die Gründung dieses Kuratoriums etwas ist, was eine Fortsetzung der Komitees bedeutet. Nach meinem Dafürhalten waren die Komitees so angelegt, daß sie so etwas werden konnten wie das Kuratorium, also ein Organisator von sozialen, sozial-engagierten, von bürgerbewegten Organisationen und Vereinen, die in abgestimmter Weise Interessenvertretung realisieren, anders als es die etablierte Politik zur Zeit macht. Und da war das Bestreben, eine möglichst starke Organisationsform zu schaffen, damit man Inhalte über diese Organisation transportieren kann. Das ist den Komitees nicht in dieser Weise gelungen, zumindest nicht auf einer Ebene, die Befugnis und Möglichkeiten hatte, Änderungen herbeizuführen. Und nun ist man einen anderen Weg gegangen, der mir sehr nahe liegt. Ich bin der Auffassung, daß man sich über unterschiedliche Auffassungen hinweg wirklich den Grundsatzfragen stellen muß, um sie gemeinsam zu lösen, ohne dabei einander einzuengen. Also nicht nur Larmoyanz betreiben, was uns immer vorgeworfen wird, sondern einfach konstruktiv Sachfragen lösen. Dazu bedarf es eben einer wirksamen Organisation. Wenn diese Organisation nach politischen Gesichtspunkten funktioniert, kann es sie nur stärken. Da ist es eigentlich ein logischer Schritt, daß die Komitees diesem Kuratorium beigetreten sind, um das, wie gesagt, fortzusetzen, was sie eigentlich mit ihrer Gründung begonnen haben.

Interview vom 15. Juni 1994

Die Fragen stellten Hans-Joachim Fieber und Johannes Reichmann

Dr. Heinrich Hannover

Die Komitees für Gerechtigkeit schienen mir ein Forum für die Organisierung des Widerstands gegen die brutale kapitalistische Landnahme im Osten des wiedervereinigten Deutschlands zu sein. Wie sich ihre praktische Arbeit tatsächlich entwickelt hat, weiß ich nicht, da ich kaum Kontakte hatte. Aber ich beobachte mit gewissen Hoffnungen die Entwicklung der PDS, die anscheinend größere Wirkungsmöglichkeiten hat.

Juli 1994

Dietrich Kittner

Vom Regen in die BRD. Überlegungen zur Lage im Protektorat

Die DDR gibt es nicht mehr. Es gibt nicht einmal mehr die SBZ, wie wir Wessis damals häufig zu sagen pflegten: die Sozial Bessergestellte Zone. Viele unserer Brüder und Schwestern haben lange fest an den Westen geglaubt; jetzt müssen sie dran glauben. Sie wissen, wen ich mit "Brüdern und Schwestern" meine? Brüder und Schwestern nennen wir Wessis immer gern die, die wir ausbeuten; in der Familie fällt es weniger auf. Eine alte schwäbische Bauernregel.

An einem Punkt allerdings, das will ich gerechtigkeitshalber anmerken, in einem Punkt waren die Brüder und Schwestern uns Wessis stets überlegen. Da konnte es noch so dreckig gehen, die hatten immer etwas, dessen wir Wessis entraten mußten: immer eine Art Licht am Ende des Tunnels. Wenn's da mal Ärger gab im Betrieb oder Ehekrach zu Hause oder: der Klempner kam nicht, oder: jemand hatte seine Diplomarbeit verhauen oder gar Liebeskummer, da waren sich die meisten einig: "Aber im Westen ist alles viel besser!" Auch der Ehekrach.

So war das. Wie die Hoffnung auf das Leben nach dem Tode, auf das Paradies. Wobei man einschränkend sagen muß, die Christen sind da doch etwas besser dran; die haben das eleganter gelöst. Falls sich nämlich im Ernstfall hinterher herausstellen sollte: es gibt kein Leben nach dem Tode, es ist nix mit dem Paradies - dann merken es die Betroffenen logischerweise nicht mehr.

*

Der Kanzler hat's ja auch gesagt, in Dresden hat er es gesagt, beim Parteitag, morgens um 10, er war noch etwas mitgenommen, der Biedenkopf hatte ihn wohl mitgenommen, da hat er gesagt: Man soll jetzt nicht mehr sagen "hüben und drüben". Eben. Wohl nur noch "oben und unten".

*

Man hätte viel übernehmen können von der DDR. Beispielsweise das Recht auf Arbeit. Man hat aber nur die DDR übernommen. Ich nehme an, die Herren in Bonn haben sich damit kräftig übernommen. Das wäre dann die späte Rache des Sozialismus. Willkommen im Kaputtalismus!

*

Wirklich, ich sehe auch das Positive! Beispielshalber eine Auswirkung der Wende, die ich am eigenen Leibe selbst hautnah verspüren durfte. Ich habe ja früher auch Tourneen durch die DDR gemacht. Da habe ich dann Geschichten aus einem exotischen Ausland erzählt, aus der Brrrd. Über so aberwitzige Dinge habe ich gelabert wie etwa Arbeitslosigkeit, Mietsteigerungen und Steuererhöhungen, Sachen also, die unsereinem auf der Haut brannten, die unsere Brüder und Schwestern aber nicht kannten. Das war exotisch für die. Da konnte ich mit solchen Stories noch was werden! Das war, als ob ich mit einem Koffer voll Schlangen und Elefanten gekommen wäre.

Nachher in der Diskussion gab es dann allerdings häufig auch Sprüche: "Hör doch auf mit der Arbeitslosigkeit und so'n Kram! Das ist doch bloß SED-Propaganda. Wer arbeiten will im Westen, der findet doch ..." Oder: "Was soll denn das Gerede von Preissteigerungen und Steuererhöhungen? Haste nicht mal was konkret Politisches? Es war nicht leicht, sich mit solchen Reden auseinanderzusetzen. Jetzt haben diese Sprüche aufgehört. Echt positiv. Arbeitserleichterung.

Und dann gab es häufig einen sehr sehr schönen Satz in diesem Zusammenhang, der ging regelmäßig so: "Du kannst ja sagen, was Du willst. Aber Euer Arbeitslosengeld - das hätten wir gern." - Jetzt haben sie es sich erkämpft. Wobei man einschränken muß: der Kampf geht weiter.

*

Noch etwas unbestreitbar Positives hat die ganze Sache für unsere Brüder und Schwestern gehabt: Am Morgen des Einverleibungstages, am Morgen des 3. Oktober 1990, da waren die plötzlich unvermittelt Fußballweltmeister geworden. Ohne auch nur ein Qualifikationsspiel! So etwas zählt für einen Deutschen!

Inzwischen ist es mit dem Weltmeistertitel gegangen wie mit den Gebrauchtautos und vielen anderen Errungenschaften des Aneignungsvertrages: wie gewonnen, so zerronnen. Nicht mal mehr Europameister!!! Den machten die Dänen.

Eine wirklich deutsche Lösung wäre nun vielleicht, mal zu überlegen, daß Dänemark so groß ja nun auch wieder nicht ist ... Gelle?

*

Unsere Kaufleute sind nach wie vor unterwegs im neuen Lebensraum im Osten mit Säcken voller Glasperlen, den Eingeborenen von Deutsch-Ost ihre Werte einzutauschen: man sagt ja auch: Kohlonie. Nein, der Begriff scheint mir doch ein wenig unscharf. Deutlicher wäre wohl: Protektorat. Protektorat ist definiert als ein Gebiet, das treuhänderisch verwaltet wird.

Übrigens nennt man jemanden, der treuhänderisch ein Land verwaltet von alters her - den Landverweser. Finden Sie nicht auch, die deutsche Sprache kann manchmal ganz schön prägnant sein!

*

Das ist es, was wir Wessis nach drüben - nein, das soll man ja nicht mehr sagen ... also: nach unten - exportieren: Gebrauchtwagen, Müll und Gebrauchtpolitiker. Beim Müll ist das Protektorat jetzt schon wählerischer. Es darf nur noch recycelbarer Müll geliefert werden. Bloß: recycel mal einer die Treuhand! Frau Breuel ist ja nicht die einzige, die runtergekommen ist. In Thüringen zum Beispiel sitzt noch so ein Vogel: unser Herr Späth. Der ist jetzt Augenoptiker in Jena. Mir tun die Thüringer irgendwie leid. Das sagt doch auch schon ein bekanntes Politikerwort: zu wem Späth kommt, den bestraft das Leben. Oder so ähnlich.

Ich frage mich nur, was haben die Besatzer eigentlich da unten zu suchen? Die haben ja da nicht mal was verloren. Wenn man sie nun jedoch fragt, dann tun die das ausschließlich aus humanitären Gründen. Das machen die nur um zu helfen, die marode Wirtschaft zu sanieren. Sixtewoll. - Den Satz haben Sie auch schon gehört, nicht? Da wollen wir mal lieber analysieren. Vertrauen ist gut, Analyse ist besser.

Da drüben (ich sage jetzt bewußt nicht "unten", weil ich die Zeit meine, als drüben noch "drüben" war und noch nicht ganz unten), da drüben hat man damals ausschließlich Schrott produziert. So stand es unlängst in einem verbreiteten Volksbildungsblatt. Bloß: vorher haben wir besseren Wessis das nicht gemerkt: Jahrzehntelang haben wir die DDR auf unseren Industriemessen ausstellen lassen - statt sie auf die umliegenden Schrottplätze zu verweisen! Und sogar gekauft haben wir diesen Schrott! Und Müll dafür zurückgeliefert!! Ich kann mich noch gut an den DDR-Bürger-Stoßseufzer erinnern: "Es geht ja alles in den Export.!! Inzwischen werfen wohl schon manche ihre Ikea-Möbel weg, weil sie nicht stalinistisch wohnen möchten.

Auf der anderen Seite, es stimmt schon. Das war da drüben wirklich alles restlos marode. Ich habe selber mal so einen Betrieb besichtigt; einen Vorzeigebetrieb sogar. Das war vielleicht ein Schuppen! Mein lieber Scholli! Im Ernst: da heben die vielleicht veraltete Sachen hergestellt, zum Teil sogar noch nach Plänen aus dem Jahr 1785! - In Meißen steht die Bude. - Ich hab's selbst gesehen. Sie können das überprüfen.

Deswegen gehen unsere Unternehmer jetzt rüber ... Nein, rüber soll man ja laut Kanzler nicht mehr sagen. - Also: Deswegen gehen unsere Übernehmer jetzt runter: marodieren. Nein: - absahnen. Und das sagen sie eben mit dem Fremdwort: sanieren.

*

"Schokohunger in der DDR rettet Sprengel" (Überschrift der Hannoverschen Allgemeinen Zeitung, 26. Juni 1990). Da dies kein Einzelfall sein dürfte, kann man die "Wende" vielleicht auch als fühlbare Wirtschaftshilfe für die notleidenden Firmen der alten Bundesländer bezeichnen.

Einige Wohltäter haben sich im Protektorat für je DM 1.- (eins) ganz uneigennützig große Industriekomplexe mit riesigen Grundstücken gekauft. Man muß eben nur das Kapital haben! Ein Bier weniger gestern abend und schon könnte ich drei Fabriken kaufen! Was mich wundert ist, daß für den Aufbau der Dresdner Frauenkirche gesammelt wird. Hätte die nicht auch ein Wohltäter ganz uneigennützig für DM 1.- übernehmen können? Marode genug war die Ruine doch wohl.

*

Wäre es nicht deutlicher und billiger gewesen, Karl-Marx-Stadt (Verzeihung!) direkt in Karstadt umzubenennen? Schließlich haben die Warenhauskonzerne auch nichts zu verlieren als ihre Ketten. Und der Begründer des Chemnitzismus soll sich doch auch schon in etwa so geäußert haben: Das Design bestimmt das Bewußtsein.

*

Der Kanzler der Bundesrepublik Deutschland Dr. Helmut Kohl bezeichnet eine Ferseh-Fernbedienung gelegentlich sehr BILD-haft als ein "Ding, wo man nicht aufstehen muß". Praktisch, habe ich mir erst gedacht, das kann man sich neben den Wecker legen ...

Als unlängst der in seinem (Ost-)Berliner Wahlkreis direkt gewählte Schriftsteller Stefan Heym als Alterspräsident den Deutschen Bundestag mit einer Rede eröffnete, erhoben sich die Anwesenden nach Parlamentssitte von ihren Plätzen. Einzig die Fraktionsmitglieder der CDU und CSU erwiesen sich als Sitzenbleiber - offensichtlich auch beim parlamentarischen Benimm-Unterricht. Betonriege, weiche Kniee oder gewöhnliche Flegel von der Regierungsbank? Das war wohl für manche Beobachter die Frage. Vermutlich hatte der Kanzler in seinen Fraktionen einfach Fernbedienungen verteilt.

*

Ach, da stelle ich mir immer die beiden frischgebackenen Besatzer vor, wie sie auf dem Alex stehen, zum Fernsehturm hinaufblicken und zum Hotel "Stadt Berlin". Stellt der eine sein schwarzes Aktenköfferchen, den Beutesack also, ab und bemerkt hingerissen: "Unglaublich, was der Herr Diepgen in so kurzer Zeit hier hat hochziehen lassen!"

*

Vieles ist also ein Verpackungsproblem. Die Umbenennung der "Kosmonaut-Leonow-Straße" in Plauen in "Astronaut-Armstrong-Straße" sollte als beispielhaft einfühlsam gelten. Daß in Colditz Heinrich Heine nun Königin Luise heißt, liegt wohl an dem namenlosen Leid, das dieser berüchtigte Altstalinist über die Menschheit gebracht hat.

Irgendwo soll auch Pestalozzi abgeschafft worden sein. Da wußten die Stadtväter wohl nicht so recht, wer das gewesen ist: "Sicher ist sicher. Wie wir die DDR kennen, war das bestimmt wieder so ein italienischer Antifaschist. Abschrauben!"

Die August-Bebel-Straße zur Bismarckstraße zu machen, war sicherlich genau überlegt. Konsequenterweise könnte dann die Lösung für das leidige Problem Dimitroffstraße dann Hermann-Göring-Straße heißen. Immerhin sind ja in Magdeburg die offensichtlichen Altstalinisten Geschwister Scholl schon aus dem Stadtbild entführt ... Ich mag nicht mehr kommentieren.

*

Es gibt natürlich auch wieder Positives zu berichten. Ich hatte drüben Freunde, die mußten da in einer Tour egalweg immer nur dahin vegetieren in einer miesen Ost-Neubauwohnung, Fertigteilbauweise, 4-Raum-Wohnung im 10. Stock, mit Müllschlucker: sogar den Müll mußten sie selbst schlucken! Und für diese 80 qm im Zentrum der Landeshauptstadt wurden ihnen monatlich auch noch 150.-- Mark Warmmiete abgepreßt! Für 80 qm Neubau 150.-- Mark Warmmiete! Auch noch überheizt!! Kein Wunder, daß die so viele Kinder hatten. - Jetzt kriegen die zum Ausgleich für die erlittene Unbill eine original westliche 4-Zimmer-Komfortwohnung angeboten, für 1 200,00 DM - und müssen dazu nicht mal umziehen! Das sind doch Sozialleistungen, oder?

*

Die soziale Sicherheit schreitet fort. Weit. "Jetzt haben wie gemeinsam in Freiheit die Talsohle erreicht. Ist das nicht eine fantastische Sache?" (Dr. H. Kohl) Nun gilt es tiefer zu graben. Denn Arbeitslose im Beitrittsgebiet sind laut Bernhard Jagoda, der es menschlich sieht, ein „brachliegendes Humankapital".

In einer sich selbst seriös nennenden Zeitung las ich, die Arbeitslosenquoten in den neuen Bundesländern seien nur "Ergebnis einer jahrzehntelangen kommunistischen Kommandowirtschaft". - Mein Gott, was haben wir Wessis da durchgemacht!! Entsprechend den Arbeitslosenziffern der letzten 10 Jahre bei uns liegen wenigstens 8 Jahrzehnte kommunistischer Kommandowirtschaft hinter den alten Bundesländern.

*

"Nach der deutschen Einigung wird es vielen besser gehen, aber niemandem schlechter." - Und das nächstemal, liebe Kinder, erzählen wir Euch ein anderes Märchen.

*

"Wer sich wehrt, der lebt verkehrt." (Volksweisheit)

Dezember 1994

Prof. Dr. Jürgen Kuczynski

Ich unterzeichnete den Appell zur Gründung von Komitees für Gerechtigkeit, weil ich hoffte, dadurch eine weitere demokratische und zwar überparteiliche - was mir sehr wichtig erschien - Bewegung gegen die immer schlimmer werdenden Verhältnisse im Osten Deutschlands in Gang zu bringen.

Die Gründung war richtig. Die Entwicklung ist lokal sehr verschieden, im Ganzen noch ungenügend. Die Perspektive ist schwer einzuschätzen, aber ich bleibe hoffnungsvoll.

März 1994

Dieter Lattmann

Vereinigung deutscher Widersprüche

Alle Deutschen, die im Herbst 1989 weniger als fünfzig Jahre alt waren, besitzen kaum eine ausgeprägte Vorstellung von Deutschland im ganzen. Also ist für die große Mehrzahl die geschichtliche Zusammenkunft keine Wiedervereinigung, vielmehr ein erstmaliges Kennenlernen. Allein aus dieser Tatsache erklärt sich die Fremdheit untereinander in den erweiterten Grenzen. Mehr noch stellt sich aus der Herkunft die Frage: Deutschland - was ist das? Das Bismarckreich ab 1871 dauerte 47 Jahre, die Weimarer Republik ganze 14 und die Nazi-Diktatur mörderische 12 Jahre. Die erste Nachkriegszeit nach 1945 nahm vier Besatzungszonen viereinhalb Jahre ein, und 40 Jahre brauchte die deutsche Teilung, deren Ende nicht zuerst das Ergebnis deutscher Politik brachte, sondern weit deutlicher der Verzicht der zweiten Weltmacht auf ihre Vorherrschaft in Osteuropa - relativ gewaltfrei löste sich die Sowjetunion unter dem ökonomisch-militärischen Druck des seit dem zweiten Weltkrieg systematisch verschärften Ost-West-Konflikts auf.

Die Politiker und die Bevölkerung in beiden deutschen Staaten traf die Möglichkeit zur Einheit unerwartet. Im letzten Jahrzehnt des Jahrhunderts, mit dem auch ein Jahrtausend vergeht, vollzieht sich dieser Umbruch, der Generationen prägen wird. Heute herrscht kalte Nachkriegszeit. Noch wird Gut oder Böse erbarmungslos buchstabiert. Aus einem unerschöpflichen Vordergrund werden Begründungen aufgetürmt, die ausschließlich die eine Seite beschuldigen und das Gerümpel wie die Altlasten der anderen Seite, der eigenen, im Hintergrund nicht anrühren. Wenn Verlierer erklären, was sie verloren haben, nennen Gewinner das "larmoyant". Die DDR ein Unrechtsstaat, die Bundesrepublik im Recht? Als ob die Menschen und die Dinge so eindeutig wären.

Natürlich war da die Freude über jeden Stein, der aus der Mauer brach. Natürlich ist es Freizügigkeit, daß nun viele Menschen über den Narben der Grenzstreifen zusammentreffen. Wie soll man aber den Freispruch verstehen, den so viele Westdeutsche sich ausstellen, die angesichts der Teilung immer nur gleichgültig waren? Zwischen den vierzig ostdeutschen und den vierzig westdeutschen Jahren besteht ein Zusammenhang. Es erscheint mir notwendig, ihn als unsere Miturheberschaft zu erkennen. War nicht bei der Gründung der Bundesrepublik die Abkehr nach Westen das Entscheidende? Schlechtes Gewissen wurde in Bonn mit der Legende von den Brüdern und Schwestern beschwichtigt.

Die westdeutsche Währungsreform am 20. Juni 1948 markiert das vorentscheidende Datum der deutschen Teilung. Wer die Währung teilt und das Wirtschaftssystem, trennt zwei Landesteile gründlich. Es zeigte sich, daß die Mehrzahl der Deutschen das Reich nicht als unzertrennlich ansah.

Wir Westdeutschen waren nicht tüchtiger als die Ostdeutschen. Die Bundesrepublik wurde zum Pufferstaat des Westens gegen den Osten, und sie handelte sich damit unverdiente Vorteile ein. Der Westen ging in seine Richtung, zeitlich ging er fast immer voraus. Die Bundesrepublik Deutschland wurde vor der Deutschen Demokratischen Republik geplant und gegründet. Die NATO entstand im April 1949, der Warschauer Pakt im Mai 1955. Die allgemeine Wehrpflicht wurde in Westdeutschland 1956 wieder eingeführt, in der DDR 1962.

Von Anfang an hat die Macht am Rhein mit dem Widerspruch gelebt, daß sie antrat, um das politische System im anderen deutschen Staat zu überwinden. Gleichzeitig behauptete sie, für die Menschen in Ostdeutschland das Mögliche zu tun. In der Realität schloß das eine das andere aus.

In den fünfziger Jahren hieß es unter Konservativen: "Eines Tages gibt die DDR auf, und ganz Deutschland wird westlich." Als der Fall eintrat, operierten Bundesregierung und Opposition unsicher, alle improvisierten. Nach und nach begriffen die Bonner Parteien, daß die Regierung der "Perestroika" es ernst meinte und ihre Waffen nicht gebrauchte. Auf einmal lagen die Länder jenseits der alten Grenze zwischen NATO und Warschauer Pakt, die mitten durch Deutschland verlief, offen wie nie zuvor. Hunderte von Millionen Menschen erhofften sich dort, sie könnten in erlebbarer Zeit zu den Begüterten zählen. Konsum und Wirtschaftswachstum wurden mit Demokratie gleichgesetzt. Gemessen an den realen Möglichkeiten war das ein nur zu begreiflicher Irrtum.

Mit dem Grundlagenvertrag zwischen den deutschen Staaten, die beide in den Vereinten Nationen präsent waren, verfuhr man in Bonn, als setze er keinen Maßstab. Auch das Kulturabkommen, das erst im September 1987 beim Empfang des Staatsratsvorsitzenden der DDR am Rhein bekräftigt wurde, behandelte man jetzt, als existiere es nicht.

An Kernsätze aus dem Grundlagenvertrag vom Dezember 1972 lohnt es heute zu erinnern: "Die Bundesrepublik Deutschland und die Deutsche Demokratische Republik entwickeln normale gutnachbarschaftliche Beziehungen zueinander auf der Grundlage der Gleichberechtigung ... Sie bekräftigen die Unverletzlichkeit der zwischen ihnen bestehenden Grenze jetzt und in der Zukunft und ... respektieren die Unabhängigkeit und Selbständigkeit jedes der beiden Staaten in seinen inneren und äußeren Angelegenheiten."

Soviel zur Geltung von Staatsverträgen. Statt dessen machten sich westdeutsche Politiker, als es die DDR noch gab, dorthin auf in ihren bundesrepublikanischen Wahlkampf. Die Eigenständigkeit der Bürgerrechtlerinnen und Reformer wurde mit dem Schwenken nationaler Symbole zur Parole "Wir sind ein Volk" umgekehrt. Da bestimmten schon großenteils andere Leute, was in den Straßen und auf den Plätzen geschah. Die Staatsgewalt, die 17 Millionen Bürger hinzuerhielt, ist ohne Zweifel die gewählte, auch wenn sie in vieler Augen nicht wie erwünscht handeln will oder kann. Daß sie mit der Vergangenheit der anderen nicht so großzügig verfährt wie seinerzeit mit der eigenen, hat sie bewiesen.

Für die Mehrheit in den ostdeutschen Ländern besitzt die alte Bundesrepublik immer noch eine fast aussichtslose Überlegenheit der Ökonomie. Es ist schwer zu erkennen, wie sich daraus auch eine moralische Überlegenheit herleiten sollte.

Auch die gutwilligsten Vereinigten erklären heute: "Etwas mehr Mitbestimmung und Demokratie hätten wir von euch erwartet." Die neugewonnene Freiheit wird für viele verstellt, weil alte Rechnungen auf neuen Konten beglichen werden. In der morastigen Zuträgerei kann jeder jeden verdächtigen.

Um keinen Zweifel zu lassen: die Mutigen und Integren, die für das Austragen ihrer Konflikte Unrecht erlitten, verdienen erreichbare Wiedergutmachung und das Durchsetzen ihres Rechts. Wenn aber Enthüllungen von zweifelhaftem bis widerlegbarem Gehalt behaupten, etwa Kunst und Literatur oder Theologie und Kirche wären in der DDR nur eine Art Unterabteilung der Staatssicherheit gewesen, wenn Vorverurteilungen zum Markt gehen, entsteht neues Unrecht, es verletzt Menschenrechte.

Die DDR war ein Tummelplatz für Geheimdienste aus Ost und West. Wer im Zeichen der Einheit die Staatssicherheit gründlich zerstören wollte, hätte auch andere Dienste einbeziehen müssen, so den Bundesnachrichtendienst und den westdeutschen Verfassungsschutz. Was sind das für Gestalten aus dem Morast, derer sich Nachstellungen heute bedienen? Keine der frühen Bundesregierungen hat nach den Gestapo-Unterlagen begehrt, die im US-Document-Center in Berlin verschlossen blieben, um die Herkunft manch politisch Verantwortlicher der Nachkriegszeit verdeckt zu halten. Dies festzustellen heißt nicht Unvergleichbares vergleichen.

Die Einheit kann nur gelingen, wenn Identitäten von beiden Seiten zusammentreffen und Gleichberechtigung gilt. Solange der stärkere Teil den Schwächeren seine Prinzipien und Lebensweise zu hundert Prozent als Anpassung abfordert, kann die Einheit nur mißlingen. Ich sehe drei ausschlaggebende Mängel des deutschen Einheitsvertrags, die das bedingen:

1. Die Währungsunion, die gegen die Warnung des Präsidenten der Bundesbank und vieler Fachleute zum Stichtag 1. Juli 1990 verfügt wurde, ist Teil der Ursache für die Lähmung oder das Zugrundegehen von Industrie und Wirtschaft in den ostdeutschen Ländern. Ihr Osthandel brach zusammen. Es war bekannt, daß sie nach Westen nicht so bald konkurrenzfähig sein konnten. Die Überproduktion im Westen kann die Bevölkerung im Osten der neuen Bundesrepublik weitgehend mitversorgen. Massenarbeitslosigkeit wird lange bestehen bleiben.
2. Die These vom "Unrechtsstaat" DDR fordert Organe der alten Bundesrepublik auf, rückwirkend eine fragwürdige Abrechnung auch durch politische Justiz zu versuchen. Es gab in der DDR viel Unrecht, aber es gab auch Rechte, vor allem gab es soziale Errungenschaften, die in der Bundesrepublik fehlen.

3. Der Beitritt der DDR nach Artikel 23 des westdeutschen Grundgesetzes behandelte die Teilung von vierzig Jahren, als handele es sich um die Rückkehr des Saarlandes in der ersten Nachkriegszeit. Das Wort "Anschluß", das der Kanzler ablehnt, trifft den Sachverhalt dieser Politik. Artikel 146, von den vier Müttern und zahlreichen Vätern des Grundgesetzes dafür vorgesehen, ermöglichte die Neuorientierung, die das fast unheilbar Getrennte allmählich wieder zusammenführen wollte. Das war den Mächtigen zu unbequem.

Gebraucht wird eine deutsche Verfassung, die den Entwurf des Runden Tischs der ausgehenden DDR nicht wegwirft und Vorschläge von BürgerrechtlerInnen aus kompetenten Initiativen aufgreift. Sie muß öffentlich diskutiert und "von dem deutschen Volke in freier Entscheidung beschlossen" werden.

Aus diesen und vielen weiteren Gründen habe ich mit zu den Komitees für Gerechtigkeit aufgerufen, die für mich Komitees für Bürgerrechte sind.

1992/1994

Dr. Christa Lewek

Frage:

Sie gehörten zu den Erstunterzeichnern des Appells zur Gründung von Komitees für Gerechtigkeit. Wie kam es dazu, daß Sie diesen Appell unterzeichneten ?

Antwort:

Vorerst: Ich sehe das Gespräch mit Ihnen, das ich nicht im strengen Sinne als Interview betrachten möchte, als einen mir willkommenen Anlaß zur Selbstklärung an. Das ist ganz subjektiv. Ob sich daraus objektiv etwas für die wissenschaftliche Aufgabe Ihres Instituts ergibt, sei dahingestellt. Deswegen muß ich Sie von vornherein auch um Verständnis bitten, wenn ich vielleicht einmal etwas weiter aushole, gar nicht auf Ihren Punkt komme, oder auch einfach keine Antwort zu geben vermag. Für mich ist so vieles offen.

Wie ich Ihnen schon schrieb, ist meine Haltung zu den Komitees heute einigermaßen ambivalent. Anfänglicher Enthusiasmus, Aufbruchsstimmung, wie ich sie im Sommer 1992 stark empfunden habe, ist Enttäuschung, Ratlosigkeit und schließlich - schlimm zu sagen - Gleichgültigkeit gewichen. Kritik zu üben, fühle ich mich aber nicht berechtigt, da ich mich an der eigentlichen Arbeit der Komitees, wie sie sich auf örtlicher Basis herausgebildet hat, kaum beteiligt habe. Dies war übrigens von den Erstunterzeichnerinnen und -unterzeichnern auch ausdrücklich nicht erwartet. Die Eingrenzung auf kommunale Aufgaben, die andere Initiativen und Aktivitäten ebenfalls zu hauf leisten oder zumindest zu leisten versuchen, sehe ich für meinen Teil überhaupt als einen Grund für das Erlahmen einer übergreifenden Bürgerbewegung für Gerechtigkeit an.

Frage:

Was waren Ihre Beweggründe, sich der Initiative für eine solche Bewegung 1992 anzuschließen?

Antwort:

Um hier auf den Punkt zu kommen, muß ich wohl weiter in meine politische Biographie hineingehen. Ich bin in der Nazizeit aufgewachsen, meine Schulzeit war mit den 12 Jahren Nazidiktatur identisch. Vom Elternhaus her gehörte ich zu den Verfolgten des Naziregimes. Als ich nach dem Kriege in Leipzig zu studieren begann (Germanistik, Geschichte und Philosophie) war ich durchdrungen von dem Bewußtsein, daß man sich jetzt gehörig einmischen müsse und könne, versuchen müsse, Einfluß zu gewinnen, mitzubestimmen, wo es lang geht. Das war meine Motivation, mich schon sehr früh politisch zu organisieren, fast noch als Abiturientin in die CDU - Jakob Kaisers - einzutreten. An der Universität war da in den ersten Nachkriegsjahren ja zunächst auch noch einiges drin an Möglichkeiten echter politischer Auseinandersetzung, demokratischer Wahlen zum Studentenrat, bei denen ich kandidierte, Auseinandersetzungen mit der FDJ über die Gestaltung der Vorlesungen usw. Diese freie demokratische Mitbestimmung war dann während meiner ganzen Studienzeit einer Rückentwicklung mit zum Teil dramatischen Akzenten, die auch mich persönlich trafen, unterworfen.

Meine Motivation, gesellschaftlich-politischen Einfluß zu nehmen, wurde durch alle Restriktionen nicht gebrochen, eher noch verstärkt. Und als sich mir nach Abschluß des Studiums die Möglichkeit bot, in die Kirchenabteilung der Regierung einzutreten, habe ich dies (1952) wahrgenommen. Dort konnte ich in der jungen DDR, in der auch zwischen Staat und Kirche noch vieles offen war, noch einmal unmittelbar politisch tätig sein. Dies durchweg nicht zur Freude der Partei CDU, die unter ihrem Generalsekretär Götting den Weg in die völlige Gleichschaltung ging, wohl aber in einem sehr engen Vertrauensverhältnis zu ihrem Vorsitzenden, Dr. Otto Nuschke, bis zu dessen Tod 1957. Danach war für mich dieser Weg politischer Partizipation zu Ende. Ich wurde von der CDU äußerst rüde behandelt und bin danach bald aus dieser Block-Partei ausgetreten. Seit 1958 habe ich im Raum der Evangelischen Kirche, der einzigen nicht in das monolithische politische System der DDR integrierten gesellschaftlichen Kraft, Gelegenheit gehabt, in dem von mir gewünschten und gebotenen Sinne politisch tätig zu werden für die gerechte Gestaltung des Zusammenlebens von Menschen und Gruppen in einer Gesellschaft. Eingeschlossen die Möglichkeit, Ja **und** Nein sagen zu können zu Entwicklungen in dieser Gesellschaft. Dies speziell nach der Gründung des Bundes der Evangelischen Kirchen in der DDR 1969, der eine eigene Kommission für Kirche und Gesellschaft etablierte, aber auch in internationalen ökumenischen Gremien wie der Kommission der Kirchen für Internationale Angelegenheiten und der Entwicklungskommission des Weltkirchenrates und dem Menschenrechtsprogramm der Kirchen zur Verwirklichung der Schlußakte von Helsinki.

Frage:

Führte Sie Ihr politisch engagiertes Leben, wie Sie es eben geschildert haben, "folgerichtig" an die Seite der Initiatoren für die Bewegung Komitees für Gerechtigkeit?

Antwort:

Auch dorthin. Ich habe vieles versucht. Aber dieser Einstieg in meine Biographie, die ja in so einer Unterschriftenliste zusammenschnurrt auf den von mir ungeliebten Titel "Oberkirchenrätin", dazu noch mit dem für eine Bewegung, wie sie mit den Komitees in Gang gesetzt werden sollte, geradezu grotesken Zusatz "i.R.", kann vielleicht etwas davon verdeutlichen, daß es mir zeitlebens darum gegangen ist, im weitesten Sinn politisch tätig zu sein. Und das heißt für mich, Prozesse in Gang zu setzen, etwas zu verändern in Richtung auf - wie es dann später im konziliaren Prozeß der Weltchristenheit zusammengefaßt wurde: mehr Gerechtigkeit, mehr Frieden, mehr Sorge um die Schöpfung. "Verändern", dieser Impetus ist im Evangelium von vornherein angelegt als Aufruf an den Menschen selbst: "Ändert Euren Sinn, kehrt um". Die politische Bühne des immer mehr erstarrten sozialistischen Lagers erreichte er durch Gorbatschow mit seinem "neuen Denken", "Perestroika" und "Glasnost".

Frage:

Michail Gorbatschow als Vater der Komitees ?

Antwort:

Nicht so kurz schießen! Ich bin schon dafür, daß wir uns daran erinnern, welche Rolle bis zu der sogenannten Wende hin der Generalsekretär der Kommunistischen Partei der Sowjetunion im Aufbrechen erstarrter Fronten und Strukturen speziell für uns in der DDR gespielt hat. "Wir brauchen Demokratie wie die Luft zum Atmen!"

Worauf ich hinaus will ist, daß mit der "Wende" "Veränderung" par excellence möglich schien. Und daß dies zunächst etwas ungemein Inspirierendes hatte. Statt dessen aber kam die Wiedervereinigung (woran Gorbatschow dann ja wohl auch seinen gehörigen Anteil hatte) im Sinne des RE, wie wir es aus Restauration, aus Remilitarisierung, aus Restitution zur Genüge kannten. Nichts von dem geschah, was kluge, gutwillige Politiker auch im Westen forderten: Beide deutsche Staaten müssen sich ändern und gemeinsam ein Neues bilden. Vielmehr: Die neue (alte) Ordnung der alten BRD wurde uns übergestülpt, die damit verbundenen Demütigungen, Brüche von Biographien, Ungerechtigkeiten im weitesten Sinne, sind genug dokumentiert, beschrieben, erlitten. Von Eröffnung echter Möglichkeiten zu eigenständiger, maßgeblicher politischer Partizipation, verantwortlicher Mitgestaltung durch Ostdeutsche konnte jedenfalls fast nirgends die Rede sein.

In diese sich immer mehr verfestigende Situation hinein traf der Appell zur Gründung von Komitees für Gerechtigkeit samt der Aufforderung an mich, ihn mit zu unterzeichnen, noch einmal als ein starkes Zeichen der Hoffnung.

Frage:

Inwiefern? Könnten Sie das näher begründen?

Antwort:

Einfach: Doch noch eine Chance, mit guten Bundesgenossen gemeinsam etwas zu bewegen, aufzubrechen im doppelten Sinn - das war meine Sache, ja auch mein

Gefühl: Das ist das Richtige, jetzt! Ich brauche hier nicht im einzelnen zu zitieren aus dem Appell, um das zu belegen - er traf genau meinen politischen Willen, teilzunehmen und zu verändern. "Die Ostdeutschen müssen ihre Interessen selber aussprechen und wahrnehmen." Das war für mich der Kernsatz. Die Situation war genau, treffend und - kurz beschrieben. Vor allem stimmte ich auch mit der Schlußpassage überein, uns keinesfalls gegen die Menschen in den alten Bundesländern zu wenden und die globalen Probleme nicht zu unterschätzen. "Global denken, lokal handeln" ist ein alter ökumenischer Grundsatz.

Ja, und dann die Bundesgenossen! Mitunterzeichner und Mitunterzeichnerinnen, soweit ich sie kannte, waren für mich Hoffnungsträger. Ich gehe hier mal die Reihe so ein bißchen alphabetisch durch: Da war Heinrich Albertz, ein vertrauenswürdiger politischer Christ, SPD-Mann; die waren ja nicht so reichlich gesät. Eugen Drewermann, streitbarer Katholik, der uns Wege in seiner streckenweise festgefahrenen Kirche und damit zu Kirche und Welt zu öffnen versucht, Gottfried Forck, das war ungemein hoffnungsbestärkend für mich, ihn dabei zu haben; er genoß ja auch insbesondere das Vertrauen oppositioneller Gruppen in DDR-Zeiten. Noch ein Katholik und zugleich Westdeutscher, Norbert Greinacher, Professor für praktische Theologie an der theologischen Fakultät der Universität Tübingen. Stephan Hermlin, mit dem wir schon vorher gut zusammengearbeitet haben bei Kirchentagen und den Friedenswerkstätten. Stefan Heym natürlich, das versteht sich von selbst. Seine Bücher waren ja **die** geistige Konterbande zu DDR-Zeiten! Dieter Hildebrandt, das fand ich ganz toll, den Schuß distanzierter Ironie, engagiertem Geist und Witz dabei zu haben. Walter Janka, mit dem ganzen Gewicht seiner Biographie, total unverdächtig als potentieller Wiedererwecker von DDR-Verhältnissen und Strukturen. Walter Kreck, auch ein berühmter westdeutscher evangelischer Theologe, kritischer Vor- und Mitdenker in der Friedensbewegung. Heiner Müller habe ich angestrichen; mit ihm und seinem Werk haben wir als eigenständige gesellschaftliche Kraft in DDR-Zeiten manches versucht an Veränderungspotential einzubringen. Klaus Schlesinger gehört zu diesen Leuten und Dorothee Sölle, kritische Stimme von jeher, dem Westen gegenüber **und** dem Osten, aber immer mit dem Willen, der DDR als dem zweiten, ärmeren, kleineren deutschen Staat und vor allem ihren Bürgern gerecht zu werden. Michael Sontheimer von der taz. Für mich sehr überraschend und Hoffnung weckend auf ein streitbares Gerechtigkeitspotential. Natürlich habe ich die Auswahl hier hauptsächlich auch von meinem eigenen Hintergrund aus vorgenommen: Kirche, Theologie, Kultur, von daher erhoffte ich Innovationen in einer so nach rechts abdriftenden politischen Situation. Wendehälse waren nicht dabei, auch kein DDR-Nostalgiker, und große Lorbeeren waren mit dieser Initiative gewiß nicht zu ernten. Die immer erstrebte Breite sah ich, und wirklich starke Gewährsleute sah ich, mit denen ich mich so oder so schon lange gemeinsam auf dem Wege wußte.

Frage:

Was war für Sie an den Inhalten bzw. Zielstellungen der Komitees attraktiv?

Antwort:

Inhalt und Ziel schienen mir mit dem großen Leitbegriff der Gerechtigkeit sehr gut geortet. Zu DDR-Zeiten hatten wir uns in der Kirchenbund-Kommission, aber auch im internationalen und ökumenischen Rahmen (KSZE und UNO), sowie im konziliaren Prozeß viel und streitbar mit Menschenrechten befaßt. Die Zusammengehörigkeit und gegenseitige Bedingtheit der Menschenrechte, der individuellen Freiheitsrechte und der sozialen Gleichheitsrechte verbunden mit der dritten Gruppe der klassischen Menschenrechte, dem Recht auf Beteiligung. Partizipation - "Freiheit, Gleichheit, Brüderlichkeit" - war dabei eine Leitvorstellung für die Gestaltung menschenwürdiger politischer Ordnungen und der auf sie zielenden Veränderungsvorgänge.

Hinzu kam für mich gerade zum Zeitpunkt des Appells das Bedürfnis nach etwas, das ich "historische Gerechtigkeit" nennen möchte: Gerechtigkeit der Geschichte der DDR gegenüber - Gerechtigkeit unserem Leben in der DDR gegenüber. Sprachlich so schön gefaßt in der Wendung: einer Sache, einer Situation, einem Menschen "gerecht werden".

Das Einleuchtendste, was die den Komitees zugedachten Aufgaben betrifft, schien mir die Idee, eine "institutionelle ostdeutsche Interessenvertretung als Ersatz für den untergegangenen Partner des Einigungsvertrages" zu schaffen, der ja, wie es im Appell auch ausgesprochen wird, seit dem 3. Oktober 1990 fehlte, und, "der auf Einhaltung bestehen, Weitergehendes vereinbaren und sich gegen benachteiligende Interpretationen wehren könnte".

Weiter fand ich es sehr hoffnungsvoll, daß man neue übergreifende Partizipationsstrukturen ins Auge faßte, sozusagen das Modell der Runden Tische aus der unmittelbaren Umbruchszeit erneut aufgriff, und schließlich hat mich ein Vorschlag, der auf der ersten Versammlung der Erstunterzeichner von Gregor Gysi eingebracht wurde, besonders gefesselt: Die Bildung einer Art brain-trusts für Gerechtigkeit. Er nannte das, analog zum Club of Rome, "Little Club of Rome for Germany": eine Gruppe, die ein/zweimal im Jahr zusammenkommt, um Ideen auszutauschen, Problemstellungen zu sichten, Lösungen anzudenken. ... Ich weiß, daß es manchem kalt den Rücken runterläuft, wenn er von solchen brotlosen Künsten, Hirngespinsten, hört. Aber ich habe beim Bund der Evangelischen Kirchen in einer solchen "Spinnstube" mitgearbeitet, keine Rede davon, daß wir nur Luftschlösser gebaut hätten!

Frage:

Haben die Komitees ihren Zweck erfüllt, erfüllen sie ihn?

Antwort:

Soweit ich sie verstanden habe - diese Einschränkung muß ich hier deutlich machen -: Nein.

Wie ich schon anfangs sagte, sie beschränken sich, soweit ich sehe und höre, auf die kommunale Ebene und machen dort als einer unter vielen Verbänden und Vereinen das, was andere auch tun, d.h. sie kümmern sich um soziale und wirtschaftliche, auch juristische Belange der Menschen. Das ist sehr verdienstvoll, und ich habe wirklich nicht die Absicht, es abzuwerten, aber es trifft in meinen Augen nicht das, was sie gemäß dem ersten Appell und dem sich daran anschließenden "Diskussionsangebot für künftige Mitglieder von Komitees für Gerechtigkeit" in der politischen Landschaft der Bundesrepublik darstellen, voranbringen und verändern sollten.

Vom Treptower Komitee - also praktisch meinem örtlichen Komitee - habe ich einen Aufruf bekommen, in dem alles aufgelistet ist, was es sich vorgenommen hat: Die Wohnungs- bzw. Mieterfrage ist drin, die Arbeitslosenfrage natürlich, die Rentenfrage, die Ausländerfrage, die Frauenfrage. Für all das gibt es aber doch schon zahlreiche Verbände und Vereine. Ich für meinen Teil arbeite in einigen bereits mit, oder ich versuche, von meiner kirchlichen Basis her in diesen Fragen wirksam zu werden.

Es bleibt also für die Komitees nicht viel mehr, als vorhandene Aktivitäten zu unterstützen, gegebenenfalls auch zu koordinieren. Wichtiger wäre aber, die Aktivitäten übergreifend zusammenzufassen und damit jenen politischen Druck zu erzeugen, von dem im Anfang, in der Gründerzeit, so lebhaft die Rede war. Das versucht indessen das "Kuratorium ostdeutscher Verbände" und siehe an: Da sind nun die Komitees einer unter 150 Verbänden, und zwar ohne eigentliche Spezifik.

Frage:

Ein Problem kreist jetzt hier im Raum. Wir stimmen mit ihnen völlig überein, daß eine der Ursachen, warum die "Komitees" nicht so wirksam geworden sind, wie es einmal angedacht war, ihr Rückzug auf lokale Fragen ist. Warum ist von der übergreifenden Idee der "Komitees für Gerechtigkeit", Partner zu sein, tatsächlich eine Vereinigung herbeizuführen und hier auch Ansprechpartner zu sein, nichts übriggeblieben? Wieso ist das verlorengegangen?

Antwort:

Ja, darüber habe ich mir auch schon den Kopf zerbrochen und kann überhaupt keine zwingende Antwort darauf geben. Aber ich versuch's mal etwas einzukreisen.

Erstens prinzipiell: Ich bin zu dem Schluß gekommen, daß außerparlamentarisch und überparteilich kaum wirksam politische Prozesse in Gang zu setzen sind in dem System unserer repräsentativen freiheitlichen Demokratie. Auch die Bürgerbewegungen der Wendezeit haben dies ja erfahren müssen. Hier kämen wir dann bald auf die vieldiskutierte und fast zu Tode gerittene Frage der Basisdemokratie ... Vielleicht sollten wir uns hier wirklich mal grundsätzlich - auch mit Politologen - beraten, meinetwegen in der "Spinnstube", aus der bisher nichts geworden ist.

Im 2. Aufruf ist viel davon die Rede, daß wir politischen Druck ausüben sollten. Aber wie? Ohne ein Quentchen politischer Macht? Darüber ist nie ernsthaft gesprochen worden, auch nicht im Wahljahr 1994, wo das ja wirklich dran gewesen wäre.

Auch die angestrebte Überparteilichkeit ist in unserer Situation, und wohl überhaupt, nicht leicht herzustellen. Soweit sie im Anfang ansatzweise vorhanden war, ist sie immer mehr abhanden gekommen, und es blieb, wie bei vielen solcher überparteilichen Bewegungen in den neuen Bundesländern, als organisierte gesellschaftliche Kraft nur die PDS übrig. Diestel war von vornherein ein Einzelkämpfer, die SPD, meine Wahlpartei, ist durch die bekannten Abgrenzungsbedürfnisse und -notwendigkeiten hinsichtlich solcher übergreifenden Kooperationsversuche über die Maßen gehemmt, die Bürgerbewegungen, zur Mitarbeit eingeladen, gaben gleich eine ganz böse Absage. Ich kann auch nicht ausschließen, daß in manchen Köpfen, die nach dem "breiten Bündnis" rufen, noch das Modell der Nationalen Front unter Führung der Partei der Arbeiterklasse spukt.

Und zweitens nochmals präzise zur Frage des Rückzugs auf die örtliche Ebene: das ist auch eine Frage der Strategien. Hier haben wir den ewigen Streit zwischen Pragmatikern und - sagen wir - Dogmatikern, zwischen Praktikern und Theoretikern oder wie man die dialektischen Begriffspaare Hand und Kopf, Denken und Tun auch immer bezeichnen mag. Daß man beides auch miteinander verbinden kann und wie, daß Reden auch Tun ist und Taten sprechen können - das geht wohl nur in wenigen Sternstunden auf, so daß sich multiple Strategien daraus entwickeln lassen.

Ich habe auch den Eindruck, nachdem einmal der Wirbel und die akute Gefahr, daß sich hier eine wirkliche politische ostdeutsche Kraft etablieren könnte, im Sommerloch 1992 vorbei waren, wurden die Komitees nicht nur für die Medien, sondern auch für die beiden Gründerväter uninteressant.

Frage:

Wieso eigentlich? Da ist eine stolze Namensliste, die Sie genannt haben, also Menschen mit Einfluß, auch ehemalige DDR-Bürger, von Forck bis zu Heiner Müller. Wieso gelang es nicht, diese Gruppe mit sehr großem Einfluß dazu zu bewegen, das ursprüngliche Anliegen durchzusetzen?

Antwort:

Nun, von der stolzen Namensliste habe ich, bis auf wenige Ausnahmen - Heym, Janka, Forck - nach dem "Diskussionsangebot" kaum mehr etwas gehört. Kann auch sein, daß es nicht bis zu mir durchgedrungen ist. Bei der ersten Versammlung der Erstunterzeichner war das Kapital der guten Namen jedenfalls schon fast überflüssig. Es wurde handfestes Kapital gesucht: Ein Verein der "Förderer und Freunde der Komitees für Gerechtigkeit" wurde gegründet, Mindestsumme für den Eintritt 100, - DM!

Beim 2. bundesweiten Treffen der Komitees für Gerechtigkeit im November '93 habe ich - damals war ja Janka schon sehr krank - außer Stefan Heym keinen meiner Gewährsleute von der Liste der Unterzeichner mehr getroffen, und es wurde fast nur noch von Aktivitäten auf örtlicher Ebene berichtet. Hauptinhalt aber war ein Durchexerzieren formaler demokratischer Spielregeln bis zum Exzeß. Man stritt sich über die Delegierungspraxis, stellte gegenseitig die Legitimität als Delegierte grimmig in Frage, und das war's dann.

Frage:

Wie war Ihre persönliche Befindlichkeit?

Antwort:

Die einer Außenseiterin.

Frage:

Wie wird es mit den Komitees nach Ihrer Meinung weitergehen?

Antwort:

Das weiß ich nicht. Auf kommunaler Ebene werden sie in der beschriebenen Art, neben anderen, sicher weiter hilfreich und verdienstvoll arbeiten. Man könnte davon ausgehen: von solchen Aktivitäten kann man hier und heute nicht genug haben. Für eine Verwirklichung der ursprünglichen Intention von übergreifender politischer Wirksamkeit im Interesse der Ostdeutschen für Freiheit, Gleichheit, Partizipation aber sehe ich keine Perspektive. Ein wenig davon kann vielleicht das Kuratorium Ostdeutscher Verbände leisten ...

Immerhin: Durch das Gespräch mit Ihnen bin ich noch einmal etwas motiviert, bewegt, dies und jenes aus der Aufbruchszeit damals aktiv in Erinnerung zu rufen. Vielleicht auch mit gegenwärtigen Bemühungen daran anzuknüpfen? So gleichgültig ist mir das Ganze also doch nicht geworden, sehe ich. Jedenfalls: Ich bin auf Ihre Publikation gespannt.

Interview vom 9. Juni 1994

Die Fragen stellten Hans-Joachim Fieber und Johannes Reichmann

Käthe Reichel

Das Maß der Freiheit
ist die Gerechtigkeit.
Und ich sah mich um
in der Zeitenwende
und sah
wie das Maß zerfiel.

Die Schaufel des Zorns

Meine Mutter ist als Kind in einen Brunnen gefallen. Sie hat so lange gestrampelt, bis ihr die Luft ausging, und danach dann ist sie für immer dort unten geblieben. - Sie hat mich im Brunnen geboren, und ich hab es geschafft; ich bin rauf bis zum Brunnenrand. Auf dem Rand ist es schön, ist es trocken. Man kann dort sitzen, und die Mutter erzählt einem Geschichten, wie sie mit Vierzehn in den Brunnen fiel, wie es da unten dann mit ihr weiter ging und so fort.

Meine Mutter ist alt, aber die Geschichten jung wie der Morgen heut über dem Brunnen. Wenn Sie erzählt, wenn sie Atem holt und die Seufzer oben lautlos das Wasser anstoßen, bis es sich kräuselt; wenn sie nicht weiter spricht, aber das Wasser sich fortkrümmt bis zum Rand und man wegen der Stille über der Welt das Herz, seine Schläge hört, wie sie aufsteigen zum Hals, und plötzlich mit einem trüben Guß zusammen ins Wasser fallen, braucht man kein Taschentuch, fallen die Tropfen gleich in den Brunnen. Das ist praktisch, der kleine Guß macht die Erde nicht naß.

Meine Mutter, wenn sie erzählt, sitzt unten auf einem Stein und hat die Hände ineinander gelegt, daß die Daumen obenauf wie ein Kreuz liegen, aber sie betet nicht; sie ist aus der Kirche ausgetreten, weil sie die nicht bezahlen konnte. - Unter dem Kreuz hält sie die anderen Finger nicht in-, sondern

übereinander eng zusammen wie einen unebenmäßigen Stein, ja, die einzelnen Furchen zwischen den Fingern gleichen einem seit Jahrhunderten ausgewaschenem Stein. Darin verbirgt sich der Schatz, der dort auf dem Grund lag, den sie gefunden hat, lange nachdem sie da unten ankam; der ihr, sagt sie, manchmal die Hände sprengen will, weil er größer wird. Aber sie begütigt ihn, wenn er so wachsen will, und sagt in seine Steinhaut hinein: warte!, und er drückt dann erst recht gegen ihre Hände, rechts und links, sogar oben, so daß ihr die Finger schwellen und die Furchen der Jahrhunderte fast verschwinden.
So jung, sagt sie zu ihren Händen, seid ihr jetzt.
Der Schatz antwortet darauf immer das Gleiche. Sie sei ein Zeitverschleuderer sagt er; er redet sie immer männlich an. Vielleicht will er ihr den Mut damit heben; vielleicht braucht er eine Heldin zur Frau.

Während sie so sprechen, sprachen, formten sich oben die Jahresringe, wo ich saß, als hätte ich ab und zu einen Stein zwischen ihr Gespräch geworfen, und die Zeitverhältnisse bäumten an solchen Tagen wie eine plötzliche Springflut manchmal das Wasser auf, hoch, dann fiel es wieder auf seine offene Haut und hing am Ende, als wäre da doch ein Stein in das Wasser gefallen in den Ringen, die nun über dem Wasser lagen. Größer werdend vergingen sie, vergehend wurden sie größer an so einem Tag. - Aber eines Morgens sagte jemand, eine Zeitenwende sei da, sei jetzt ausgebrochen, und Verschiedene brachen in die Knie, weinten auf der Stelle aus verschiedenen Gründen, und die Erde war voll davon, eine Schwemme, ein großer Regen, der den Frühling erweinte.

Und es verging eine Zeit, eine kleine Zeit durch die ein Herbst und ein Winter ging, bis der Frühling kam und viele aus gleichen Gründen gleich weinten. Und weil sie das heimlich in ihren Häusern jetzt taten, blieb die Erde trocken, wie vor dem Brunnen, wenn meine Mutter erzählte. Aber der neue Handel mit Papiertaschentüchern kam jetzt in Schwung, bekam eine Konjunktur, weil jetzt die Leute dafür ihr Geld ausgaben. - Natürlich gibt es immer solche, die dafür kein Geld, keinen Pfennig ausgeben. Die gab es in dieser Zeitenwende auch. Leute, die unschuldig leben, weil sie mit angeborener Sehschwäche auf die Welt kommen. Sie werden dafür später die großen, starken Naturen, die durch die dunkle Sehschwäche hellsichtig auch durch die Finsternis, hellsichtig auch durch eine Zeitenwende gehen. Bei ihnen hilft später nicht das Schellkraut, erzählt die Mutter, die Schellwurz, mit der die Schwalben die Augen ihrer Jungen stärken; so lange sie klein sind, erzählt sie.

Bei denen, sagt meine Mutter und lauscht nach oben und spricht plötzlich lateinisch, spricht von dem Morgen, als sie hier hinunter fiel auf den Grund, bei denen, sagt sie, ist die CAMERA OCULI (die Augenkammer) verschlossen, verrammelt mit Müll, und sie haben den Schlüssel hier mit runtergeworfen; der Boden ist davon hügelig, voller Senken und eisenkalt, man kann nicht stehen und es müssen tausend Jahre vergehen, bis das Wasser das Eisen geschliffen hat. Solange sitze ich auf dem Stein und lasse die Füße drüber im Kreis mit den Fischen gehen. Wenn sich das Wasser bewegt, frißt es, kaut es, schluckt es das Eisen schneller.

*

Als meine Mutter unten hörte von der Zeitenwende und sah, daß eines Morgens, bevor der Hahn zum dritten Mal krähte, ein Bein von mir plötzlich überm Brunnenrand hing, fing sie furchtbar, fing sie entsetzlich zu strampeln, mit den Beinen zu fuchteln an, zu schlagen, und hörte damit nicht auf. Weil sie es aber wieder nicht schaffte zum Rand zu kommen, nahm sie in Angst auch die Hände.
So stieg der Schatz unvermittelt nach oben, dort, wo ich mit einem Bein über'm Rand hing, dort, wo meine Augen im Spiegel des Brunnens lagen, und ich sah meine Augen im Wasser an, und sah, daß es der Zorn war, den sie da tranken.

Und mein Bein, sah ich dort, hing nicht mehr über'm Rand. - Ich wußte nun, daß der Zorn meine Mutter war; ein erst dort unten, zu spät gewachsener Teil von ihr war und ihre Kinder in den Brunnen fielen, die Augen ihnen jetzt übergingen, wenn sie nicht tranken.

Seitdem gehe ich zum Brunnen am Morgen, wenn ich nachts die Werke der Zeitenwende und die Blätter der anderen Schriftausleger betrachtet habe; wenn sie mich in die Nacht hinein durch eine ganze Windrose politischer Phrasen geleitet haben und ich am Morgen auf den Straßen die Zeitenwende bestaune, wie sie schwitzend sich anstrengt; wie sie auch im Sommer in Stiefeln stapft, damit die Konjunktur ihre müden Beine vorwärts bewegt; wie die Diktatur über die Füße bis zum Kopf, den Zwang als Freiheit verkauft schon bei den Kindern und wie am Abend strahlend, silbermarkthell die Schaufensterdemokratie für das große Mondmilchauge vor dem Fenster draußen, die durchsichtige Freiheit hinter der schußsicheren Scheibe beleuchtet.

Am Morgen, wenn ich dort hingeh, wo meine Mutter auf ihrem Stein sitzt und lauscht; wenn ich mich zu ihr über das Wasser beuge und sehe im Spiegel des Wassers, wie sie ihre Hände zum Himmel reißt, weil die kleinen Fische jetzt unten geflüstert haben, ein Tropfen sei eben in den Brunnen gefallen und sie "Kind" ruft und "Gott", dann weiß ich, daß die schweißwassertreibende Angst, der das Blut in Wellen die Haut kräuselt wie der Wind dem Wasser, wenn er darüber fährt; die Angst, die immer heiß, immer gleich das Hemd an die Haut klebt und zittert, wischt, und die Taschentücher verbraucht; die ihre zornige Schwester mit eigenen Händen einsperrt; die sich den Mund nicht verbrennen will und immerfort einen Brunnen sucht, aus dem sie trinken, sich stillen kann - von der schweißnassen Angst erfuhr ich im Mondmilchlicht der Nacht ohne Umstände und direkt in die grauen, blauen Augen gesagt: die Gerechtigkeit hat keinen Brunnen, weil die Ertrinkenden gleich das Meer ausschöpfen würden bis auf den Grund, wenn sie nur denken könnten, daß sie da unten zu finden wäre.

So wußte ich auch, wenn ich da kam und ging und aus dem Brunnen trank, in dem die Angst neben dem Zorn hin und her mit den Fischen kreiste; wußten es auch Millionen, die angewurzelt wie die Bäume auf das lautlose Gewitter der Zeitenwende sahen, daß unter ihr die Gerechtigkeit, die Verachtete kleine für alle, nun brach, weil die Zeitüberzeugung gierig, rauschend und toll jetzt aus allen Richtungen der Windrose die Bäume brach wie ein Streichholz: sobald sie oben zu rauschen beginnt, stürzen sie schon und fallen im Stürzen übereinander. Gestreckt auf dem Weg mit grünen Wipfeln und unbeachtet bleiben sie eine Zeitlang liegen, zerschlagen als Bruchholz, türmen sie sich später am Weg und warten; verbucht unter Kleinholz und ausgerufen als Schnäppchen fahren sie nach dem Warten in die vollkommene, in die totale Marktwirtschaftsdemokratie. - Als sie da einfahren durften durch das Tor, als sie auf dem ausgerufenen Standort Deutschland so gründlich verfeinert, so klein nun verfeuert wurden im schlanken Schornstein der schlanken

Industrie; als sie zum schlankesten Lohn eingekehlt, ohne Luft nach woandershin jetzt endlich verfeuerungswürdig waren; als jedes Brett vor dem Auge begriff, daß sie überhaupt nur zum Verfeuern bewahrt, zum Verfeuern über Wasser gehalten worden waren; daß sie jetzt ihr eigenes Brennholz waren für diese Feuerbestattung in der nun vollkommenen schlanken Industrie - fiel mir das Wort "Zeitverschleuderer" aus dem Brunnen ein und ich wußte, daß man mit der Schaufel des Zorn's jetzt der Gerechtigkeit einen Brunnen ausheben mußte, daß man das tun mußte, damit nicht alle in Deutschland am verordneten Gemetzel der täglich weiter, täglich maßloser schäumenden Zeitenwende verreckten; tun mußte für die, die sonst in der Frühe, bevor der Hahn zum dritten Mal kräht, zum Brunnen gehen, in seine offene Haut.

Mai 1994

Dr. Heinrich Senfft

Wer an Demonstrationen teilnimmt, wer Aufrufe und Proteste unterschreibt, behauptet ausdrücklich oder stillschweigend, man könne etwas damit erreichen. Solche im Zeichen der Demonstrations- und Meinungsfreiheit zulässigen Aktionen sind im Westen des Landes schon vor vielen Jahren zu Akten der Demokratiedarstellung verkommen. Wird demonstriert, schicken die, die wir gewählt haben, ein paar Hundertschaften Polizei; kommen schriftliche Appelle daher, lächelt die Obrigkeit und geht zur Tagesordnung über. Erreicht wird nur, daß Regierung, Parteien und die Herrschaftspresse stolz darauf verweisen können, im "freiesten Staat, den es je auf deutschem Boden" gegeben habe, dürfte jeder Bürger ungestraft von seinen Grundrechten Gebrauch machen. In der Sache selbst richten die Bürger freilich nichts aus, denn Regierung und Parlament sagen, sie dürfen sich "dem Druck der Straße" nicht beugen. Lange schon hatte ich mir deshalb versprochen, vor allem nichts mehr zu unterschreiben, um die Illusion, die Fiktion, solche Aufrufe könnten etwas bewirken, nicht zu unterstützen. Als aber im Juli 1992 der Aufruf zur Gründung des "Komitees für Gerechtigkeit" des Weges kam, wurde ich wortbrüchig und unterschrieb. Warum, das schrieb ich am 15. Juli 1992 in der "taz". Und da ich den Artikel heute wieder genau so schriebe, will ich daraus zitieren:

"Wider die wütende Resignation

Den 'Komitees für Gerechtigkeit' im Osten eine Chance

Wir lähmen sie und grollen,
daß sie lahmen.

Franz Grillpanzer

Die Aufforderung des stellvertretenden SPD-Vorsitzenden Wolfgang Thierse an westdeutsche Politiker, sie sollten die schlechter werdende Stimmung in Ostdeutschland ernster nehmen, hat jedenfalls eines bislang nicht erreicht: Unser Einigungskanzler sieht auf allen Fotos noch so satt und zufrieden aus wie eh und je, er hält es auch nicht für nötig, im Bundestag über die Lage des Landes zu debattieren. Trotz aller Sorgen, die sich Thierse nicht nur im Juni 1992 macht - er spricht von wütender Resignation im Osten -, ist er sich doch in einem mit Kohl und dessen Koalition einig: eine neue ostdeutsche Sammlungsbewegung wollen sie alle nicht - Thierse nennt Diestels wieselige Aktivität 'fatal'. Er sagt aber nicht, wem das Verhängnis droht.

Aufgewacht sind die Bonner nicht erst durch Diestel, über den sich von rechts bis links fast alle aufregen, sondern schon durch die Berliner Wahlen, die denen, die ohnehin nichts zu verlieren hatten, den Rücken stärkten und zu etwas Selbstbewußtsein verhalfen, und zwar unabhängig davon, ob die Wähler nun wirklich PDS meinten oder nur laut gegen die großen Parteien protestieren wollten. Allmählich dämmerte den Ostdeutschen, daß sie spätestens bei der Bundestagswahl im Dezember 1990, eigentlich aber auch schon bei der Volkskammerwahl am 18. März 1990 gar keine freie Wahl zwischen eigenständigen Parteien gehabt hatten, sondern sich nur für oder gegen westdeutsche Parteien entscheiden konnten. Kaum einer merkte damals, daß es nicht um ein neues, anderes Deutschland ging. Am 3. Januar 1991 stand es auch ganz unverhohlen in der FAZ: 'Es kommt nicht darauf an, die Bundesrepublik zu verändern, sondern darauf, die alten Hochburgen der SED zu schleifen.' Deshalb liefen auch Währungs-, Wirtschafts- und Sozialunion am 1.7.1990 und deutsche Einheit am 3.10.1990 nur nach westdeutschen Fahrplänen ab, nicht nach ökonomisch richtigen, sondern politisch opportunen.

Die Bürger der DDR hatten dem Kanzler Kohl geglaubt, als er prophezeite, es werde keinem schlechter gehen als bisher: 'Im Gegenteil.' Wie hatten sie wissen sollen, daß sie schon wieder belogen wurden? Denn es ist ja nicht wahr, daß die westdeutschen Herrschenden das Ausmaß der '40jährigen Mißwirtschaft der SED' unterschätzt, sich verrechnet hätten. Aber wer las in jenen Tagen, zum Beispiel am 17.2.1990, in Frankfurt an der Oder oder Cottbus den Wirtschaftsteil der FAZ mit dem großen Bericht von Lutz Hoffmann, dem Präsidenten des Deutschen Instituts für Wirtschaftsforschung in Berlin, unter dem alles erklärenden Titel: 'Wider die ökonomische Vernunft - Eine rasche wirtschaftliche Vereinigung mit der Bundesrepublik erschwert den Aufholprozeß der DDR / Hohe Anpassungskosten und politische Risiken.' Nur durch die vorläufige Aufrechterhaltung zweier wirtschaftlich eigenständiger Staaten könne die DDR zu Kosten aufholen, die für beide Seiten vertretbar seien; Investitionskapital werde nur kommen, wenn es hohe Rentabilität erzielen könne. Bei rascher Währungseinheit sagte Hoffmann voraus, es könnten 'etwa ein Viertel bis ein Drittel der Arbeitskräfte, wenn nicht sogar mehr, ihre Beschäftigung verlieren'. Hoffmann widerlegte auch das Anfang 1990 viel strapazierte Argument, die rasche Währungs- und Staatssicherheit seien nötig, um die Ost-West-Wanderung einzudämmen: die einheitliche Währung beseitige nicht von sich aus die Differenzen in den Realeinkommen, die letztlich die Ursache der Wanderung seien. Alle düsteren Voraussagen waren richtig - und obwohl Oskar Lafontaine als Kanzlerkandidat der SPD die hohen Erwartungen der Bürger der DDR zu dämpfen versuchte, ist 1990 nicht er, sondern der gewählt worden, der den Wählern wider besseres Wissen unverantwortliche Versprechungen gemacht hatte.

Kein Wunder also, wenn wir zwischen den beiden Teilen Deutschlands zwar keine Mauer mehr, dafür aber einen tiefen Graben haben, kein Wunder, wenn die

Wut im Osten wächst und auch die Wähler im Westen von den großen Parteien nichts mehr wissen wollen, sich ihrerseits geleimt fühlen und an dem Sieg des kapitalistischen Systems keinen so großen Spaß mehr haben, seit Westdeutschland für den verlorenen Krieg endlich auch zur Kasse gebeten wird. Und nun kommen auch noch die ostdeutschen Politiker mit ihrem Aufruf daher: die Resignation soll vertrieben, die Wut aktiviert werden. Der Aufruf, 'Komitees für Gerechtigkeit' zu gründen, erinnert im Pathos an so etwas wie den Wohlfahrtsausschuß der französischen Revolution - etwas weniger Anspruch wäre wohl mehr gewesen. Aber wenigstens soll es keine neue Partei werden. Die, die sich zusammenschließen wollen, um die Menschen der früheren DDR nicht nur zu Wort kommen zu lassen, sondern ihnen auch Gehör zu verschaffen, haben in ihren eigenen Parteien schon genug Schwierigkeiten, Programme auch nur zu formulieren und glaubhaft zu vertreten. Und die Programme West taugen für den Osten nicht. Was außer einer Namensverwechslung verbindet die CDU der Länder der alten DDR mit der alten Bundes-CDU? Soweit sie aus alten DDR-CDU-Leuten besteht, ist sie als Blockpartei vor allem deshalb disqualifiziert, weil sie so tut, als habe sie mit dem SED-Regime nichts oder fast nichts zu tun gehabt, und soweit sie neue Leute gewonnen hat, kommen sie entweder aus dem Westen und verfehlen Ton und Verständnis - oder sie riechen - wie Peter-Michael Diestel - so nach DDR, daß ein Bonner CDU-Mensch das Zimmer verläßt.

Wo steht die PDS, außer da, wo die anderen nicht stehen wollen, was allerdings ein nicht geringer Vorteil ist und viel freien Platz gewährt? Aber steht sie da wirklich - und wirklich fest genug? Mit stringentem Programm und aufgearbeiteter SED-Geschichte? Ein Gysi langweilt uns zwar nicht so wie tausend durch PR-Kurse vorfabrizierte Berufspolitiker aller Westparteien, macht aber noch keinen Frühling. Und die PDS ist mit viel altem Gepäck beladen, das auszupacken und genau zu besichtigen sie noch keine Zeit hatte, weil sie von zu vielen selbstgerechten Jägern belagert wird, die aus der SED eine Partei machen möchten, deren Verbrechen die der Nazis so sehr übertreffen, daß wir über die Vergangenheit vor 1945 nicht mehr sprechen sollen.

Und wo die SPD, in welchem Teil auch immer, steht, ist schon lange gänzlich einerlei, weil man sich lange schon fragen muß, ob sie nicht die überflüssigste aller Parteien ist, eine Partei, die seit Lassalle, mindestens aber seit Ebert, nichts dazugelernt hat und aus Angst, die Partei der Vaterlandsverräter genannt zu werden, zum Passepartout des Parteienrouletts geworden ist, eine Partei, die lieber zweimal zu oft als einmal zuwenig von den Sitzen aufspringt, um das Deutschlandlied anzustimmen, wenn ein CDU-Kanzler im Bundestag ein Zehn-Punkte-Programm vorgelesen hat, an das er sich wenige Wochen später vielleicht noch erinnert, aber längst in den Papierkorb geworfen hat.

Die Startbedingungen für eine östliche Sammlungsbewegung sind nicht günstig - und doch den Versuch wert. Wer auch immer für den gegenwärtigen Zustand der fünf östlichen Länder verantwortlich zu machen ist: Mit Resignation ist keine Änderung zu erreichen. Deshalb soll diese Sammlungsbewegung ihre Chance haben - und sei es der Versuch, das Perpetuum mobile doch noch zu erfinden oder in der Retorte Gold herzustellen. Auch wenn dieser Versuch so aussieht, als solle aus dem BHE der Nachkriegszeit, dem Bund der Heimatvertriebenen und Entrechteten, dem SDS, dem Sozialistischen Deutschen Studentenbund, und der APO ein Konglomerat hergestellt werden, so könnte es politisch vielleicht doch so lange funktionieren, bis es sich von selbst erledigt wie BHE, SDS und APO. So, wie die Grünen wieder in den Bundestag gehören, sollte es gelingen, in den sogenannten neuen Bundesländern so viele Wähler zu mobilisieren, daß die alte DDR die Fünfprozenthürde aller Stimmen der ganzen Bundesrepublik überspringt - und das sind immerhin etwa 23 Prozent aller Stimmen des alten DDR-Gebiets. Diese Wählervereinigung soll im Parlament keine Mehrheitsbeschafferin wie die FDP, sondern so lange eine Mehrheitsverhinderin sein, bis die Herrschenden des deutschen Westens begreifen, daß die Einheit nicht einmal für viel Geld zu haben ist."

Am 24. Juli 1992 habe ich mich im "Freitag" mit den öffentlichen Reaktionen der Regierung, der Parteien und der Presse auf die Gründung der Komitees beschäftigt ("Lärm schlagen ist Demokratie - Die Organisation des Hasses kommt nicht aus dem Osten") und bin im September-Heft 9'92 der "Blätter für deutsche und internationale Politik" noch einmal auf die Einrichtung der Komitees eingegangen ("Über die Schwierigkeiten, des 'Phänomens' DDR Herr zu werden"):

"Verwundert - und auch entrüstet - haben sich viele gefragt, was denn die Unterschriften von Leuten aus dem Westen unter dem Mitte Juli veröffentlichten Aufruf zur Gründung von 'Komitees für Gerechtigkeit' (Wortlaut in 'Blätter', 8/1992, S. 1023 f.) zu suchen hätten. Der stellvertretende CDU-Fraktionsvorsitzende Gerster sprach von einem 'Kuriosum für Gescheiterte' und nannte die Gründungsmitglieder ein Sammelsurium von Erben des SED-Staates, Stasi-Verstrickten und frustrierten West-Sozialisten. Andere sprachen davon, man habe es mit DDR-Nostalgikern zu tun und wieder andere wurden durch das Gespann Gysi-Diestel abgestoßen.

Weder habe ich Schwierigkeiten mit den Initiatoren des Aufrufs, noch finde ich auch nur eine der angebotenen Etiketten für mich oder andere, die den Aufruf unterschrieben haben, zutreffend. Abgesehen davon, daß mir der Name des Komitees etwas zu anspruchsvoll daherkommt, ist es dann doch erschreckend, wie wenig Leute aus dem Westen unterschrieben haben. Denn: Wovon in dem Aufruf die Rede ist, geht uns alle an. Wo leben die, die wie der FDP-Generalsekretär Lühr von 'Rattenfängerei' reden?"

Seit der Entrüstung über den Aufruf und die Gründung der Komitees selbst ist es jedenfalls im Westen still geworden, totenstill: Über die Existenz der Komitees, über ihre Aktivitäten, ihre Erfolge wird nicht mehr berichtet, ja, nicht einmal über Mißerfolge, die sich naturgemäß einstellen, wenn man sich so viel vorgenommen hat. Die Medien haben sich nicht etwa verabredet, nicht mehr zu berichten - es ist ein stillschweigendes westliches Einverständnis: Die Komitees stören, passen nicht ins Bild des faulen Jammerossis, und ihre Erfolge sind, gemessen an den spektakulären Tagesereignissen, eher so bescheiden, daß sich Langeweile breitmacht. Aber die Komitees leben - und sind so erfolgreich, wie sie unter den schwierigen Umständen im Osten sein können. Einige lähmen sich durch übertriebene Basisdemokratie selbst ein wenig, andere isolieren sich aus Angst, in das alte DDR-Berichtsunwesen zurückzufallen.

Rasch war aber eines deutlich geworden: Diese Komitees können erst einmal nur in den Regionen, in den Gemeinden etwas ausrichten - und das tun sie auch. Runde 70, voneinander unabhängige Komitees mit fast 8.000 Mitgliedern helfen geschundenen Bürgern und nerven Gemeindeverwaltungen mit Anträgen und Petitionen; sie versuchen, sich um Wohnungen und darum zu kümmern, daß die Mieten bezahlbar bleiben, sie kümmern sich um die Alten, die vielen Arbeitslosen, sie setzten sich für das Kaliwerk Bischofferode ein und nehmen Einfluß auf die Gemeinderatswahlen, wehren sich gegen die forcierten Privatisierungen und dagegen, daß alles schematisch über einen Leisten geschlagen wird. Bei den Kommunalwahlen im Juni 1994 hat ein Landesvorsitzender der Komitees ein Kreistagsmandat errungen. Das ist ein schweres Stück Arbeit, Arbeit, die die, denen dieses Land scheinbar gehört, die den Ton angeben, erheblich ärgert. Liest man freilich die "Programmatischen Thesen" z. B. der Berliner Komitees, trifft man auf ein Bündel idealer Maximalforderungen, die selbstgerechte Westmenschen schon ärgern können: Sollen die doch erst einmal selber die Ärmel hochkrempeln, wie wir das in den Westzonen in den ersten Nachkriegsjahren auch getan haben - und wie sich dergleichen Stammtischreden anhören mögen.

Da müssen die Komitee-Mitglieder schon ganz schön ausdauernd und mutig sein, wider den Stachel zu löcken und auch dann nicht aufzugeben, wenn zum Beispiel die Frankfurter Allgemeine Zeitung am 19. Mai 1994 im Leitartikel "Ein schöner Rechtsstaat" dagegen wettert, daß die, die in den ersten Besatzungsjahren im Osten enteignet wurden, ihre Grundstücke, Fabriken und Gewerbebetriebe nicht zurückbekommen sollen; altes Unrecht werde nicht gutgemacht, vielmehr werde neues Unrecht zugefügt: "Diejenigen ostdeutschen Parteipolitiker und Bürger, die sich so vehement gegen die Rückgabe wenden, und vor allem jene unter ihnen, die fast ein halbes Jahrhundert Unrechtsherrschaft hinter sich haben, müssen das Eigentumsrecht achten lernen." Den "Landsleuten in den neuen Bundesländern" müsse klar gemacht werden, "daß das Eigentumsrecht in dem Staat, dem auch sie jetzt angehören und dem sie angehören wollten, eine Säule der Rechts- und Gesellschaftsordnung ist". Für so viel FAZ-Gerechtigkeit werden wir die Komitees eine ganze Weile - und am liebsten noch einige mehr - brauchen.

Juni 1994

Steffanie Spira

Frage:

Frau Spira, Sie gehören zu den Erstunterzeichnern des Appells zur Gründung von Komitees für Gerechtigkeit. Wie kam es dazu, daß Sie diesen Appell unterzeichneten?

Antwort:

Es kam dazu, weil ich der Meinung war, daß man die Frage der Gerechtigkeit in einem bestimmten Zusammenhang mit den Ausschreitungen sehen mußte, die damals und danach vorkamen. Da mußte man sich einmischen. Da wollte ich durchaus dabei sein, wenn es um den Einsatz für die Bürger geht.

Frage:

Wie in Ihrem ganzen Leben?

Antwort:

Sagen wir, wie in diesem Jahr.

Frage:

Uns würde interessieren, hat Sie jemand direkt aufgefordert, zu den Erstunterzeichnern zu gehören, oder wie ergab sich das?

Antwort:

Das ergab sich so: Ich war irgendwo, da kam jemand auf mich zu und fragte, ob ich mich einschreiben wolle.

Frage:

Ist Ihnen bekannt, wie dieser Appell entstanden ist?

Antwort:

Nein.

Frage:

Wir wissen aus unseren Recherchen, daß der Appell damals sehr kräftige Reaktionen in der Öffentlichkeit auslöste . . .

Antwort:

Ja, er hatte kräftige Reaktionen, ja, durchaus.

Frage:

Fast alle politischen Parteien äußerten sich ablehnend. Wie erklären Sie sich diese ablehnende Reaktion?

Antwort:

Na, ich denke mir, daß leider, leider in dieser Zeit, in der wir jetzt leben, alles was - sagen wir mal - links gerichtet ist, sehr stark abgelehnt wird. Und zwar aus dem Grunde, weil der sozialistische Gedanke leider an Intensität und Aktualität verloren hat. Und da ist auch hier der Gedanke der Gemeinsamkeit zurückgegangen.

Frage:

Nun ist der Appell aber nicht ausgesprochen links; zu ihm könnten sich Menschen unterschiedlicher politischer Ansichten und weltanschaulicher Positionen durchaus bekennen, oder denken Sie anders darüber?

Antwort:

Man bildet ja kein Komitee für Gerechtigkeit, wenn da nicht so viel Ungerechtigkeit geschieht, nicht wahr? Und das macht eben die Menschen unglücklich. Da entscheiden sich viele politisch links. Und das kommt dann ans Tageslicht und wird von der Presse noch bedroht.

Frage:

Zwei Jahre sind vergangen . . .

Antwort:

Ja, ja natürlich, die Zeit vergeht.

Frage:

Von den Komitees, die sich damals - vor zwei Jahren - bildeten, sind noch immer viele - unseres Wissens 69 - aktiv tätig. Dennoch: der allgemeine Eindruck in der Öffentlichkeit ist, die Komitees seien sang- und klanglos verschwunden. Teilen Sie diesen Eindruck?

Antwort:

Ich glaube auch, daß sie von der öffentlichen Bildfläche verschwunden sind, auch weil wir nicht aktiviert worden sind, etwas für sie zu tun. Ich bin zwar gelegentlich eingeladen worden und da, wo ich hingegangen bin, waren die Leute auch interessiert. Aber sonst ist keiner an mich herangetreten. Das macht sich schon bemerkbar.

Frage:

Sie meinen also, die Komitees sind verschwunden?

Antwort:

Sie sind leise geworden.

Frage:

Um die Komitees ist es, wie Sie sagen, leise geworden. Haben die Komitees noch eine Perspektive?

Antwort:

Ich glaube ja. Aber im Moment ist nicht viel los.

Frage:

Meinen Sie, daß die Komitees einen Zweck erfüllt haben oder war das Ganze, wie in der Presse formuliert wurde, nur ein Flop?

Antwort:

Na, Flop - das ist vielleicht zu viel gesagt, das ist zu negativ ausgedrückt. Aber ich glaube, daß, als die Sache geboren wurde, sehr viel mehr Interesse als heute da war. Leider. Diese Komitees für Gerechtigkeit haben ja an und für sich eine echte Aufgabe, aber wenn sie nicht genutzt wird, stirbt sie.

Frage:

Wie erklären Sie sich, daß das Anliegen der Komitees nicht genügend zum Tragen kam?

Antwort:

Das kann daran liegen, daß Gelegenheiten verpaßt wurden, daß es beim Reden blieb, das Tun aber fehlte. Aus dem Sagen muß Handeln erwachsen, sonst wird nichts.

Frage:

Meinen Sie nicht, daß in den vergangenen zwei Jahren aber intensiv programmatisch gearbeitet wurde?

Antwort:

Doch, das meine ich schon, aber die Gelegenheit zum Handeln wurde nicht genutzt.

Interview vom 12. April 1994

Die Fragen stellten Hans-Joachim Fieber und Johannes Reichmann

Prof. Dr. Marie Veit

"Gerechtigkeit" - man sollte es nicht für möglich halten, aber dieser Begriff war in Westdeutschland zeitweise terrorismusverdächtig. Ich zitiere BILD, die wohl meistgelesene Zeitung, aus den späten siebziger Jahren (das genaue Datum der Ausgabe habe ich nicht mehr). Auf der ersten Seite, im unteren Drittel, also an einer Stelle, auf die der Blick rasch fällt, eine Überschrift: "Woran kann ich erkennen, ob mein Kind die Neigung hat, Terrorist zu werden?" Hintergrund war die Erkenntnis, daß die erste Generation der RAF großenteils aus gutbürgerlichen Elternhäusern stammte. BILD zählte Punkte auf; der zweite oder dritte davon lautete: "Wenn es sich in auffälliger Weise für Gerechtigkeit interessiert". Die Folge war z. B. die Beschwerde einer Mutter bei der Kirche, ihr Kind habe im Religionsunterricht von den biblischen Propheten gehört, die immer für Gerechtigkeit eingetreten seien; das dürfe nicht sein, die Kinder würden dann so leicht Terroristen! Auch der Konziliare Prozeß der weltweiten Christenheit, der ausdrücklich auf "Gerechtigkeit, Frieden und die Bewahrung der Schöpfung" zielt, erschien vielen verdächtig.

Und nun sollten also im Osten Deutschlands "Komitees für Gerechtigkeit" gegründet werden. Da ich mich von Anfang an bemüht hatte, möglichst viele Informationen über die tatsächlichen Vorgänge zwischen Elbe und Oder zu erhalten, wußte ich (im Unterschied zu sehr vielen im Westen), was lief. Betriebe, die schwarze Zahlen schrieben und sich sehr wohl hätten halten können, wurden durch die Treuhand an die Westkonkurrenz verkauft, die sie stillegte. Erst durch Bischofferode ist dies weiteren Kreisen in Westdeutschland bekannt geworden. Ich wußte auch, daß "Staatsnähe" ein Vorwurf war, der Leute, die niemandem einen Schaden zugefügt hatten, um ihre Stellen oder um einen Teil ihrer Rente brachte. Und ich wußte, welche verheerend unzulängliche Informationspolitik betrieben wurde. Die Gründe für die Ausmaße der Arbeitslosigkeit im Osten Deutschlands waren im Westen einfach nicht bekannt; vom Taxifahrer über die Verkäuferin bis zum Arzt wurde geschlossen, daß es sich einfach um Untüchtigkeit handle. Ich bemühte mich, in vielen Gesprächen an Hand von Beispielen deutlich zu machen, was wirklich lief, und solche Zeitungen bekannt zu machen, in denen man täglich oder wöchentlich darüber lesen konnte.

Am besten aber schien es mir zu sein, daß sich die Bürger Ostdeutschlands selbst hörbar zu Wort meldeten. Deshalb begrüßte ich es sehr, als die "Komitees für Gerechtigkeit" ins Leben gerufen wurden und war sogleich bereit, zu den Erstunterzeichnern zu gehören. Einmal fuhr ich dann auch zu einem Treffen der Erstunterzeichner nach Berlin.

Soviel ich danach noch erfahren habe, befassen sich die 80 - 90 Komitees, von denen ich hörte, hauptsächlich mit kommunalpolitischen Themen. Dies halte ich für sehr sinnvoll, denn im Nahbereich, wo jede(r) selbst sieht und beurteilen kann, was läuft, kann sich auch ein allgemein politisches Interesse und Urteil entwickeln. Und das ist der zweite Grund, aus dem ich die "Komitees" auch heute noch für eine gute Sache halte: Es geht nicht nur um bessere Information im Westen, sondern ebenso sehr um Mut zum eigenen Urteil, zur eigenen Geschichte und zur eigenen Würde im Osten. Darum: alles, was dem dient, ist zu unterstützen. So auch, nach wie vor, die "Komitees für Gerechtigkeit". Viele kleine Gruppen "unten" können auf die Dauer wirksamer sein als eine große, aber "abgehobene" Bewegung "oben".

August 1994

Gerhard Zwerenz

Der Osten den Hyänen?

Die Komitees sind nötig, weil die Vereinigung scheiterte. Das Scheitern war einprogrammiert. Wäre die Weltwirtschaft in Ordnung, ließe sich die Konjunktur mit den Milliardengeldern nach Osten bringen. Die Weltwirtschaft aber steckt zwischen Stagnation und Rezession. Also wird die Industrie im Osten wenig investieren, denn es locken keine Gewinne, weil die Abnehmer fehlen.

Unter Reagan und Bush rüsteten die USA die SU nieder und sich selber kaputt. Die Schulden der Reagan-Regierung belasten den nachfolgenden Präsidenten. Die Krise der USA steckte die ganze Welt an. Der Zusammenbruch der SU zieht die Zusammenbrüche der mit ihr verbunden gewesenen Staaten nach sich.

Als Gorbatschow und Kohl 1990 im Kaukasus die deutsche Einheit beschlossen, litten beide an romantischen Vorstellungen. Gorbatschow gedachte, die Marktwirtschaft in der SU "einzuführen", und erwartete von der BRD Hilfe. Kohl dachte an die großen Ostmärkte, die Großbetriebe in BRD und DDR würden, vereinigt, ausgelastet sein wie nie zuvor.

So folgten Gorbis und Kohls Täuschungen denen von Reagan und Bush. Denn die Marktwirtschaft läßt sich nicht "einführen". Sie bedarf, neben anderem, längerer Wachstumsprozesse.

Gorbis Fehlspekulation richtete die SU zugrunde, Kohls Währungsreform 1990 in der DDR gab Gorbi den Rest, denn Moskau besaß keine Valuta. Da der Osten also immer weniger in der DDR einkaufen konnte, brach den DDR-Lieferanten der größte und wichtigste Markt weg. Die Euphorie der Vereinigung im Oktober 1990 ließ es zu, daß diejenigen, die rechtzeitig warnten, als Pessimisten abgetan werden konnten. Wer hört schon gern auf Kassandra.

Die Lage ist inzwischen verfahren. Die Situation ernst. Die erhoffte Konjunktur in den fünf neuen Ländern bleibt aus, sie verflüchtigte sich auch noch in Westdeutschland, die ganze Welt ächzt krisengeschüttelt.

In den Ländern des besiegten Sowjetismus drohen Kriege und Bürgerkriege, während der Westen kaum noch Hilfe leisten kann, leidet er doch an seinen eigenen Krisen.

Ob die Komitees angesichts der erschreckenden Situation etwas tun können, bezweifle ich, denn die Makrostruktur ist vorgegeben. Vielleicht bessern sie die Mikrostruktur.

Die Komitees bieten Resignierten die Möglichkeit des Austauschs und der Artikulation eigener Befindlichkeiten. Diese Hilfe von den etablierten Parteien zu erwarten, weckte nur falsche Hoffnungen und machte den Bock zum Gärtner. Die Komitees sind ein Appell an die Resignierten, ihre Interessen wahrzunehmen.

Da die Bonner Parteien den vom Sozialismus in den Dreck gefahrenen Karren nicht, wie versprochen, herauszogen, sondern noch tiefer hineinlenkten, bleiben nur zwei Kräfte übrig - die Bürgerprotestler vom Herbst 1989 und die PDS. Indem die 1989er ihre Chance nicht erkannten, ergriffen Gysi und Diestel die Initiative.

Es mag sein, daß die PDS versucht ist, in den Komitees die dominierende Rolle zu übernehmen. Wer das nicht will, muß andere Kräfte dafür mobilisieren. Etwa den Diestel-Flügel. Ein aufgewecktes, dem Opportunismus abgeneigtes neues Bürgertum.

Zugleich können die Komitees für die PDS ein nützliches Arbeitsfeld sein, wo sich die Abkehr von der Diktatur exemplarisch nachweisen läßt. Jedenfalls sehe ich nicht, weshalb aufrechte PDSler in den Komitees sich enthalten und unsichtbar machen sollten, während altgediente Blockflöten in den Bonner Parteien, in Staat und Ländern sowie in den Kommunen ungebremste Karriere machen dürfen.

Die Komitees verstehe ich als erste Antworten auf die nicht nur wirtschaftlich mißlungene Einigung. Dem eingemeindeten Teilvolk wurde eine Vergangenheitsvernichtung verordnet, die den einzelnen Menschen zur Verachtung seines Lebensweges zwingt. Mag sein, derlei ist denkbar, bietet eine wahrhaftige, große und durchgreifende Revolution, ein anfeuernd neues Leben. Daran aber fehlte es. Zum wirtschaftlichen Versagen kam das revolutionäre. Die Parteistrukturen, den Ostdeutschen übergestülpt, obwohl sie im Westen längst wegen Abmattung hätten reformiert werden müssen, verurteilten die neuen Bürger zur Passivität und schadeten auch den Bürgerbewegungen.

Das Resultat wird mit unvermutetem Schrecken sichtbar. Die Ent-Industrielalisierung des Ostens mündet in seiner Sizilianisierung. Als erstes reagieren jugendliche Banden mit Asozialität, Kriminalität, nazistisch-rassistischer Regression. Kein Wunder, man nahm ihnen alles: Schule, Arbeit, Zukunftsaussichten. Ihre aus der Bahn geworfenen Eltern sehen sie nackt. Die Wünsche, gestern hochgeputscht, denaturieren zu Wutausbrüchen. Der Westen als Glücksverheißung, eben noch greifbar nahe, verkehrt sich zur Fratze. Als wahre Deutsche rächen die Kids sich an den noch Schwächeren.

Ob die Komitees dagegen ankommen? David gegen Goliath? Den Versuch ist es immerhin wert. Als Gewissenssache steht er über dem Realitätssinn, der einflüstert: Überlaßt diesen Osten den Hyänen. Sie sammeln sich schon in Scharen an.

Tatsächlich schickte die Marktwirtschaft seltsame Botschafter und Pioniere in die neuen Ostländer. Neben einigen tapfren Beamten und Politikern trabte eine Mannschaft von Abenteurern und Pleitegeiern an. Der Kampf um die besten Plätze wurde mit noch härteren Bandagen ausgetragen als im Westen. Eine aus Erfahrungsmangel wehrlose Bevölkerung wurde an den Rand gedrückt. Der Erfolg der Wessis ging mit der Niederlage der Ossis einher.

Das war von der Bonner Regierung nicht so gewollt, aber bewirkt worden. In dem Maße, in dem sich das ganze Programm als falsch herausstellte, wurde die Misere allgemein - und wieder muß gefragt werden, wie denn die Menschen in den Komitees daran was ändern können. Sie können es wohl wirklich nur, wenn sie ungescheut, unabweisbar, so leise wie laut und energisch wie glasklar ihr Bürgerrecht auf Selbstbestimmung einfordern und sich standhaft, charakterfest und solidarisch weigern, zu Staatsbürgern zweiter Klasse degradiert zu werden.

Bonn hatte die Einigung stets vage versprochen. Eine falsch angesetzte Politik sucht die Realisation nun in die unbestimmte Länge und gar auf den Sanktnimmerleinstag zu verschieben. Ich erwarte von den Komitees, daß sie die Gegenrechnung aufmachen, im Detail, und stets auf unser gemeinsames Grundgesetz bezogen.

1992/1994

Vierter Teil

Interview mit dem Bundesgeschäftsführer der "Komitees für Gerechtigkeit" Dr. Volker Steinke

Interview mit dem Bundesgeschäftsführer der "Komitees für Gerechtigkeit" Dr. Volker Steinke

Frage:

Herr Dr. Steinke, was war das Anliegen des Appells zur Gründung von Komitees für Gerechtigkeit?

Antwort:

Zunächst möchte ich eine Vorbemerkung machen. Wir sprechen heute, gut zwei Jahre nach dem Gründungsappell, über die Komitees für Gerechtigkeit. Natürlich ist das, was ich Ihnen sage, geprägt aus dieser rund zweijährigen Erfahrung, und manches, was damals sicherlich das Anliegen zur Gründung von Komitees für Gerechtigkeit betraf, hat sich heute relativiert.

Nach meiner Auffassung ging es damals darum, daß, rund eineinhalb Jahre nach der deutsch-deutschen Vereinigung, oder man muß eigentlich sagen, nach dem Anschluß der DDR an die BRD, das erste große Tief der Einheitseuphorie bei großen Teilen der Bevölkerung, vor allem in der ehemaligen DDR, zu verzeichnen war. Das, was man mit Freude, mit Schwung in die Einheit einzubringen gedachte, war nun, wie sich abzeichnete, nicht mehr zu erreichen. Viele, die in der ehemaligen DDR auf die Straße gegangen waren, und das waren ja doch weit mehr als eine Million Bürger, hatten ja die Hoffnung, daß das, was in der DDR gut war, und das, was in der BRD sich bewährt hatte, zu vereinigen war, und in diesem Sinne ein neues Deutschland möglich wäre. Eineinhalb Jahre nach dieser Vereinigung, dem Anschluß vom 3. Oktober 1990, waren die Illusionen bei vielen Bürgern weitgehend begraben, und das, was sich bis dahin an Realität vollzogen hatte, entsprach eben nicht den Erwartungen nach gleichberechtigter Aufnahme in diesem neuen Deutschland, nach Anerkennung einer Lebensleistung, egal wie man sie erst einmal bewerten will, nach neuem Gemeinsamen in einem Europa, das nun nicht mehr von der Konfrontation von Blöcken gekennzeichnet war. Hinzu kam, daß insbesondere durch die sich damals schon in hohem Maße abzeichnende verheerende Politik der Treuhand der wirtschaftliche Zusammenbruch im Osten schon weitgehend vollzogen war, die Zahl der Arbeitslosen anwuchs, die Ostindustrie damals schon fast völlig plattgemacht war und anderes mehr. Das hatte doch bei den Menschen zu einer Desillusionierung geführt, was zunehmend sich auch artikulierte in dem Versuch, in verschiedenen Formen Bürgerbewegung wieder aufleben zu lassen. Und in dieses Vakuum, wenn man so will, stieß der Appell zur Gründung von Komitees für Gerechtigkeit.

Die Verfasser dieses Gründungsappells griffen ja solche Stimmungen und Meinungen auf, die ich schon kurz geschildert habe. Sie haben im Grunde nichts weiter getan, als aufzufordern, den Vereinigungsprozeß tatsächlich aktiv zu gestalten im Interesse der Bürger der alten wie der neuen Bundesländer. Insofern haben die ersten Unterzeichner eine ganze Reihe von Forderungen aufgegriffen, die die Bürgerbewegungen in den alten Bundesländern, die Grünen, aber auch Teile der SPD und andere demokratische Kräfte in der BRD sowie die Bürgerbewegten in der ehemaligen DDR auf ihre Fahnen geschrieben hatten, wie ökologischer Umbau der Wirtschaft, Sicherung des Sozialstaates und solche Forderungen, die im Grunde in der alten BRD seit den "Achtundsechzigern" bestehen, und die in der DDR in hohem Maße von Bürgerbewegungen wie dem "Neuen Forum", der "Initiative für Frieden und Menschenrechte", "Demokratie jetzt" und anderen, aber auch von oppositionellen, reformfreudigen Kräften in der SED gefordert worden waren. Wenn man so will, faßt eigentlich der Gründungsappell eine Reihe dieser Dinge auf einem anderen Niveau zusammen, nämlich nun mit dem Versuch, in dem vereinigten Deutschland solche demokratischen, humanistischen Forderungen und Anliegen tatsächlich zu vollziehen - auf der Basis des Einigungsvertrages. Dieser Gründungsappell greift auf eine ganze Reihe Festlegungen und Forderungen zurück, wie sie im Einigungsvertrag ja enthalten sind, und setzt sich letztendlich, ich sage es mal in Anführungszeichen, "nur" für die volle Realisierung und Umsetzung dieses Einigungsvertrages ein. Insofern ist eben dieser Gründungsappell auch kein Dokument der Spaltung - das ist ja oft von Kritikern dieser Komitees gesagt worden -, sondern eigentlich ein Appell an das Gewissen der Politiker, die diesen Einigungsvertrag ausgehandelt haben und die ihn nun im vereinigten Deutschland umzusetzen haben. Denn vieles von dem, was sich in den neuen Bundesländern abspielte und abspielt, ist ja eigentlich nur eine Art Vorspiel, Auftakt für Dinge, die sich auch in den alten Bundesländern vollziehen und erst recht vollziehen werden.

Wenn ich an die Fragen des Sozialabbaus, die zunehmende Zahl von Arbeitslosen und anderes mehr denke, dann ist natürlich auch dieser Appell zur Gründung von Komitees für Gerechtigkeit eine Art Warnsignal gewesen, daß das, was in einem vereinigten Deutschland möglich ist, nicht verspielt wird durch machtpolitische Interessen einzelner Parteien und einzelner Politiker. Insofern, denke ich, war das Anliegen des Appells zur Gründung von Komitees für Gerechtigkeit vor allem eben, aufmerksam zu machen nach eineinhalb Jahren des Vollzugs der Vereinigung, daß noch vieles zu retten ist, in ordentliche Gleise zu geleiten ist und daß das natürlich vor allem des tätigen Mittuns des einzelnen Bürgers bedarf. Insofern stieß dieser Gründungsappell sicherlich auch in eine Zeit fruchtbaren Resonierens, denn es mehrten sich gerade im Sommer 1992, vor allem in den neuen Bundesländern, Stimmen, die nach der Gründung einer eigenen Ostpartei riefen. Damals wurde die Presse von diesem Thema sehr beherrscht. In diesem Sinne war eigentlich dieser Gründungsappell auch eine Gegenreaktion zu einer solchen Ostpartei. Aus heutiger Sicht meine ich, daß die regionalen Probleme im Osten eine andere Qualität haben als ähnlich gelagerte Probleme im Westen und sie sicherlich auch regional unterschiedlich gelöst werden können. Im Sommer 1992 war wohl die

Situation eindeutig so, daß eine wachsende Zahl von Bürgerinnen und Bürgern, vor allem im Osten, nachdem die Einheitseuphorie verloschen war, sich zunehmend aufgeschlossener nach Möglichkeiten einer neuen Bürgerbewegung umsah. Insofern ist es vielleicht auch interessant, wenn man sieht, wer sich dann dem Appell zur Gründung von Komitees angeschlossen hat. Das waren wohl in der Mehrheit Bürgerinnen und Bürger, die zu DDR-Zeiten Mitglieder von Blockparteien und der SED waren, die dann aus sehr verschiedenen, verständlichen Gründen sich aus aktiver gesellschaftlicher Arbeit zurückgezogen hatten, die aber nach eineinhalb Jahren Untätigsein, Inaktivität offensichtlich zu der Auffassung gelangten, man muß etwas tun, um die Schieflage des Einigungsprozesses zu korrigieren. Deshalb ist es nach meiner Auffassung, nach meinem Überblick so, daß in die Komitees für Gerechtigkeit damals sehr viele ehemalige Mitglieder der SED und der Blockparteien gekommen sind, die nicht den Schritt in die PDS oder andere neue Parteien gegangen sind, die bis heute parteilos geblieben sind, die aber in diesen Komitees ein mögliches Betätigungsfeld gesehen haben, zumal ja eben der Gründungsappell ureigenste Interessen der Bürgerinnen und Bürger im Osten, aber auch im Westen, aufgegriffen hat.

Frage:

Kamen dazu nicht auch wenige Persönlichkeiten aus den alten Bundesländern? Es waren doch nicht nur Ostdeutsche, die diesen Appell unterschrieben, wenn man sich die Liste der Erstunterzeichner anschaut.

Antwort:

Da haben Sie recht. Wenn man die Liste anschaut, sieht man, daß mehr als ein Drittel der Unterzeichnerinnen und Unterzeichner aus den alten Bundesländern gekommen ist. Ich habe nicht umsonst am Beginn meiner Antwort auf die "Achtundsechziger-Bewegung" verwiesen und andere demokratische Traditionen, auch auf die Friedensbewegung, die Antiatomkraftbewegung und anderes aus der alten BRD. Und wenn man sich also die Namen der Unterzeichner wie Prof. Dorothee Sölle, Franz-Josef Degenhardt, Prof. Wolfgang Fritz Haug und andere anschaut - Dieter Lattmann nicht zu vergessen -, da sind es eigentlich solche Aktivisten der Bürger- und Friedensbewegungen der BRD, die eigentlich auf die Grundprobleme, auf die dieser Appell aufmerksam macht, schon mindestens seit 20 Jahren in der alten BRD in ähnlicher Form aufmerksam gemacht haben, und es im Grunde ja auch Anliegen dieses Appells ist, nicht nur aus einer engen Sicht den Vereinigungsprozeß gerade zu biegen, sondern eigentlich weitergehende Ansprüche, fast schon Ideale, zum Ausdruck zu bringen, die natürlich bei einem solchen tiefgreifenden gesellschaftlichen Einschnitt, wie es eben diese Vereinigung zwischen beiden deutschen Staaten war, anders zur Durchsetzung zu bringen sind. Ich glaube, deshalb haben diese Erstunterzeichner mit Vehemenz diesen Appell unterstützt. Das ist auch ein Beispiel dafür, daß es eben keine einseitige ostdeutsche

Bewegung war und ist. Und es gibt ja auch bis heute in den alten Bundesländern Komitees bzw. Unterstützerinitiativen, die maßgeblich von diesen Erstunterzeichnern, die aus den alten Bundesländern kommen, getragen werden. Sicherlich ist die Resonanz in den alten Ländern geringer. Das hat viele Ursachen, nicht zuletzt historische, aber da ist vielleicht an anderer Stelle der Platz, darüber etwas zu sagen.

Frage:

Wir möchten auf eine Bemerkung zurückgreifen, die Sie soeben ausgeführt haben. Sie sagten, daß der Appell unter anderem auch eine Gegenreaktion auf Vorstellungen zur Bildung einer Ostpartei war. Aus Dokumenten ist uns bekannt, daß die Parteifrage auch nach der Gründung der Komitees - und zwar mindestens bis zum 1. bundesweiten Treffen der Komiteevertreter im August 1992 - diskutiert und offenbar wohl erst dort ziemlich eindeutig abschlägig beschieden wurde. Kann man daraus den Schluß ziehen, daß auch Unterzeichner des Appells der Vorstellung anhingen, aus der Komiteebewegung würde sich eine spezielle Ostpartei oder eine Partei, die insbesondere die Interessen der ostdeutschen Bevölkerung vertritt, ergeben?

Antwort:

Es ist ja sicherlich bekannt, daß Stefan Heym, Gregor Gysi und Peter-Michael Diestel eigentlich die Ideengeber dieser Komitees für Gerechtigkeit sind. Von Stefan Heym stammt die Idee und auch der Name. Er griff da auf Komitees für Gerechtigkeit, die es schon einmal, nämlich in der französischen Revolution, gegeben hat, zurück und schlug in Erinnerung an diese positive Tradition der französischen Revolution diesen Namen vor. Und es ist auch bekannt, daß Peter-Michael Diestel durchaus ein Anhänger der Gründung einer Ostpartei, oder wie immer sie auch geheißen hätte, war. Im Vorfeld sind eigentlich diese Diskussionen um eine Parteigründung weitgehend ausgeräumt worden, verbunden mit dem Kompromiß, zu sehen, was wird, wer wird in die Komitees kommen, wie wird dieser Gedanke überhaupt greifen, ist er tragfähig, wird er wirklich Massen anziehen, um dann gegebenenfalls auch über die Meinung derer, die in diesen Komitees mitarbeiten, den Gedanken einer Partei wieder aufzugreifen oder, bitteschön, neu zu diskutieren. Fest steht, daß von Anfang an die große Mehrzahl der Erstunterzeichnerinnen und -unterzeichner dem Gedanken einer Parteigründung ablehnend gegenübergestanden hat, und sogar viele ihre Unterschrift, u. a. auch Heinrich Fink, Dieter Hildebrandt, Dieter Lattmann, Dorothee Sölle und andere, davon abhängig gemacht haben, daß es keine Partei wird. Und das war auch wohl, wenn man sich die nach der Gründung stattgefundenen Versammlungen, Gründungsinitiativen usw. in Erinnerung ruft, der übergreifende Gedanke derer, die in die Komitees gekommen sind. Sie wollten keine Partei gründen und vor allem basisdemokratisch organisiert sein. Gerade die Diskussion, welche Struktur die Komitees finden sollten, um überhaupt wirksam zu werden, überregional wirksam werden zu können, hat ja die Gründungsphase der Komitees recht stark belastet. Es wurde also mehr über Strukturen und Basisdemokratie diskutiert, als darüber, wie kann man die Inhalte, die der Gründungsappell ja aufzeigt, umsetzen, wirksam machen, was ist gegen die Mißstände, die der Appell benennt, zu tun. Aus der Erfahrung von zwei Jahren Komitees stelle ich auch fest, daß all jene, die damals vehement diesen basisdemokratischen Touch in die Komitees brachten, heute in ihnen nicht mehr aktiv sind. Sie sind im Grunde, wie es Brecht mal gesagt hat, an den Mühen der Ebenen gescheitert. Die viele, viele Kleinarbeit, die mit solchen Bürgerbewegungen zusammenhängt, haben sie im Grunde nicht überstanden. Das hat bei einer ganzen Reihe von Leuten dazu geführt zu sagen, vielleicht hätten wir doch eine Partei gründen sollen. Eine Partei hat zumindest traditionelle Strukturen, die in dieser Gesellschaft, die vorwiegend ja von Parteien dominiert wird, vielleicht eine andere Chance gehabt hätte. Aber das ist natürlich schon eine Sache, die man fast ins Reich der Spekulationen verweisen kann. Ich sage das nur zur Illustration, daß diese Diskussion, Partei "ja oder nein", immer eine Rolle gespielt hat, aber es eben Konsens in den Komitees war, Bürgerbewegung bleiben zu wollen, und das hat sich bis auf den heutigen Tag so erhalten. Natürlich sucht man nach Möglichkeiten direkterer Einflußnahme und bedient sich damit auch in bestimmter Weise der verschiedensten Parteien, insbesondere natürlich im Wahljahr 1994.

Frage:

Bereits im Vorfeld der Veröffentlichung des Appells zur Gründung von Komitees für Gerechtigkeit, aber dann auch danach, gab es eine außerordentlich heftige Reaktion vor allem in den Medien, die, um es ganz vorsichtig auszudrücken, nicht sehr freundlich gegenüber dem Komiteegedanken war. Wie erklären Sie sich die zumeist ablehnende Reaktion?

Antwort:

Wenn man sich die Liste der Erstunterzeichnerinnen und Erstunterzeichner anschaut, kann man es drehen und wenden wie man will, es sind in der übergroßen Mehrheit Leute, die eine zumindest linksdemokratische politische Haltung in ihrem gesamten politischen Leben an den Tag gelegt haben. Und das in einer Zeit, da der Anschluß der DDR an die BRD erst eineinhalb Jahre vollzogen war, die CDU und der Bundeskanzler Kohl noch im Hochgefühl ihres vermeintlich historischen Sieges waren, melden sich da Intellektuelle, und es sind ja fast alles, mit wenigen Ausnahmen, Intellektuelle, die ohnehin in diesem Deutschland nicht sehr geliebt sind, zu Wort und kritisieren vehement den Verlauf des Einigungsprozesses. Und noch dazu mit Leuten wie Gregor Gysi, der ja ohnehin als ungeliebter Sprecher der PDS im Bundestag schon für viele Auftritte gesorgt hatte, die der Bundesregierung gar nicht gefallen haben. Dazu Stefan Heym, der auf seine Weise eine Art Politprofi ist, Peter-Michael Diestel, der als Rebell der CDU in seinen eigenen Reihen nicht nur Sympathie empfängt.

Dann hat es natürlich in den Medien Verlautbarungen gegeben, die, und da kann man auch sagen, was man will, an ein abgestimmtes Vorgehen erinnern, wie wir das zu DDR-Zeiten auf unselige Weise erfahren haben. Ich denke, es gab da schon ein abgestimmtes Vorgehen und den bewußten Versuch, eine solche Bürgerregung im Keime zu ersticken. Natürlich spielte auch eine Rolle, denke ich, daß das im sogenannten Sommerloch geschehen ist, und die Medien gierig waren auf das, was aus dem Osten kam: Nicht nur irgendwelche Schreckensmeldungen hinsichtlich des Plattmachens von Betrieben, Massenarbeitslosigkeit, Zerstören der LPG und anderes mehr, sondern daß sich hier eigentlich zum ersten Mal etwas umfänglicher tatsächlicher Widerstand regte. Widerstand aber nicht im Sinne von totaler Konfrontation, sondern Widerstand, der über konstruktive Kritik Bürger anregen wollte, sich einzubringen in eine echte demokratische Gestaltung des Einigungsprozesses. Und das ist, denke ich, seit Jahren in dieser BRD nicht mehr passiert.

Dabei vergesse ich nicht, daß es der gegenwärtigen Bundesregierung wieder gelungen ist, nach dem Prinzip "teile und herrsche" bestimmte kritische Stimmungen und Meinungen, sowie sie sich andeuteten, umzubiegen. Man verlängerte bestimmte Sonderregelungen und ähnliches mehr einfach kurzzeitig, um so einem bestimmten Protest die Spitze abzubrechen und damit zu verhindern, daß sich größere Massenbewegungen formieren konnten. Denn ich erinnere daran, daß im Grunde in jedem Sommer im Osten vom bevorstehenden heißen Herbst gesprochen wurde, und man immer mit größeren Massenprotesten von Werktätigen rechnete. Das alles ist im Grunde ausgeblieben.

Die Komitees haben, wenn man so will, noch einmal ein breites Diskussionsangebot gemacht und eine Organisationsmöglichkeit angeboten. Das ist damals sicherlich recht euphorisch aufgegriffen worden, aber nicht in dem erhofften und vielleicht sogar auch erwarteten Umfang, gemessen an der Tiefe der Probleme, die vor den Bürgerinnen und Bürgern, vor allem im Osten Deutschlands, standen und stehen.

Frage:

Sie haben jetzt über die Medien gesprochen. Erstaunlich ist doch folgendes: Die etablierten politischen Parteien haben nach unserer Kenntnis durchaus im Sommer 1992 die Massenunzufriedenheit, Massenunruhe hier im Osten wahrgenommen. Da konnte man doch annehmen, daß sie eine solche Bewegung wie die Komiteebewegung, die überparteilich sein wollte und Angebote zu einer demokratischen Konfliktbewältigung unterbreitete, aufgriffen und sich ihrer bedienten. Dies ist, nach unserer Kenntnis mit Ausnahme der PDS, die der Bewegung ihre Unterstützung zugesagt hat, nicht geschehen. Alle anderen Parteien haben sich ferngehalten. Wie erklären Sie sich das?

Antwort:

Ich kann Ihre Auffassung so nicht ganz teilen. Ich denke, gerade die Aufregungen um die Gründung, um die Gründungszeit herum haben dazu geführt, daß doch die etablierten Parteien wie CDU, CSU, SPD, FDP und auch die Grünen sich zumindest in Worten erst einmal den Problemen wieder angenommen haben. Sie haben auch mit ihrer ablehnenden Reaktion indirekt anerkannt, daß die Probleme erst einmal existieren. Ich erinnere nur daran, daß Biedenkopf, der sächsische CDU-Ministerpräsident, unmittelbar nach der Bildung von Komitees erklärt hat, die sächsische Landesregierung ist das Komitees für Gerechtigkeit, wir sehen die Probleme und nehmen sie auf. Nachdem man so aufgeregt reagiert hatte, mußte man, egal, aus welcher politischen Richtung man kam, in gewisser Weise anerkennen, daß man sich nicht genügend diesen Problemen gestellt hat. Das ist Punkt 1. Punkt 2 ist sicherlich darin zu sehen: Ein Ergebnis dieser Komitees ist ja wohl auch, daß sich Landesregierungen wie Bundesregierung direkt und indirekt bestimmter Forderungen annehmen mußten, und ich sage mal, der Druck, der neben anderen auch aus den Komitees gekommen ist, sich positiv auswirkte. Wie meine ich das? Ich erinnere an solche Aktionen wie in Dresden, wo Unterschriftensammlungen durchgeführt wurden, um ein städtisches bzw. Landessonderwohngeld zu erreichen, was, nachdem man über 40tausend Unterschriften in Dresden gesammelt hatte, letztlich auch erreicht worden ist. Eine Situation, wie sie sich in Parlamenten heute, vor allem im Osten, wiederholt abspielt. Konstruktive Vorschläge, wenn sie von der PDS kommen, werden abgeblockt und tauchen nach längerer Zeit als Vorschläge der "Grünen" oder der SPD oder auch sogar der CDU wieder auf und werden letztlich in Gesetzesform gekleidet. Man kann durchaus nachweisen, wie konkrete Forderungen, die im Komiteeappell enthalten sind, letztendlich dann doch irgendwie zum Durchbruch gekommen sind. Das sollte man nicht vergessen. Insofern glaube ich schon, daß der Appell und das, was die Komitees seither getan haben, in einigen Parteien zumindest zu einem gewissen Nachdenken angeregt haben, und damit auch die Komitees bestimmte positive Dinge mit befördert haben, wenn auch nicht der direkte Nachweis gegeben ist, daß das nun ausschließlich auf ihr Wirken hin geschehen ist, was ja auch im Grunde völlig unwichtig wäre. Es ist eine Bürgerbewegung, die nicht im Interesse ihrer eigenen Komitees arbeitet, sondern im Interesse der Bürgerinnen und Bürger in beiden Teilen Deutschlands. Und daher ist es unerheblich, darauf zu bestehen und zu betonen, das stammt von uns, das haben wir eingebracht. Das muß also zweitrangig sein. Insofern glaube ich schon, daß die etablierten Parteien aufgeschreckt waren, in gewisser Weise auch noch sind. Ich erinnere daran, daß die CDU auf ihrem Düsseldorfer Parteitag im Oktober 1992 sogar einen Beschluß gefaßt hat, daß Mitarbeit in den Komitees unvereinbar sei mit der Mitgliedschaft in der CDU. Wir haben das immer scherzhaft eine Lex Diestel genannt. Sie war sicherlich auch im wesentlichen gegen ihn gerichtet, aber die Praxis zeigt, daß ein solcher Parteibeschluß, wie wir es zur Genüge noch aus DDR-Zeiten kennen, keine Wirkung hatte. Ich kann mit Freude sagen, daß auch Mitglieder der CDU aktiv in den Komitees mitarbeiten, indem sie einfach Bürgerinteressen über Parteiinteressen stellen. Das ist auch ein positives Ergebnis des Gründungsappells, der stets betont hat, nicht Parteiinteressen zu verfolgen, sondern die Interessen der einfachen Bürgerinnen und Bürger.

Frage:

Der Appell wurde am 11. Juli 1992 der Öffentlichkeit übergeben. Nach seiner Veröffentlichung gab es heftige Reaktionen in der Öffentlichkeit, positive und negative Reaktionen. In schneller Folge entstanden Komitees. Es gab Sympathieerklärungen, es gab Bereitschaftserklärungen, die Komitees zu unterstützen, und anderes mehr. Es gab Reaktionen in den Medien. Wir haben darüber gesprochen. Kurz gesagt: etwa bis September/Oktober 1992 waren die Komitees mehr oder weniger in aller Munde. Und dann ist das Thema so ziemlich abrupt weg. Man spricht kaum noch über die Komitees, man findet in den Massenmedien kaum noch Notizen, es sei denn, es hat eine zentrale Zusammenkunft der Komitees stattgefunden, und man berichtet darüber. Aber im großen und ganzen ist das Thema Komiteebewegung beendet. Wie erklären Sie sich diesen abrupten Wechsel?

Antwort:

Die Hauptursache liegt sicherlich darin, daß der Erwartungsdruck, der im Grunde auch durch die Medienberichte im Vorfeld erzeugt worden war, nicht aufgegangen ist, daß trotz aller positiven Aufnahme des Gründungsappells und der damals recht zahlreich erfolgten Gründungen von Komitees doch nicht die Massenbewegung, ich sage das im positiven Sinne, entstanden ist, die eventuell zu erwarten gewesen wäre. Dann läßt natürlich ganz normalerweise ein Medieninteresse nach. Zugleich meine ich aber auch, daß das etwas damit zu tun hat, daß halt diese Komitees von der offiziellen Bundesrepublik nicht geliebt waren und demzufolge auch in den Medien einfach zum Teil nicht mehr vorkommen durften. Ich erinnere daran, die "Berliner Zeitung" betitelte einen ihrer Artikel damals mit der Überschrift: "Der Kanzler kann wieder ganz ruhig schlafen." Und das ist ja ein bißchen auch Selbstentlarvung. Die Angst war groß. Die Durchschlagskraft, die eine solche Bürgerbewegung erlangen muß, ist nicht erreicht worden, so daß man am Rhein wieder zum normalen Regierungsalltag übergehen konnte. Das führte sicher ganz zwangsläufig dazu, daß die Medien zurückhaltender wurden.

Hinzu kommt auch, daß die Vorbereitung, die organisatorische, inhaltliche, materielle, finanzielle Vorbereitung dieser Bürgerbewegung nicht adäquat den Aufgaben gewesen ist, die sie sich im Appell gestellt hat. Diejenigen, die im Grunde die Arbeit der Koordinierung ehrenamtlich geleitet haben, haben sich erst mit dem Tag der Vorstellung des Gründungsappells zur Verfügung gestellt, ausgenommen die Initiatoren Diestel, Heym, Gysi und ein/zwei Helfer. Vieles ist erst mit dem Tag des Gründungsappells in Angriff genommen worden: Die gesamte Vernetzung der Gründungsinitiativen, die Herausgabe von Informationsmaterialien, die Verbreitung des Appells, die Möglichkeit, eine eigene Zeitung, zumindest kurzzeitig, herauszugeben. Das sind alles Dinge gewesen, die nicht "generalstabsmäßig" vorbereitet waren. Und hier sage ich auch mal: in einer Gesellschaft wie der BRD, wo doch fast alles vom Geld abhängt, auch eine Bürgerbewegung, so gut sie auch gemeint ist, ohne Geld nicht existieren kann. So haben die Komitees ihre Arbeit bis zum heutigen Tag ausschließlich mit Spenden finanziert, und sie sind bis heute ganz stark darauf angewiesen. Der Etat, der damals in den ersten Gründungswochen zur Verfügung stand, also das, was durch Spenden hereingekommen war, umfaßte etwa 35 bis 40 Tausend DM. Das ist nach Maßstäben dieser Gesellschaft eigentlich ein Klacks. Und wir haben in dieser Koordinierungsstelle, die im Grunde die Sache von Anfang an organisiert hat, auch eine ganze Reihe Mitarbeiterinnen und Mitarbeiter aus den alten Bundesländern gehabt - aus Westberlin, aus Hamburg, aus München -, die im Grunde unseren Idealismus bewunderten und dadurch Antrieb für ihre Tätigkeit, für ihr Handeln, erhielten, weil nach ihren Erfahrungen in der alten BRD mit diesen Mitteln, diesen Voraussetzungen eine Bewegung einfach von vornherein zum Scheitern verurteilt gewesen wäre. Ich erinnere mich gut an einen Mitarbeiter, der viele Jahre bei den "Grünen" gearbeitet hatte, der sagte, nach vier Wochen wären die Gründungsinitiatoren noch mal zusammengekommen und hätten feststellen müssen, daß sie sich zwar redlich bemüht haben, das Anliegen durchaus ehrenwert ist und auch auf fruchtbaren Boden fällt, aber da die Massen ausbleiben, das Geld ausbleibt, nur noch eine abschließende Ehrenerklärung übrigbliebe. Im Osten lief das alles ganz anders. Dort gab es, und das war, glaube ich, auch Antrieb für viele weiterzumachen, so eine Art Beharrungsvermögen eben der "Ossis", die, wenn sie irgend etwas erst einmal in Angriff genommen haben, mit List und Tücke, mit Erinnerung an ihre DDR-Erfahrungen, wo auch das meiste nicht ohne Widerstände ging, einfach an dieser Idee drangeblieben sind und Stück für Stück einiges auf die Beine gebracht haben. Aber letztlich doch nicht in dem erforderlichen Maße. Insofern glaube ich, liegt auch ein Grund dafür, daß es nicht zu einer größeren, umfassenderen Bürgerbewegung gekommen ist, in einer ungenügenden inhaltlichen, sachlichen Vorbereitung und in einem kaum abgesprochenen, geplanten Vorgehen, wie, wohin, mit wem man will. Ich denke schon, daß das auch eine Ursache ist für die letztendlich relativ geringe Resonanz der Komitees insgesamt.

Frage:

Heißt das, daß der Appell und dann die Gründung der Komitees zu überstürzt kamen? Soll man, den Schluß ziehen, daß es doch notwendig ist, eine solche Bewegung sehr gründlich vorher vorzubereiten, ehe man in die Öffentlichkeit tritt?

Antwort:

Wenn man den Problemstau betrachtet, dann war es sicherlich keinen Tag zu früh. Und das ist sicherlich auch der Hauptantrieb gewesen, sich diesen Dingen überhaupt zu stellen, darüber nachzudenken. Aber andererseits gab es sicherlich auch eine gewisse Überschätzung der Stimmungslage und der Bereitschaft größerer Teile der Bevölkerung, sich wieder aktiv einzubringen. Ich meine, hier hat man a) negative DDR-Erfahrungen unterschätzt und b) nicht genügend in Rechnung gestellt, daß es in der DDR eine ausgesprochene Vertretungsmentalität gab. Im Grunde: die da oben werden es schon richten. Es gab in der DDR natürlich, da kann man sagen, was man will, viele ehrenamtliche Gremien - Sportverbände, Kleingartenverbände und andere Gremien -, wo ja tatsächlich was von vielen Leuten erreicht worden ist, wenn auch sicherlich nur im Kleinen. Aber letztlich waren es immer die Wenigen, die Einzelnen, die wichtige Dinge versucht haben durchzusetzen. Sehr viele resignierten, meinten, was noch negativer ist, ich kann ohnehin nichts verändern. Ich glaube, daß gerade diese Haltung auch in diesem neuen, alten Staat BRD negativ nachwirkt und im Grunde auch oder bei großen Teilen der Bevölkerung so eine Abwartehaltung da war, mal sehen, was daraus wird. Und die, die damals in die Komitees gegangen sind und das Heft des Handelns in die Hand genommen haben, die haben vielleicht zu wenig getan, konnten vielleicht auch zu wenig tun, um ihre Vorstellungen, den Appell selbst und darauf beruhende konkrete Aktionen publik zu machen. Die Medien standen uns relativ ablehnend gegenüber. Der Versuch, eine eigene Zeitung herauszugeben, hatte nur kurzzeitig Erfolg. Mangels Geld mußte der wieder aufgegeben werden. Und selbst, als es sie gab, war es außerordentlich kompliziert, sie unter die Leute zu bringen. Es gab kein Vertriebsnetz und nur geringe Möglichkeiten, sie zu verbreiten. Auch das mußte von wenigen Leuten übers ganze Land hin organisiert werden, so daß eigentlich die absolut positive Idee und deren Inhalte bis auf den heutigen Tag nicht in dem Maße bekannt sind. Das muß man sehen. Heute ist man natürlich viel schlauer, aber dafür haben wir heute noch weniger Geld und noch weniger Möglichkeiten, obwohl natürlich Landesverbände bestehen. Wir waren den Umgang mit den Medien nicht gewohnt. Hier spielt sicherlich auch eine Rolle, daß man auch, noch aus DDR-Vergangenheit herrührend, der Auffassung war, ich schreibe einen Bericht, ich informiere die Medien und schon kommt es. Heute muß man eine ganz andere Medienpolitik machen. Man kommt vor allem dann in die Medien, wenn man spektakuläre Aktionen plant, durchführt, und Dinge tut, die an Medieninteressen anknüpfen. Es ist sicherlich auch nicht in dem Maße verstanden worden, es so zu organisieren, daß über die Medien einfach mehr Notiz von den Komitees für Gerechtigkeit genommen werden mußte. Ja, und so denke ich, gibt es schon eine ganze Reihe von Gründen, daß nicht mehr aus den Komitees geworden ist. Nur, wenn ich das noch mal so deutlich als Kontrapunkt setzen darf, denn ich selbst habe jetzt mehrfach doch relativ bedrückt über die Komitees geredet: daß heute, 1994, überhaupt in dieser BRD noch rund 60 bis 65 Komitees, drei Landesverbände existieren mit ca. 6000 bis 8000 Mitgliedern ist erst einmal schon eindeutig auf der Habenseite zu verbuchen, wenn man bedenkt , daß die 1989 angetretenen Bürgerbewegungen "Neues Forum", "Demokratie jetzt" und andere heute nur noch über wenig mehr als 2000 bis 3000 Mitglieder verfügen. Wir können eigentlich mit Fug und Recht behaupten, daß die Komitees für Gerechtigkeit zumindest im Osten die größte Bürgerbewegung sind. Damit wollen wir nicht anderen das Wasser abgraben, aber ich denke, es gehört einfach auch zur Fairneß, das eindeutig festzustellen. Ich glaube schon, daß die Komitees für Gerechtigkeit auf der Habenseite zu verbuchen sind, wenngleich man natürlich weiter darüber nachdenken muß, welche Perspektive sie haben, wie sie sich konkret einbringen können in gesellschaftliche Prozesse in allen Teilen Deutschlands.

Frage:

Sie haben recht ausführlich ihre Auffassung dargelegt über das, was die Komitees gebracht haben. Dennoch möchten wir Sie bitten: Könnten Sie noch einmal komprimiert sagen, worin Sie die hauptsächliche Leistung dieser Komiteebewegung heute, nach zwei Jahren, sehen?

Antwort:

Ich denke erst einmal, daß das Hauptverdienst der Komitees und der Komiteebewegung - dazu rechne ich alles, vom Appell bis zu den existierenden Komitees und ihren Programmen, und dem, was sie tatsächlich vollbracht haben -, darin besteht, daß sie Problembewußtsein geschaffen haben für das, was im deutschen Einigungsprozeß schief liegt, quergelaufen ist, indem sie aufmerksam gemacht haben, was hier anders laufen muß, indem sie deutlich ausgesprochen haben, wenn das so weiter geht, wird der Graben zwischen Ost und West vertieft und nicht zugeschoben und eingeebnet, wie das unser aller Ziel und Vorstellung ist. Insofern, glaube ich, ist das Problembewußtsein im Osten wie im Westen gewachsen und, das habe ich ja vorhin schon indirekt mehrfach gesagt, das hat auch dazu geführt, daß die etablierten politischen Parteien das eine und andere aufnehmen, sich den Dingen stellen mußten, erst recht im Wahljahr 1994. Man sieht ja, daß gerade im Vorfeld der Bundestagswahl alle Parteien von CDU, SPD, Bündnis 90/Die Grünen und FDP bis PDS Dinge aufnehmen, die spezifische Interessen der Bürger des Ostens sind, was ja bisher in dem Maße nicht der Fall war. Und ich denke schon, daß die Komitees auch an dieser etwas veränderten Handlungsweise ihren Anteil haben. Zweitens sehe ich realistisch, daß die Komitees nicht die große Bürgerbewegung geworden sind, die sie hätten werden können, aber immerhin besteht doch ein respektables Netz von Bürgerinitiativen, die sich den verschiedensten Problemen stellen, und damit vor allem auch auf kommunaler- und Landesebene durchaus Erfolge zu verzeichnen haben. Und drittens, denke ich, daß ein Vorteil der Komitees für Gerechtigkeit darin liegt, daß sie zu keiner Zeit ausgegrenzt haben, sondern offen waren für alle, mit Ausnahme von Rechtsextremen, und daß dies sich letztendlich auch positiv ausgewirkt hat auf die Kontakte, die die Komitees für Gerechtigkeit mit anderen Bürgern, freien Bürgerbewegungen, aber auch Parteien haben. Und nicht zuletzt: die Komitees sind im Grunde überall tätig geworden, haben eingegriffen, haben sich beteiligt, wo es um eine Vernetzung verschiedenster Bewegungen, Vereinigungen ging. Ich erinnere da nicht zuletzt auch an das Ostdeutsche Kuratorium von Verbänden e.V., denen die Komitees beigetreten sind. Also, Sie sehen, das sind vier Gesichtspunkte, die ich positiv werte, die auch zukünftig ausgebaut werden sollten. Insofern liegt wohl ihre Zukunft auch darin, daß sie in Parlamenten vertreten sind. Seit Herbst 1993 in Kommunalparlamenten des Landes Brandenburg, unter anderem in Potsdam, Luckenwalde, Kleinmachnow. Diese Tendenz hat sich fortgesetzt bei den Wahlen des Jahres 1994. Komiteevertreter sind heute in vielen Stadt- und auch schon in einem Landesparlament vertreten, wo sie auf Listen von Parteien den Weg in die Parlamente gefunden haben, aber auch als selbständig kandidierende Bewegung. Und ich denke mal, daß das auch dazu führt, daß sie sich ganz anders verankern in ihren Orten und Ländern, wo sie konkret tätig sind. Im Grunde werde ich nur dann gewählt, wenn mich die Bürger annehmen. Wir verfügen heute über fast 20 Abgeordnete. Das ist eine beachtliche Zahl, wenn man all die Probleme, die wir hatten und haben, sieht, und damit liegt eine Perspektive der Komitees darin, daß sie über parlamentarische Tätigkeit a) unser Programm viel mehr bekannt machen können, b) damit auch den Nachweis führen können, sich konkret für die Interessen der Bürger einzusetzen und nicht irgendwelche Sonderinteressen zu verfolgen und sich vor den Karren der einen oder der anderen Partei spannen zu lassen. Dadurch wird natürlich auch eine ganz andere Resonanz erreicht werden. Ich glaube schon, daß die Komitees auch eine Zukunft haben, weil das mit dem Vereinigungsprozeß schief gelaufen ist. Demzufolge bestehen natürlich noch Aufgaben für eine lange, lange Zeit, was sicherlich nicht bei der Gründung der Komitees so gedacht und beabsichtigt war. Sie wurden von den Gründern immer nur als eine Art Übergangseinrichtung gesehen. Aber da, und das haben die letzten zwei Jahre gezeigt, die gegenwärtige Bundesregierung die Schieflage des Einigungsprozesses immer weiter verschärft, haben so auch die Komitees eine weite Perspektive. Und da sie das jetzt auch zunehmend parlamentarisch vertreten können, werden sie um so mehr, denke ich, auch von den Bürgerinnen und Bürgern angenommen. Eigentlich entscheiden sie damit in diesem Land über die Fortexistenz der Komitees. Wenn wir nicht wieder gewählt werden, werden wir, was unseren Einfluß betrifft, gegen Null gehen.

Frage:

Herr Dr. Steinke, seit wann sind Sie in der Komiteebewegung tätig?

Antwort:

Ich bin seit Mitte August 1992 in der Komiteebewegung tätig. Ich habe praktisch vom Gründungsappell gehört, als ich noch in Düsseldorf arbeitete. Es stand fest, daß ich mich verändern würde, das heißt wieder zurück in den Osten, aus dem ich ja komme, gehen würde. Nachdem ich, wie gesagt, vom Appell gehört hatte, habe ich mich in der Koordinierungsstelle der Komitees eingefunden. Ich habe mich praktisch als ehrenamtliche Kraft dieser Koordinierungsstelle zur Verfügung gestellt und bin so etwa ab September 1992 der Leiter dieser Koordinierungsstelle gewesen und seitdem in den Komitees ehrenamtlich tätig. Alle haben sich freiwillig zur Verfügung gestellt. Damals am Anfang waren das etwa 30 bis 40 Leute. Von diesen Enthusiasten, so kann man heute sagen, ist im Grunde alles hervorgebracht worden, was sich später an Strukturen herausgebildet hat.

Frage:

Sie sagten eben, Sie hätten von der Komiteebewegung gehört, als Sie aus Düsseldorf zurückkamen. Sind konkrete Personen an Sie herangetreten, oder haben Sie aus den Medien von den Komitees Kenntnis erhalten?

Antwort:

Ich habe erst einmal aus den Medien etwas über die Komitees erfahren. Wir haben ja vorhin schon darüber gesprochen, daß praktisch im gesamten Sommer 1992 Spekulationen über eine Ostpartei verbreitet waren. Dadurch war ich natürlich, wie viele andere auch, auf eine solche Möglichkeit eingestellt. Ich habe mir meine eigenen Gedanken gemacht, was sinnvoll ist: Partei oder Bewegung, und bin dann der Meinung gewesen, daß eine Bürgerbewegung, gemessen an den Verhältnissen, das Bessere ist. Zumal diese Verhältnisse alle betrafen unabhängig von der politischen Überzeugung. Ich habe dann auch aus den Medien von der Pressekonferenz erfahren, die den Appell zur Gründung von Komitees für Gerechtigkeit vorgestellt hat. Als ich dann wieder in Berlin war, machte ich auch schon mit, ohne daß ich in die Planung dieser Bürgerbewegung in irgend einer Weise einbezogen gewesen wäre. Da ich diese Idee gut fand, habe ich mich zur Verfügung gestellt.

Frage:

Was wissen Sie über die Entstehungsgeschichte des Appells, von wem ging die Idee aus, wie kam es überhaupt zu diesem Appell, wer arbeitete ihn aus?

Antwort:

Das könnten Ihnen die Gründungsväter sicherlich exakter mitteilen. Für mich stellt sich das aus Gesprächen mit Stefan Heym, Peter-Michael Diestel, Gregor Gysi und anderen so dar, daß auf einer Geburtstagsfeier von Stefan Heym, der ja im April Geburtstag hat, sich diese drei über die Zustände seit der Vereinigung unterhalten haben. Hier ist diese Idee geboren worden. Es ging eigentlich in diesen ersten Gesprächen um die Frage Partei oder Bewegung. Letztlich hat sich, nachdem man diese Idee mit politischen Freunden besprochen hat, der Gedanke durchgesetzt, eine Bewegung zu werden. Und man hat dann in einem kleineren Kreis, der im wesentlichen auch durch Diestel, Heym und Gysi bestimmt war, an einem Gründungsaufruf oder Gründungsappell gearbeitet, der dann offensichtlich einem größeren Kreis von prominenten Intellektuellen zur Kenntnis gegeben worden ist, unter anderem Heiner Müller, Barbara Thalheim, Dorothee Sölle, Heinrich Fink, um auch deren Meinung einzuholen. Auf Grund solcher Diskussionen ist dann der Appell zur Gründung von Komitees ausgearbeitet worden. Man hat diesen Appell dann dem Kreis, der ihn später unterzeichnet hat, bekannt gemacht - teils telefonisch, teils auf brieflichem Wege. Man hat auch deren Meinung eingeholt, und da war man eigentlich erstaunt, daß, von ganz geringen Korrekturen abgesehen, offensichtlich das Stimmungs- und Meinungsbild dieser, die ihn zumindest damals als erste unterzeichnet haben, getroffen war, und so ist er dann, wie das oft ist bei politischen Dokumenten, in großer Hektik, in großer Eile, an die Startlinie gebracht worden. Er ist in den letzten Tagen vor der Pressekonferenz im Umlaufverfahren unterzeichnet worden, so daß es am Gründungstag 69 Erstunterzeichnerinnen und Erstunterzeichner waren. Zwei sind noch später hinzugekommen. Und danach gab es auch noch eine ganze Reihe Erklärungen von Prominenten, ihn unterzeichnen zu wollen. Da haben die Erstunterzeichnerinnen und Erstunterzeichner gesagt, mit dem Tag der Veröffentlichung setzen wir einen Schlußpunkt. Alle anderen können dann natürlich aktiv mitarbeiten. Insofern ist sicherlich die Entstehungsgeschichte sehr stark durch Diestel, Gysi und Heym geprägt. Der Appell trägt aber auch die Handschrift eine Reihe weiterer, die zu den Erstunterzeichnern gehören.

Frage:

69 Erstunterzeichner plus derjenigen, die dann mündlich oder auch schriftlich erklärt haben, wir tragen diesen Appell mit. Das ist eine recht stattliche Zahl. Wie sehen Sie die Rolle dieser Erstunterzeichner in der Komiteebewegung?

Antwort:

Das ist eine der interessantesten Erfahrungen. Aufrufe dieser Art waren in der DDR an ganz andere Anlässe gebunden. Man hat zu irgendwelchen Jahrestagen bestimmte Aufrufe veröffentlicht, aber die trugen doch anderen Charakter. In der alten BRD gab es zu verschiedenen Zeitpunkten ähnlich gelagerte Aufrufe, wenn ich mich an die Friedensbewegung, an die Antiatomkraftbewegung, an den Heidelberger Appell in den "Fünfzigern" und andere mehr erinnere. Von den Erstunterzeichnerinnen und Erstunterzeichnern sind auch viele aus den alten Bundesländern, die haben also recht "flink", sage ich mal in Anführungszeichen, aus der Sicht unterschrieben, das können wir mittragen, dazu stehen wir, und das war's. Und nun waren sie plötzlich vor die Tatsache gestellt, nachdem sich vorwiegend im Osten viele Komitees gebildet hatten, daß sie viele Einladungen erhielten aufzutreten, vor ihnen ihre Meinung zu sagen, zur Verfügung zu stehen für Interviews und vieles andere mehr. Und da waren doch vornehmlich die aus dem Westen stammenden Persönlichkeiten recht überrascht, die es im Grunde bisher gewöhnt waren, ihre Unterschrift zu geben und irgendwer macht dann etwas aus ihrem Kinde. Und hier waren sie plötzlich mittendrin, und es wurde der Versuch unternommen, sie einzubeziehen. Man muß sagen, daß, insbesondere in den ersten Monaten nach der

Gründung, sehr viele Bitten und Einladungen an die Erstunterzeichnerinnen und Erstunterzeichner herangetragen worden sind - natürlich vorwiegend an die Prominentesten, die damals gar nicht in der Lage waren, alle diese Wünsche zu erfüllen und ihnen nachzukommen.

Zusammenfassend kann man sagen, daß alle, die jemals nach ihrer Unterschrift wieder angesprochen worden sind, sich zu ihrer Unterschrift bekannt haben und gemäß ihren Möglichkeiten den Komitees auf verschiedenste Art und Weise zur Verfügung standen. Sie haben bei Foren Rede und Antwort gestanden, haben, was vor allem Künstlerinnen und Künstler betrifft, mit Konzerten, Lesungen für die Komitees "Reklame" gemacht. Sie haben nicht zuletzt über einen Förderverein, dem vorwiegend Erstunterzeichnerinnen und Erstunterzeichner angehören, bestimmte materielle und finanzielle Voraussetzungen geschaffen, in dem sie Spendengelder beschafft haben, selbst gespendet haben. Sie haben sich in Erklärungen, Interviews, Artikeln positiv zu dem Komiteegedanken geäußert, erklärt, warum sie unterschrieben haben. Und das ist eigentlich bis auf den heutigen Tag so geblieben. Für die Persönlichkeiten aus den alten Bundesländern war es eine positive Erfahrung, daß sie plötzlich gefordert waren, und die aus dem Osten haben eigentlich im recht engen Kontakt mit ihren Bürgerinnen und Bürgern die positive Erfahrung gesammelt, daß ihre Unterschrift eben nicht so eine Allerweltsgeschichte ist, sondern mit dem Appell tatsächlich Stimmen und Meinungen aufgegriffen wurden und auf einen fruchtbaren Boden fielen. Um vielleicht ein paar Beispiele zu nennen: Von Heym, Diestel und Gysi abgesehen, haben vor allem Barbara Thalheim, Käthe Reichel, Stephan Hermlin, Heinrich Fink, Dieter Lattmann, Ernst Engelberg, Klaus Grehn, der Vorsitzende des Arbeitslosenverbandes, Eckart Rottka, ein Richter aus Westberlin, Tamara Danz, Steffi Spira in vielen Veranstaltungen Rede und Antwort gestanden, und einige der Erstunterzeichnerinnen und Erstunterzeichner haben feste Beziehungen zu "ihren" Komitees. Da, wo sie wohnen, gibt es oft eine feste Verbindung. Ich denke, man muß das wirklich sehr positiv werten, daß hier eine gewisse Einheit zwischen Komiteebewegung und den Initiatoren hergestellt worden ist, was in der Vergangenheit kaum so war. Es war also auch eine neue Erfahrung für die Erstunterzeichnerinnen und Erstunterzeichner, die aus den alten Bundesländern kamen.

Frage:

Wir haben eine Reihe Gespräche mit Erstunterzeichnern geführt und mitunter mit großem Bedauern zu hören bekommen, daß sie unzureichend für die Bewegung mobilisiert wurden, unzureichend ihre ideellen und auch anderen Möglichkeiten genutzt wurden. Was meinen Sie dazu?

Antwort:

Es ist damit sicherlich ein Defizit der Bewegung angesprochen worden, daß sie es nicht in ausreichendem Maße verstanden hat, alle Erstunterzeichnerinnen und

Erstunterzeichner einzubeziehen. Die Kritik ist berechtigt. Es bestätigt eigentlich das, was ich sagte, daß sie zu ihrer Unterschrift standen. Aber das ist vielleicht nur der rein praktische Hintergrund. Die Decke, die wir hatten, war immer zu kurz. Wir haben letztlich außerordentliche Probleme gehabt, Kommunikation zwischen Komitees, zwischen den beginnenden Strukturen zur Vernetzung der Komitees und dazu noch den Kontakt mit den Erstunterzeichnerinnen und Erstunterzeichnern zu halten, obwohl wir - ganz profan - heute einfach schon manchmal nicht mehr in der Lage sind, diese 70 Personen regelmäßig über das, was sich in den Komitees vollzieht, zu informieren. Dazu werden 70 DM je Runde benötigt, die wir oft nicht haben. Das führt auch dazu, daß man sich immer wieder auf Berlinerinnen und Berliner beschränkt. Wir haben erst im Mai diesen Jahres ein Treffen mit Erstunterzeichnerinnen und Erstunterzeichnern gemacht. Da mußte man leider feststellen, daß zwar die Resonanz auf die Einladung groß war, eine ausschließlich positive Resonanz, aber die tatsächliche Teilnehmerzahl sehr gering war. Es gab sehr viele begründete Entschuldigungen. Auch diesmal gab es keinen, der sagte, ich will damit nichts mehr zu tun haben.

Dann kommt natürlich hinzu, was ich deutlich aussprechen möchte: auf der einen Seite haben manche Komitees gedacht, die haben unterschrieben, also müssen sie Tag und Nacht für uns da sein. Wenn wir pfeifen, muß der am Tag drei Veranstaltungen machen. Steffi Spira ist natürlich schon eine sehr betagte Künstlerin. Es gibt auch Grenzen im Umgang zwischen Komitees und Erstunterzeichnerinnen und Erstunterzeichnern. Es gab sicherlich auch die eine oder andere Irritation, so daß dann auch mal Mißstimmung aufkam und nicht zuletzt auch die Tatsache, solange keine Strukturen bestanden, hatte ja auch niemand das Recht, für die Komitees zu sprechen, sondern jeder konnte nur im Namen seines Komitees oder als Person Stellung nehmen. Und so gab es mitunter auch Gereiztheiten, wenn sich einzelne zu bestimmten Fragen geäußert haben und in der Presse stand: Für das Komitees für Gerechtigkeit sprach Barbara Thalheim. Da gab es Proteste. Barbara Thalheim hat in der Regel natürlich ihre Meinung gesagt, die nicht immer in allem mit dem der einzelnen Komitees übereinstimmen mußte. So gab es sicherlich auch Irritationen, aber im Grunde ist das beseitigt, seit wir einen Bundesverband haben und hier eine klare Ordnung eingekehrt ist. Und ich denke mal, bestimmte Eifersüchteleien und der Versuch der völligen Vereinnahmung haben da auch schon eine Rolle gespielt, die dazu bewogen haben zu sagen, wir können natürlich nicht ständig nur Heym, Gysi oder Diestel belästigen. Da sind auch Grenzen durch ihre andere Tätigkeit gesetzt. Es gibt allerdings keinen ständigen engen Kontakt.

Frage:

Was waren die Beweggründe dafür, sich seitens der Komiteegründer gegen eine Ostpartei, oder wie auch immer sie benannt werden sollte, zu wenden?

Antwort:

Ich hatte schon darauf hingewiesen, daß ein Großteil der Erstunterzeichnerinnen und Erstunterzeichner insbesondere aus den alten Bundesländern ihre Erfahrungen in den verschiedensten Bürgerbewegungen der alten BRD gemacht haben, und es dort auch viele Höhen und Tiefen gab. Nachdem die Friedensbewegung in der alten BRD wesentlich an Wirksamkeit verloren hatte, ging die Diskussion vorwiegend unter linken aber auch anderen demokratischen Kräften in der bürgerlichen Gesellschaft darum, wie kann man am besten Einfluß erreichen, wie kann man sich am besten einbringen. Die eigenen Erfahrungen mit dem Parteiensystem in einer kapitalistischen Gesellschaft sind doch bei vielen so negativ besetzt gewesen, daß sie den Bürgerbewegungen die meisten Chancen gegeben haben. Ich gehe davon aus, daß demokratisch organisierte Bürgerbewegungen eine größere Zukunft haben als ein starres Parteiensystem. Ich meine schon, daß dieses heute hier praktizierte Parteiensystem nicht den gesellschaftlichen Anforderungen entspricht - den ökologischen Belastungen, den sozialen Fragen, den zunehmenden Konflikten in der ersten, zweiten und dritten Welt usw. Es sind dies Dinge, die mit dem herkömmlichen Parteiensystem, dem herkömmlichen Parteienstreit, dem Parteienegoismus, den Machtansprüchen, dem Machtgerangel auf die Dauer nicht zu lösen sein werden. Und das war, glaube ich, dann auch die mehrheitliche Meinung, die bei den Erstunterzeichnerinnen und Erstunterzeichnern dazu geführt hat, eine Bürgerbewegung zu unterstützen. Das schließt die Erkenntnis ein, daß beim gegenwärtigen Zustand Deutschlands sehr schnell etwas getan werden muß, um den Einigungsprozeß zum Positiven zu richten, daß für diese Aufgaben Parteien durchaus ein Vehikel sein können, wo man sich auch mit Parteien verbünden oder versuchen muß, auf Parteien und Parteienpolitik Einfluß zu nehmen. Das ist sicherlich auch eine Erfahrung der Praxis. Die Frage ist, ob man sich nun selbst gleich zur Partei konstituieren muß. Das ist wohl ein gewisser Streitpunkt geblieben bis heute. Es mag , was mir nicht bekannt ist, einzelne Erstunterzeichner geben, die dem Parteigedanken sehr aufgeschlossen gegenüber gestanden haben. Aber diese haben sich, das muß ich sagen, zumindest nicht in der Komiteebewegung vehement zu Wort gemeldet. Ich weiß eigentlich definitiv nur - abgesehen von Diestels Ambitionen, eine Partei zu gründen, und daß er sich dann letztlich der anderen Auffassung gebeugt hat - , nur von Heinrich Fink, der entschiedener Gegner einer Partei war und ist, und das auch von Dorothee Sölle. Es wird hin und wieder von Dieter Lattmann und anderen gefragt, ob denn nicht doch unter den Verhältnissen, wie sie sich nun mal in den letzten zwei Jahren dargestellt haben, eine Partei möglicherweise zeitweise eine Organisationsform der Komitees sein könnte? Antrieb für diese Fragestellung ist oft die Frage, wie wir uns parlamentarisch vertreten können. Und da ist eben halt eine Partei, zumindest auf Bundesebene, ja die einzige Form. Das sieht auf kommunaler Ebene, auch auf Landtagsebene anders aus. Das ist eigentlich immer der Hintergrund dieser Frage und nicht ein Parteienfetischismus. Deshalb haben sich die Komitees entschieden, an alle demokratischen Parteien die Frage zu richten, ob sie bereit wären, auf ihren Listen Leuten aus den Komitees Listenplätze ohne Fraktionszwang einzuräumen. Auf den Brief, den der zweite Bundeskongreß im November 1993 verabschiedet hat, hat nur die PDS reagiert. Seither kandidieren einige Komiteeleute auf den Listen der PDS, aber auch, allerdings ohne daß die Parteiführungen offiziell reagiert hätten, auf den Listen der SPD, von Bündnis 90/Die Grünen. In dieser Beziehung ist eine Einseitigkeit, die den Komitees ja gern unterstellt wird, nicht gegeben. Für mich ist die Frage, Partei "ja oder nein" eigentlich, wenn man den gegenwärtigen Stand der Komitees betrachtet, ausgestanden. Ich schließe aber nicht aus, daß sich die Frage unter veränderten Bedingungen wieder neu stellt. Wenngleich ich bei der Aussage bleibe und auch denke, daß das die mehrheitliche Auffassung der Erstunterzeichnerinnen und Erstunterzeichner ist, wir sollten eine Bürgerbewegung bleiben, aber zugleich die Frage stellen, wie kann man mehr Einfluß gewinnen, und wie muß man dies anstellen? Da muß man einfach viel kühner und weiter denken, was wir bisher in dem Maße noch zu wenig getan haben.

Frage:

Die Komiteebewegung hat großen Wert darauf gelegt, in ihren Reihen das Autonomieprinzip durchzusetzen, ohne auf Koordinierungsgremien zu verzichten. Sie hat sich jedoch gescheut, gewisse Momente eines Zentralismus auch nur in Erwägung zu ziehen. Was sind die Gründe dieser Position?

Antwort:

Ich denke, daß die Ursache dafür, wir schrieben ja den Sommer 1992, in den negativen Erfahrungen aus der DDR zu suchen ist. Das war ein übertriebener Zentralismus. Er hieß zwar "demokratischer Zentralismus", aber de facto war das Wörtchen Demokratie da schon klein geschrieben, und in der Praxis noch kleiner, als es nötig gewesen wäre. Die Angst vor einem übertriebenen Zentralismus, davor, daß den Komitees Personen und Strukturen übergestülpt würden, die sie nicht wollten, hat zu einer Abwehrreaktion geführt. Das war auch verständlich aus der Tatsache heraus, daß sich gerade in der Anfangsphase junge Menschen aus Ost und West den verschiedenen Komitees und auch der Koordinierungsstelle zur Verfügung gestellt hatten, die ihre ersten politischen Erfahrungen bei den "Grünen" und anderen Jugendbewegungen im Westen wie auch in den neuen Bürgerbewegungen der DDR gesammelt hatten, und die, so glaube ich, unrealistische Vorstellungen hatten, die sich eben aus Sorge, daß ihnen hier irgend etwas aufgebürdet werden würde, was ihrem eigentlichen, ursprünglichen politischen Anliegen widersprach, vehement gegen Strukturen und Zentralisierungen gewehrt haben. Allerdings ist gleichlaufend mit diesem Prozeß auch die Erfahrung gewachsen, daß man natürlich kaum Durchschlagskraft erreichen kann, wenn man sich auf die lokale Ebene beschränkt, so wichtig diese Probleme auch sind. Und erst in dem Maße, wie diese Erkenntnis gewachsen ist, ist die Diskussion um Strukturen in Gang gekommen, die sich schmerzhaft lang hingezogen hat, und für mich eine Ursache dafür ist, daß in dieser Zeit die Komiteebewegung schon Leute verloren hat. Diese Diskussion um Basisdemokratie, um Strukturen, Vernetzung ja - nein hat vor allem ältere Menschen, die ihre Erfahrungen aus dem politischen Leben in der DDR hatten, abgestoßen. Die Erkenntnis, daß man, wenn man etwas erreichen will, auch die Kräfte bündeln muß, die ist zwar bei den jungen Leuten auch immer da gewesen, aber letztendlich doch in einer, wie soll ich sagen, Überbetonung antiautoritärer Strukturen, einer Überbetonung dezentralisiertem Wirkens untergegangen. Es wurde einfach zu wenig erkannt, daß wir nur stark sein können oder Wirkung erzielen können, wenn wir unsere Kräfte zusammenfassen. Ich meine, daß dieser Widerspruch im Grunde bis heute nicht ganz ausgetragen worden ist, nicht endgültig geklärt worden ist. Wir haben zwar Komitees, Landesverbände und einen Bundesverband, aber in unserer Satzung und auch im Programm befinden sich solche Festlegungen, daß die Komitees und die Landesverbände autonom bleiben, für sich selbst entscheiden, ob sie Beschlüsse des Bundesverbandes anerkennen und durchführen. So hat der Bundesverband zwar heute eine Stimme, aber die Stimme könnte kräftiger sein, wenn alle an einem Strang ziehen würden.

Frage:

Eine abschließende Frage noch. Uns interessiert, wie die "Ziele und Programmatischen Forderungen" entstanden, wer dieses Programm der Komiteebewegung ausarbeitete?

Antwort:

Das ist eine positive Erfahrung, daß dieses Programm wirklich demokratisch, auf breitester Basis im Rahmen der Komitees entstanden ist. Die Grundlage dafür waren der Appell und andere Erklärungen, die die Erstunterzeichnerinnen und Erstunterzeichner am Anfang vorbereitet hatten. Es hat sich aber schon sehr früh auf einem der ersten bundesweiten Treffen eine Programmkommission gebildet. Alle Komitees sind aufgefordert worden, in dieser Kommission mitzuarbeiten, die sich dann unter der Leitung eines Komiteemitglieds aus Berlin-Marzahn im Dezember 1992 konstituiert hat, sich wirklich zusammengerauft hat und sich Gedanken gemacht hat, was in ein solches Programm hinein muß, welches Gesicht ein solches Programm haben könnte. Soll es ein Programm des Bundesverbandes werden oder muß es stärker lokale oder regionale Gesichtspunkte beinhalten und so weiter und so fort. Aus dieser Programmkommission haben sich dann verschiedene Arbeitsgruppen gebildet, nachdem man bestimmte Strukturen des Programms erstritten hatte. Diese Kommission hat dann regelmäßig getagt und die verschiedensten Entwürfe beraten auch unter Mitarbeit und Einbeziehung von Erstunterzeichnerinnen und Erstunterzeichnern. Diestel, Heym, Gysi, Fink und andere haben da ebenfalls ihren Anteil, so daß über einen längeren Prozeß hinweg ein von Kompromissen, aber auch schon stark von Konsens getragener Entwurf im Januar 1993 vorlag. Dieser Programmentwurf ist dann, nach einer redaktionellen Überarbeitung, dem ersten Bundeskongreß im April 1993 vorgelegt worden. Er ist dort leider nicht oder nur in Ansätzen diskutiert worden, weil dieser Kongreß in hohem Maße von der Satzungsdiskussion geprägt war. Programm und Satzung haben in der Diskussion natürlich eine enge Verknüpfung gehabt. Nachdem dem Programmentwurf in einigen Diskussionsbeiträgen von den Grundzügen her zugestimmt worden war, wurde beschlossen, ihn noch einmal auf Grund der Satzungsdiskussion zu überarbeiten und einem Programmkongreß im November 1993 vorzulegen. So haben die bestehenden Arbeitsgruppen weitergearbeitet. Es ist insbesondere intensiv in den einzelnen Komitees diskutiert worden. Letztlich ist dann das Programm mit ganz wenigen Veränderungen auf dem Novemberkongreß 1993 einstimmig angenommen worden. Es ist also nicht so, daß das Programm, die Meinung habe ich auch schon einmal gehört, aufoktroyiert worden ist von Diestel, Gysi und Co., sondern tatsächlich zu 99 Prozent in den Komitees entstanden ist, und in dieser Programmdiskussion sehr kontrovers diskutiert worden ist. Ich kann Ihnen ganze Mappen verschiedenster Entwürfe und Diskussionsmeinungen zeigen. Dieses Programm ist tatsächlich gemeinsam erstritten worden und deshalb auch recht problemlos im Kongreß verabschiedet worden. Und es gibt auch nicht eine Formulierung, die identisch ist mit dem Appell. Es ist wirklich ein eigenständiges Dokument, das auch, und das spricht ja für die Qualität des Programms, schon erste Erfahrungen der Arbeit der Komitees aufgegriffen hat. Immerhin gab es sie dann schon länger als ein Jahr, und das hat dem Programm offensichtlich gut getan. Sicherlich waren Berliner Komitees an der Ausarbeitung dieses Programms stärker beteiligt, bedingt dadurch, daß sie ja vor Ort waren. Aber in der Programmkommission waren alle Komitees vertreten, die es wünschten. Da waren neben vielen Berliner Komitees Weimarer, Erfurter, Dresdner, Leipziger, Rostocker, Magdeburger Komitees und nicht zuletzt auch Komitees aus Bremen und Hamburg vertreten. Auch deren Sicht findet sich hier wieder. Es hat Bestand, und wir haben uns jetzt vor kurzem die Frage gestellt, was müßten wir überarbeiten, wenn der planmäßige Kongreß im Frühjahr nächsten Jahres stattfindet? Wir konnten einerseits feststellen, daß alles noch Bestand hat. Das spricht zwar für das Programm, aber zugleich gegen die Politik in diesem Land.

24. August 1994

Die Fragen stellten Hans-Joachim Fieber und Johannes Reichmann

Institut für Friedens- und Konfliktforschung Berlin
Torsten Wöhlert/Andrée Türpe (Hrsg.)
Modellfall Golfkrieg?
Zur Ambivalenz politischer Vernunft
1991, 220 S., DM 39.80, ISBN 3-88939-044-7

Kleff/Broszinsky-Schwabe /Albert/ Marburger/Karsten
BRD - DDR
Alte und neue Rassismen im Zuge der deutsch-deutschen Einigung
Werkstatt-Berichte: Interkulturelle Forschungs- und Arbeitsstelle am Fachbereich Erziehungs- und Unterrichtswissenschaften der TU Berlin, Band 1
1990, 90 S., DM 21.80, ISBN 3-88939-013-7

Helga Marburger (Hrsg.)
"Und wir haben unseren Beitrag zur Volkswirtschaft geleistet"
Eine aktuelle Bestandsaufnahme der Situation der Vertragsarbeitnehmer der ehemaligen DDR vor und nach der Wende
Werkstatt-Berichte: Interkulturelle Forschungs- und Arbeitsstelle am Fachbereich Erziehungs- und Unterrichtswissenschaften der TU Berlin, Band 4
1993, 132 S., DM 29.80, ISBN 3-88939-016-1

Helga Marburger (Hrsg.)
Ost-West-Migration
Lebens- und Arbeitsbedingungen von Migranten aus Osteuropa in den neuen Bundesländern und Berlin
Werkstatt-Berichte: Interkulturelle Forschungs- und Arbeitsstelle am Fachbereich Erziehungs- und Unterrichtswissenschaften der TU Berlin, Band 6
1994, 120 S., DM 29.80, ISBN 3-88939-018-8

Amt für Multikulturelle Angelegenheiten der Stadt Frankfurt am Main (Hrsg.)
Th. Frey/D. Haller/A. Weber
Begegnen - Verstehen - Handeln
Handbuch für Interkulturelles Kommunikationstraining
1993, 180 S., DM 39.80,
ISBN 3-88939-292-X

Rüdiger H. Jung/Helmut M. Schäfer/Friedrich W. Seibel
Vielfalt gestalten - Managing Diversity
Kulturenvielfalt als Herausforderung für interkulturelle Humanressourcenentwicklung in Europa
Interdisziplinäre Europäische Studien - INTEREST, Band 1
1994, 180 S., DM 29.80, ISBN 3-88939-396-9

Renate Nestvogel (Hrsg.)
'Fremdes' oder 'Eigenes'?
Rassismus, Antisemitismus, Kolonialismus und Rechtsextremismus aus Frauensicht
1994, 275 S., DM 42.00, ISBN 3-88939-083-8

Manfred Kappeler
Rassismus
Über die Genese einer europäischen Bewußtseinsform
1994, 220 S., DM 39.80, ISBN 3-88939-118-4

Bestellen Sie bitte über den Buchhandel oder direkt beim Verlag.
Gern senden wir Ihnen unseren Verlagsprospekt zu.